Research on R&D Tax Incentives
for Technology-Based Small and Medium-Sized Enterprises

# 科技型中小企业
# 研发税收激励政策研究

李 伟 ◎ 著

复旦大学出版社

# 前言

党的十八大提出了创新驱动经济发展的核心战略,十九大进一步强调要努力跻身创新型国家的前列。创新作为经济持续增长的核心,是商业成功和新兴经济发展的关键所在。然而,企业创新的经济收益很可能外溢,导致企业对从事昂贵且不确定的研发投资缺乏积极性,进而出现市场失灵,因此,政府给予企业相应的激励政策是合理且必要的。企业作为微观经济活动的主体,理应成为推动研发与创新的重要力量。较之大型企业,科技型中小企业能够通过灵活多变的方式汇聚不同创新要素实现各具特色的知识成果的研究和开发;另一方面,科技型中小企业因自身条件约束普遍面临更大的市场风险、不确定性和资金困境,所以更需要政府提供相应的政策激励。政府激励的手段多种多样。相比之下,税收优惠是更公平、更中性、交易成本更低的激励工具。企业的发展是动态变化的,具有生命周期且每个阶段各具特点。科技型中小企业也不例外。本书从企业生命周期理论的视角出发,不仅定性分析了企业各个阶段的特征,特别是税收敏感性方面的差异,还定量研究了不同阶段企业的税负对其研发投入和专利产出的影响效应，并在关键变量测度、样本企业生命周期所处阶段的判断标准等方面作出更为细致深入的分析，以期为今后可能实施的、旨在进一步激励科技型中小企业开展实质性研发活动的税收政策调整提供有益的参考。

本书从企业生命周期的视角出发聚焦于驱动科技型中小企业研发创新的税收激励政策体系，研究内容可以分为四个部分。

第一部分是导论，详细阐释了研究动机和背景，概括了研究内容和框架，总结了研究的贡献与创新。

第二部分包括四个章节，首先，运用定性分析方法从理论层面深入研究了政府激励科技型中小企业研发创新的原因、手段、作用机理，细致阐释了科技型中小企业生命周期的划分及判断方法；其次，从政策层面按照不同的作用主体将众多税收优惠措施区分为直接与研发企业相关的税收激励政策和间接降低企业研发成本的"外围"税收激励政策，细致剖析了各类具体的税收优惠方式、特点及其设计原理，随后详细研究了中国和包括美国、荷兰、印度、巴西、南非、匈牙利、韩国在内的代表性国家的上述税收优惠措施及其差异和特点，并从企业生命周期的视角出发探究了各国针对生命周期各个阶段的企业实行的研发税收激励政策及其特点。

第三部分包括三个章节，运用包括多元回归法、倾向评分匹配法、因果逐步中介效应检验在内的多种定量分析方法分别研究了企业有效税负对科技型中小企业研发投入的影响效应、企业所得税优惠对科技型中小企业研发投入的影响以及企业有效税负对科技型中小企业专利产出的间接影响效应，而且每个章节均从企业生命周期的视角出发对不同阶段的企业进行了异质性分析。

第四部分是政策建议，根据前述政策分析和实证分析的结果，从政策设计和政策落实等角度有针对性地、务实地提出了进一步完善和优化我国科技型中小企业研发税收激励政策的详细建议。

通过上述深入细致的分析，就中国激励企业研发创新的税收优惠政策体系而言，本书形成了以下主要观点：第一，从政策设计的角度来看，与代表性国家相比，中国的研发税收激励政策十分慷慨、优惠力度很大，优惠政策丰富多样、涉及多个税种，较为充分地运用了税基式优惠、税率式优惠和税额式优惠等具体优惠形式，政策目标旨在激励各类企业开展实质性的研发活动、注重对税基侵蚀和利润转移的防范，不过，某些税种的具体优惠形式和优惠范围仍有调整和改善的空间。第二，从政策落实的角度来看，小微企业研发费用的归集存在很大困难，目前，政策宣讲和释疑的方式与手段无法充分满足企业的个性化要求；高新技术企业认定的后续监管难以有效落地。第三，从企业生命周期的视角来看，中国目前实施的直接与研发企业相关的税收优惠政策有利于成长期和成熟期的企业。相比之下，韩国根据种子期和初创期研发企业的特点，专门给予了种类丰富、方式多重、形式多样的差别化的税收优惠措施。

就企业税负对中国科技型中小企业研发活动的影响效应而言，本书形成了以下主要结论：第一，样本企业有效税负的降低对科技型中小企业的研发投入具有显著的促进作用。从企业生命周期的视角来看，有效税负的降低对初创期、成长期和成熟期企业的研发投入具有显著的促进作用，但影响程度逐渐减小，对种子期和衰退期企业的影响则不显著。第二，整体来看，研发费用加计扣除措施和高新技术企业税率优惠措施均能显著地促进样本企业研发投入的增加，但前者从影响程度和统计显著性来看都是效果更好的优惠措施。从企业生命周期的视角来看，这两项企业所得税优惠措施对成长期、成熟期和衰退期样本企业的研发投入均具有非常显著的正向影响，但对种子期和初创期企业的影响并不显著。第三，企业的研发投入是税收负担影响专利产出的中介变量，而且存在完全中介效应。在考虑了知识产权保护水平之后，样本企业税负降低所引致的研发投入的增加能够较为显著地促进企业专利产出的增加，但是这种间接影响的程度很小。从企业生命周期的角度来看，有效税负对初创期、成长期和成熟期企业专利产出的间接影响是显著的，但是对种子期和衰退期企业的影响却不显著。最后，种子期的样本企业之所以出现了统计不显著的结果，很可能是因为处于萌发阶段的种子期企业必须全员动员、迎难而上、倾尽全力地进行产品的研究和开发，因此，包括企业所得税优惠在内的众多因素对其研发投入很难产生有规律的、实质性的影响。

为了进一步完善和优化我国科技型中小企业研发创新的税收激励政策体系，本书提出以下若干参考性的建议。

第一，从税收政策的设计来看，小微企业研发费用的归集可以实施差别化的政策，采用"核定"的方式加以确定；建议提高高新技术企业的认定标准，从而有效地促进企业开展实质性的研发活动，因为现行《高新技术企业认定管理办法》缺乏结果导向型技术成果的新颖性要求,在没有新颖性要求的情况下,税收激励可能会激励模仿而非创新;应当将技术秘密和专利申请权纳入技术转让所得减免的优惠范围;可以试行企业所得税的税收抵免措施,且建议采用对研发投入影响更为中性、实际操作过程更为便利的总额抵免法;给予研发人员更具实质性的个人所得税减税优惠;放宽科技型中小企业增值税留抵退税的优惠条件,实行增值税超税负即征即退的优惠,但不建议调整高新技术产品或服务适用的增值税税率。

第二,从税收政策的落实来看,建议依托人工智能实现个性化的政策宣讲和释疑。目前,以"人"提供咨询服务的传统方式越来越难以满足企业日益增长的个性化要求。今后可以大规模地运用智能机器人或者网络在线机器人等人工智能方式向企业提供一对一的线上服务;高新技术企业资格的认定由科技部搭建全国统一的网络信息平台,采用随机、匿名、交叉的方式进行审核,从根本上杜绝"放水"现象的出现。另外,必须提高违规企业的违规成本。

第三,从研发企业全生命周期税收优惠政策体系来看,中国目前实施的直接与研发企业相关的企业所得税、个人所得税以及流转税优惠政策都相对偏向于成长期和成熟期的企业,真正以种子期和初创期企业作为目标对象的研发税收优惠措施数量较少且优惠力度非常有限。笔者建议针对种子期和初创期的科技型中小企业实行增值税留抵的全额退税和按月退税,同时采取增值税即征即退的优惠措施,尽可能地增加其当期的现金流入。因为处于这两个阶段的企业通常财务状况极为紧张、盈利的可能性微乎其微，给予其企业所得税方面的税率优惠和税额减免优惠，其实都无法使其真正享受到实质性的好处；此外，建议针对种子期和初创期企业符合条件的研究人员和技术人员的部分综合所得，给予个人所得税的减税优待。因为相比于其他阶段，研发团队的规模对处于研发初期的企业，特别是初创期科技型中小企业的研发投入具有十分显著的促进作用。

第四，从知识产权保护制度来看，建议通过开辟微额知识产权法庭和提高知识产权侵权成本的方式加强知识产权的司法保护；应当建立知识产权行政保护机关之间的协调机制，及时制定针对新业态的知识产权行政保护规范，且更多地采用柔性的行政执法方式；在地方政府拥有自由裁量权的背景之下，财政压力很可能间接决定地方政府对知识产权保护的供给。因此，为了有效落实知识产权的司法保护和行政保护，必须充分发挥地方政府的重要作用。

# 目录

**第一章 导论** ·········· 1
  一、研究动机与背景 ·········· 1
  二、研究内容与框架 ·········· 3
    （一）研究内容 ·········· 3
    （二）研究框架 ·········· 6
  三、主要贡献与创新 ·········· 8
    （一）研究视角方面的创新 ·········· 8
    （二）研究内容方面的贡献 ·········· 9
    （三）研究对象方面的特色 ·········· 10
    （四）研究方法方面的推进 ·········· 10

**第二章 政府激励科技型中小企业研发创新的理论基础** ·········· 12
  一、关于科技型中小企业的界定 ·········· 12
    （一）我国科技型中小企业界定标准的演进 ·········· 12
    （二）本书关于科技型中小企业的界定 ·········· 18
  二、关于企业研发创新的概念界定 ·········· 19
  三、政府介入科技型中小企业研发创新的原因 ·········· 20
    （一）市场失灵 ·········· 20
    （二）锁定效应和学习失效 ·········· 22

四、政府介入科技型中小企业研发创新的手段 …………… 23
　（一）财政学视角下激励企业研发创新的手段 ………… 23
　（二）税收优惠与财政补贴对比 ………………………… 24
　（三）税收的作用与原则 ………………………………… 27
　（四）企业研发创新策略及其税收激励 ………………… 31
　（五）研发创新税收激励与税收基本原则的关系 ……… 38
五、税收影响科技型中小企业研发创新的作用机理 …… 42
　（一）税收影响科技型中小企业研发投入的作用
　　　　机理 …………………………………………………… 43
　（二）税收影响科技型中小企业研发产出的作用
　　　　机理 …………………………………………………… 46

# 第三章　科技型中小企业生命周期的划分及判断 …… 49
一、科技型中小企业生命周期的划分方法 ……………… 49
二、科技型中小企业生命周期所处阶段的判断标准 …… 51
　（一）主要判断方法 ……………………………………… 51
　（二）本书的判断标准 …………………………………… 55
三、科技型中小企业生命周期各阶段的特征及税收敏感性
　　分析 ………………………………………………………… 57
　（一）种子期科技型中小企业的特征及税收敏感性 …… 57
　（二）初创期科技型中小企业的特征及税收敏感性 …… 57
　（三）成长期科技型中小企业的特征及税收敏感性 …… 58
　（四）成熟期科技型中小企业的特征及税收敏感性 …… 59
　（五）衰退期科技型中小企业的特征及税收敏感性 …… 59

# 第四章　政府激励企业研发创新的税收优惠政策体系
　　………………………………………………………………… 61
一、直接与研发企业相关的税收优惠政策 ……………… 61

（一）企业所得税方面的税收优惠政策 …………… 62
　　（二）个人所得税方面的税收优惠政策 …………… 84
　　（三）流转税方面的税收优惠政策 ………………… 87
　　（四）财产税方面的税收优惠政策 ………………… 87
二、间接降低研发成本的"外围"税收优惠政策 ……… 88
　　（一）针对资金供给方的税收优惠政策 …………… 88
　　（二）针对科技企业孵化平台的税收优惠政策 …… 90

# 第五章　中国与代表性国家激励企业研发创新的税收优惠政策体系 …………………………………… 92

一、直接与研发企业相关的税收优惠政策 ……………… 92
　　（一）企业所得税方面的税收优惠政策 …………… 94
　　（二）个人所得税方面的税收优惠政策 …………… 136
　　（三）流转税方面的税收优惠政策 ………………… 142
　　（四）财产税方面的税收优惠政策 ………………… 144
　　（五）各国直接与研发企业相关的税收优惠政策总结 … 144
二、间接降低研发成本的"外围"税收优惠政策 ……… 145
　　（一）针对资金供给方的税收优惠政策 …………… 147
　　（二）针对科技企业孵化平台的税收优惠政策 …… 152
　　（三）各国间接降低研发企业成本的"外围"税收优惠政策总结 ………………………………………… 153
三、从企业生命周期的视角对各国研发税收激励政策的分析 …………………………………………………… 153
　　（一）从企业生命周期的视角对代表性国家研发税收激励政策的分析 ………………………………… 153
　　（二）从企业生命周期的视角对中国研发税收激励政策的分析 ……………………………………… 156
四、中国激励企业研发创新的重点税收优惠政策分析 …… 158

（一）研发费用加计扣除措施 ··················· 158
　　（二）高新技术企业税率优惠措施 ··············· 165
　　（三）技术转让所得减免措施 ··················· 170

## 第六章　企业有效税负对中国科技型中小企业研发投入的影响效应研究 ·············· 176
　一、研究样本与数据来源 ························ 176
　二、变量定义与模型构建 ························ 177
　　（一）变量定义 ······························· 177
　　（二）模型构建 ······························· 181
　三、描述性统计分析 ···························· 182
　　（一）整体样本描述性统计分析 ················· 182
　　（二）分行业和地区描述性统计分析 ············· 183
　　（三）分生命周期描述性统计分析 ··············· 184
　四、模型回归结果及分析 ························ 185
　　（一）整体样本回归分析 ······················· 185
　　（二）分行业的样本回归分析 ··················· 187
　　（三）分地区的样本回归分析 ··················· 188
　　（四）分生命周期阶段的样本回归分析 ··········· 190
　五、稳健性检验 ································ 194
　六、本章的研究结论 ···························· 195

## 第七章　企业所得税优惠对中国科技型中小企业研发投入的影响效应研究 ·············· 199
　一、研究样本与数据来源 ························ 199
　二、变量定义与模型构建 ························ 200
　　（一）变量定义 ······························· 200
　　（二）模型构建 ······························· 204

三、描述性统计分析 ·············································· 205
　　　　（一）整体样本描述性统计分析 ······················· 205
　　　　（二）分行业和地区描述性统计分析 ·················· 206
　　　　（三）分生命周期描述性统计分析 ······················ 208
　　四、模型回归结果及分析 ········································ 209
　　　　（一）整体样本回归分析 ·································· 209
　　　　（二）分行业的样本回归分析 ···························· 211
　　　　（三）分地区的样本回归分析 ···························· 212
　　　　（四）分生命周期阶段的样本回归分析 ·············· 215
　　五、稳健性检验 ······················································ 219
　　　　（一）变量设置 ················································ 219
　　　　（二）匹配情况 ················································ 220
　　　　（三）企业所得税优惠的净效应结果 ·················· 221
　　六、本章研究结论 ·················································· 222

## 第八章　企业有效税负对中国科技型中小企业专利产出的间接影响效应研究 ·············· 226

　　一、研究样本与数据来源 ········································ 226
　　二、企业研发投入的中介效应检验 ··························· 227
　　　　（一）中介效应及其检验方法 ···························· 227
　　　　（二）变量设置和模型构建 ······························· 228
　　　　（三）中介效应检验结果 ·································· 231
　　三、企业有效税负对科技型中小企业专利产出的间接影响研究 ·············· 232
　　　　（一）变量定义 ················································ 232
　　　　（二）模型构建 ················································ 236
　　　　（三）描述性统计分析 ······································ 238
　　　　（四）模型回归结果及分析 ······························· 242
　　　　（五）小结 ······················································· 246

四、考虑知识产权保护水平后的回归分析 ………………… 247
　　　　（一）变量定义与模型构建 …………………………… 247
　　　　（二）模型回归结果及分析 …………………………… 250
　　　　（三）稳健性检验 ……………………………………… 259
　　五、本章研究结论 ………………………………………… 260

# 第九章　完善中国科技型中小企业研发创新税收优惠政策体系的建议 ……………………………… 267
一、优化政策设计的建议 ……………………………………… 267
　　（一）对小微企业研发费用的归集实施差别化政策 …… 267
　　（二）统一研发费用的归集口径 ………………………… 268
　　（三）提高高新技术企业的认定标准 …………………… 269
　　（四）扩大技术转让所得减免的优惠范围 ……………… 271
　　（五）试行企业所得税的税收抵免措施 ………………… 272
　　（六）给予研发人员更具实质性的个人所得税优惠 …… 273
　　（七）给予研发企业更具实质性的增值税优惠 ………… 274
二、强化政策落实的建议 ……………………………………… 275
　　（一）依托人工智能实现个性化的政策宣讲和释疑 …… 275
　　（二）高新技术企业资格由科技部搭建的平台加以
　　　　　认定 ………………………………………………… 277
三、完善研发企业全生命周期税收优惠政策的建议 ………… 278
四、改进知识产权保护制度的建议 …………………………… 281
　　（一）完善知识产权司法保护的建议 …………………… 282
　　（二）优化知识产权行政保护的建议 …………………… 283
　　（三）知识产权保护实践中充分发挥地方政府作用的
　　　　　建议 ………………………………………………… 284

**主要参考文献** ………………………………………………… 286

# 第一章
# 导论

本章首先详细阐释本书的研究动机和背景，接着概括本书的主要研究内容，绘制研究框架和各章关联图，最后总结本书的主要贡献与创新。

## 一、研究动机与背景

党的十八大提出了创新驱动经济发展的核心战略，十九大进一步强调要努力跻身创新型国家的前列。这充分说明中国的经济增长模式已由重视数量转而寻求提升质量。诚然，创新作为经济持续增长的核心，是商业成功和新兴经济发展的关键所在。因此，激励企业开展研发和创新活动，从而积累有价值的无形资产的政策具有重要意义。政府认为在不收费的情况下，创新的经济收益很可能外溢，从而导致企业不愿从事昂贵的、不确定的研发投资，进而造成市场失灵。在这种情况下，相应的激励政策显然更加合理。根据经典的经济理论，市场倾向于在研发领域投入不足，因为市场无法考虑到研发产生的所有外部正效应，从而导致不能达到社会最优水平。此外，信息不对称导致中小创新型公司很难进入资本市场获得充足的资金，或者必须面对更高的利率、支付更多的利息[①]。

---

① Cécile Brokelind and Åsa Hansson, "Tax Incentives, Tax Expenditures Theories in R&D: The Case of Sweden", *World Tax Journal*, 2014, 6 (2).

这些潜在的市场失灵意味着激励企业研发的政策措施很有必要。

企业作为微观经济活动的主体，理应成为推动研发与创新的重要力量。一方面，较之于大型企业，众多的科技型中小企业能够通过灵活多变的方式汇聚不同的创新要素，实现各具特色的知识成果的研究和开发，不断丰富和积累有益的创新理念、创新模式与创新成果形式；另一方面，科技型中小企业因自身条件的现实约束普遍面临着更大的市场风险和不确定性、由于更显著的信息不对称所导致的资金困境，以及因为难以利用复杂业务架构和众多关联企业进行税收筹划而面临更大的税收成本，所以，更需要政府提供相应的政策扶持和激励。

在政府存在预算约束的情况下，需要目标明确的政策以既有效率又有效果的方式促进科技型中小企业的研发和创新。政府激励科技型中小企业研发的手段多种多样。从财政的角度分析，税收优惠与财政补贴是最为常用的两种手段。相比之下，税收优惠是相对更公平、更中性、交易成本更低、更具实质性的激励工具，因为财政补贴具有较为明显的倾向性，容易诱发企业资源配置的扭曲，过于灵活多变的口径和调整增加了不确定性和交易成本，且很难对企业的研发创新产生根本性的影响。政府经过特别设计的、旨在激励科技型中小企业研发（从而增加有价值的无形资产的创制和知识积累）的税收优惠政策将会影响经济主体的行为和选择。

企业的发展是动态变化的，与自然生物进化的机制极为相似，都具有生命周期且每个阶段各具特点，科技型中小企业也不例外。然而，此前国内绝大多数相关研究仅分析了企业截面差异的影响，未能充分考虑科技型中小企业生命周期各个阶段在规模、盈利性、投融资策略、研发创新意愿等方面迥异的特征，忽视了时间维度上的潜在异质性，因此，政策建议的针对性有所欠缺。事实上，中国目前实施的直接与研发企业相关的税收优惠政策明显偏向于成长期和成熟期的企业，真正以种子期和初创期企业作为目标对象的研发税收优惠措施数量较少且优惠力度十分有限，难以有效地促进企业开展实质性的研发活动。

本书将从企业生命周期理论视角出发，不仅将定性分析企业各个阶段的特征，特别是税收敏感性方面的差异，还将定量研究不同阶段企业的税收负担对其研发投入和专利产出的影响方向和程度，并在关键变量测度、样本企业生命周期所处阶段的判断标准等方面作出更为全面、细致和深入的分析与阐释，将明显增强研究结论的稳健性，以期为今后可能实施的、旨在进一步激励科技型中小企业开展实质性研发活动的税收政策调整提供有益的参考。

从学术研究的视角出发，在过去的十多年中，企业研发创新的税收激励政策一直是最受关注的论题。研发税收激励政策不仅涉及国家税收主权，也是影响经济发展的政策工具；此外，由于它在税收竞争和市场公平方面可能具有的潜在负效应，备受国际组织（如经合组织）以及超国际组织（如欧盟）的关注。

**二、研究内容与框架**

**（一）研究内容**

本书从企业生命周期的视角出发，聚焦于驱动科技型中小企业研发创新的税收激励政策体系，具体内容分为九章，各章的主要内容如下。

第一章是导论。这一章首先详细阐释了本书的研究动机和背景，接着概括了本书的主要研究内容、绘制了研究框架和各章关联图，最后总结了本书的主要贡献与创新。

第二章是政府激励科技型中小企业研发创新的理论基础。这一章首先对科技型中小企业以及企业研发创新进行概念界定，然后从经济学领域的市场失灵理论和管理学领域的锁定效应和学习失效理论出发，分析政府介入科技型中小企业研发创新的原因。接着，通过对比分析政府介入企业研发创新的不同手段，揭示出税收激励是理想的干预工具，并深入分析税收的作用和基本原则。随后，根据企业研发创新的一般过程阐释研发投入税收激励和研发产出税收激励措施及其问题，分析不同研发阶段、不同研发方式、不同研发主体的税收激励策略以及研发税收激励与税收基本原则的关系。最后，细致地分析税收影响科技型中小企业研发投入和研发产出的作用机理，并提出研究假设1、假设2a、假设2b、假设3和假设4。

第三章是科技型中小企业生命周期的划分及判断。这一章首先详细阐述科技型中小企业生命周期的划分方法，并明确了本书选择"五阶段"法，将企业的生命周期划分为种子期、初创期、成长期、成熟期和衰退期五个阶段。接着，详细地阐释判断科技型中小企业生命周期所处阶段的方法和标准，并指出本书拟运用综合指标分析法研究样本企业所处的阶段。最后，深入分析科技型中小企业生命周期各个阶段的特征及其税收敏感性，并提出研究假设5、假设6a、假设6b和假设7。

第四章是政府激励企业研发创新的税收优惠政策体系。这一章按照不同的作用主体将众多税收优惠措施区分为直接与研发企业相关的税收激励政策和间接降低企业研发成本的"外围"税收激励政策。首先，分别从企业所得税、个人所得税、流转税、财产税四个方面细致地梳理直接与研发企业相关的各类具体的税收优惠方式、特点及其设计原理。然后，逐一分析间接降低企业研发成本的"外围"税收优惠政策的优惠方式和特点，具体包括针对科技企业孵化平台和向研发企业进行投资的机构和个人的优惠措施。

第五章是中国与代表性国家激励企业研发创新的税收优惠政策体系。这一章选取7个代表性的国家,既包括传统的研发强国(如美国、荷兰),也涉及主要的新兴市场国家(如印度、巴西、南非),还囊括了由计划经济转型的东欧国家(如匈牙利),同时考虑了与中国地缘临近的东亚国家(如韩国),并区分税收优惠政策的作用主体细致地研究中国和上述各国直接与研发企业相关的税收激励政策以及间接降低企业研发成本的"外围"激励政策,试图分析和阐释中国与7个代表性国家激励企业研发创新的税收政策差异及特点。然后,从企业生命周期的视角细致地梳理和分析中国与上述代表性国家针对生命周期各个阶段企业实行的研发税收激励政策及其特点。最后,深入探究中国实施的研发费用加计扣除措施、高新技术企业税率优惠措施和技术转让所得减免措施三项重点优惠政策的演进发展以及现存问题。

第六章是企业有效税负对中国科技型中小企业研发投入的影响效应研究。这一章按照我国《科技型中小企业评价办法》对科技型中小企业的界定,选择2017年、2018年和2019年连续3年被评定为科技型中小企业并在新三板挂牌的企业作为研究样本,建立面板数据随机效应模型,运用多元回归的方法定量研究企业有效税负对我国科技型中小企业研发投入的影响,以检验研究假设1。然后,从企业所处行业和所在地区两个角度进行分样本的异质性回归分析。最后,从企业生命周期的视角出发研究不同阶段企业的有效税负对其研发投入的影响方向及程度,试图验证研究假设5。

第七章是企业所得税优惠对中国科技型中小企业研发投入的影响效应研究。这一章仍选择2017年、2018年和2019年连续3年被评定为科技型中小企业并在新三板挂牌的企业作为研究样本,建立面板数据随机效应模型,运用多元回归的方法分析研发费用加计扣除优惠和高新技术企业税率优惠这两项措施对企业研发投入的影响，试图验证研究假设 2a 和假设 2b。然后，从企业所处行业和所在地区两个角度进行分样本的异质性回归分析。最后，从企业生命周期的视角出发，研究上述两项税收优惠措施分别对不同阶段企业研发投入的影响方向和程度，并检验研究假设 6a 和假设 6b。

第八章是企业有效税负对中国科技型中小企业专利产出的间接影响效应研究。这一章仍然选择 2017 年、2018 年和 2019 年连续 3 年被评定为科技型中小企业并在新三板挂牌的企业作为研究样本，首先运用因果逐步法进行中介效应检验，以确定企业的研发投入是否为企业税收负担影响专利产出的中介变量，从而检验研究假设 3。如果假设 3 得到验证，将建立面板数据模型，运用多元回归的方法衡量由于企业税负变化所导致的研发投入变化对专利产出的间接影响方向和程度，以验证研究假设 4。接着，仍从企业所处行业和所在地区两个角度进行分样本的异质性回归分析。最后，从企业生命周期的视角出发分析不同阶段企业的有效税负对其专利产出的间接影响，并检验研究假设 7。

第九章是完善中国科技型中小企业研发创新税收优惠政策体系的建议。本章根据前述政策分析和实证分析的结果，从政策设计和政策落实等角度有针对性地提出详细具体的调整建议，以进一步完善和优化我国激励科技型中小企业研发创新的税收优惠政策体系。

(二) 研究框架

本书的研究框架以及各章的关联如图 1.1 所示。从中不难看出，本书可以分为四个部分：第一部分是导论；第二部分包括四个章节，运用定性分析方法从理论层面深入研究政府激励科技型中小企业研发创新的原因、手段、作用机理，细致地阐释了科技

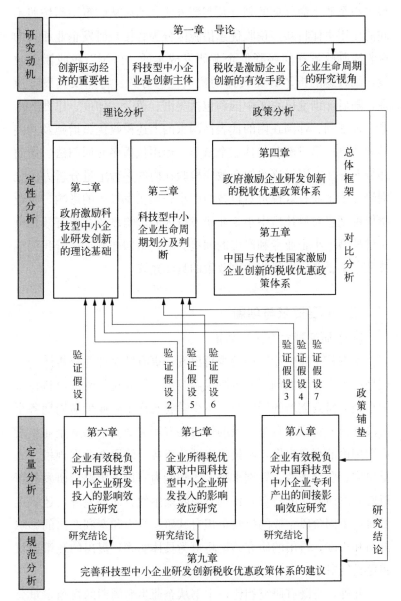

图1.1 本书的研究框架及各章的关联图

型中小企业生命周期的划分及判断方法。然后从政策层面按照不同的作用主体将众多税收优惠措施区分为直接与研发企业相关的税收激励政策和间接降低企业研发成本的"外围"税收激励政策，细致地剖析了各类具体的税收优惠方式、特点及其设计原理，随后详细地研究了中国和包括美国、荷兰、印度、巴西、南非、匈牙利、韩国在内的代表性国家的上述税收优惠措施及其差异和特点；第三部分包括三个章节，运用包括多元回归法、倾向评分匹配法、因果逐步中介效应检验在内的多种定量分析方法分别研究了企业有效税负对科技型中小企业研发投入的影响、企业所得税优惠对科技型中小企业研发投入的影响以及企业有效税负对科技型中小企业专利产出的间接影响；第四部分是完善我国科技型中小企业研发税收优惠政策的具体建议。

### 三、主要贡献与创新

（一）研究视角方面的创新

本书从企业生命周期的视角出发，更有针对性地分析激励科技型中小企业研发创新的税收优惠政策。研究税收政策对科技型中小企业研发创新的影响时，不少学者忽视了企业生命周期各个阶段迥异的特征，政策建议的针对性有所欠缺。本书从企业生命周期理论的视角出发，不仅将定性分析各个阶段企业在规模、人员组成、资金来源、管理水平、盈利能力、投资策略、研发创新意愿等方面迥异的特点，特别是税收敏感性方面的差异，还将定量研究不同阶段企业的税收负担对其研发投入和专利产出的影响方向和程度，得出的研究结论将更为具体明确，提出的政策建议将更具针对性。

此外，与既有研究相比，本书从企业生命周期的视角定量分析科技型中小企业研发税收激励政策的实施效果时，在关键变量测度、样本企业生命周期所处阶段的判断标准等方面作出更为全面、细致和深入的分析与阐释，从而大大增强研究结论的稳健性。在关键变量的测度方面，本书在设定解释变量时，不仅考虑企业所得税和财产税等难以转嫁的直接税负，还涉及企业负担的政府性基金缴费、行政事业性缴费和社保缴费等类税性质的收费，从而全面剖析和反映科技型中小企业的有效税负。在样本企业生命周期所处阶段的判断标准方面，本书在第三章详细地分析了综合指标分析法和现金流组合法的优劣，并根据科技型中小企业的特点专门进行调整，从而形成本书独特的判断标准。

(二) 研究内容方面的贡献

本书从税收政策的作用主体和税收政策的影响要素等维度更加系统、全面、深入、细致地梳理和分析政府激励企业研发创新的税收优惠政策体系，不仅聚焦于政策的内容，还深入研究了各项具体政策的设计原理、实施原因和基本特征。相比之下，此前的有关研究大多只是罗列或描述各个国家的有关政策，对这些国家激励企业研发创新的税收优惠政策的详细内容、基本特点、设计原理以及实施原因等均未展开全面深入地梳理和分析。政府激励企业研发创新的税收优惠政策数量众多。从作用主体来看，可以区分为直接与研发企业相关的税收激励政策和间接降低企业研发成本的"外围"激励政策。前一种优惠政策的受益主体就是从事研发创新活动的企业本身，政府通过赋予研发企业各类税收优待达到直接降低研发企业税收负担的目的；后一种间接优惠政策的受益主体则是与研发企业有关联的机构和个人，主要包括科技企业孵化平台以及向研发企业进行投资的机构和个人，政府通过给予这些机构和个人一定的税收优惠，达到间接降低研发企业成本开支的目的。本书对上述直接激励政策和"外围"激励政策分别按照企业所得税、个人所得税、流转税、财产税等具体税种，根据优惠措施对不同税收要素的影响将税收优惠分为税基式优惠、税率式优惠、税额式优惠等优惠方式，详细深入地梳理与分析每个税种主要的优惠方式及其具体体现形式、设计原理和特点。

此外，本书还详细分析和对比中国与7个代表性国家激励企业研发创新的税收优惠政策体系，并从企业生命周期的视角细致梳理和研究上述各国针对生命周期各个阶段企业实行的研发税收激励政策及其特点。本书选取的7个代表性国家，既包括传统的研发强国（如美国、荷兰），也涉及主要的新兴市场国家（如印度、巴西、南非），还囊括了由计划经济转型的东欧国家（如匈牙利），同时也考虑了与中国地缘临近的东亚国家（如韩国）。与大多聚焦于发达国家的相关文献相比，本研究内容有利于增强研究结果和政策建议的参考性。

（三）研究对象方面的特色

本书以对税收政策变化更为敏感的科技型中小企业作为研究对象。在探讨税收优惠对企业创新的影响时，大部分研究以大型企业作为研究对象。较之于中小企业，大型企业更容易利用复杂的业务架构和众多的关联企业进行税收筹划，因此，税收成本的变化对其研发投入的影响不一致。本书选择对税收成本变化更敏感的中小企业作为研究对象，能够更加准确地反映科技型中小企业的税收负担与研发投入之间的相关性。

不仅如此，本书基于我国2017年公布的《科技型中小企业评价办法》，从上万家入库企业中选出连续3年获得认定资格并在新三板挂牌的科技型中小企业作为实证研究对象，能够反映出按照最新标准认定的这些科技型中小企业近期的税收负担及其对研发活动的影响方向和程度。

（四）研究方法方面的推进

本书在分析企业有效税负对科技型中小企业专利产出的影响

时，首先通过中介效应检验确定二者之间的作用媒介或者中介变量。此前的相关文献大多采用"一步法"的研究方法，没有充分考虑税收激励措施与企业研发产出之间的作用媒介，直接估计了税收优惠对专利产出的影响。事实上，企业的专利产出受到多种因素的共同影响，而这诸多因素并未直接涉及税收。Griliches 早在 1979 年提出的专利生产函数中就明确指出，企业的研发产出是研发设备、研发材料以及研发人员等研发投入的函数。后续 Jaffe（1989）、Romer（1990）和赵红专等人（2006）的研究进一步指出，与研发产出有关的资源因素可以分为外部环境因素（包括对研发的重视程度、科学技术发展水平、区域创新环境等）和内部条件因素（包括研发经费、研发过程的激励与约束、创新文化、知识存量等）。这意味着，税收对企业研发产出的影响作用不是直接的而是间接的，是通过一个中间媒介完成的。

　　本书根据 Griliches - Jaffe 专利生产函数和 Jorgenson（1963）的理论，深入分析税收影响科技型中小企业研发产出的作用机制，然后通过中介效应检验判断企业的研发投入是否是企业税收负担影响专利产出的中介变量。如果企业的研发投入确是中介变量，则将建立面板数据模型，运用多元回归的方法衡量由于企业税负变化所导致的研发投入变化对专利产出的间接影响方向和程度，从而更为准确地反映企业税负和专利产出之间的间接相关关系。

# 第二章
# 政府激励科技型中小企业研发创新的理论基础

本章首先对科技型中小企业以及企业研发创新进行概念界定，从经济学领域的市场失灵理论和管理学领域的锁定效应和学习失效理论出发，分析政府介入科技型中小企业研发创新的原因。接着，通过对比分析政府介入企业研发创新的不同手段，揭示出税收激励是理想的干预工具，并深入分析税收的作用和基本原则。随后，根据企业研发创新的一般过程阐释研发投入税收激励和研发产出税收激励措施及问题，并分析不同研发阶段、不同研发方式、不同研发主体的税收激励策略以及研发税收激励与税收基本原则的关系。最后，细致地分析税收影响科技型中小企业研发投入和研发产出的作用机理。

## 一、关于科技型中小企业的界定

（一）我国科技型中小企业界定标准的演进

1. 1999年的界定标准

我国关于科技型中小企业的官方界定，最早可以追溯到1999年。科技部于当年设立了科技型中小企业技术创新基金，并首次提出了科技型中小企业的界定标准[①]。根据创新基金的定

---

[①] 文件内容详见《国务院办公厅转发科学技术部、财政部〈关于科技型中小企业技术创新基金的暂行规定〉的通知》。

义，申请科技型中小企业技术创新基金的企业必须具备以下条件[①]：

（1）企业已在所在地工商行政管理机关依法登记注册，具备企业法人资格，具有健全的财务管理制度；职工人数原则上不超过 500 人，其中，具有大专以上学历的科技人员占职工总数的比例不低于 30%；

（2）企业应当主要从事高新技术产品的研制、开发、生产和服务业务，企业负责人应当具有较强的创新意识、较高的市场开拓能力和经营管理水平。企业每年用于高新技术产品研究开发的经费不低于销售额的 3%，直接从事研究开发的科技人员应占职工总数的 10%以上。对于已有主导产品并将逐步形成批量和已形成规模化生产的企业，必须有良好的经营业绩。

这个定义集中反映出科技型中小企业的复合型特点，即科技特性与企业规模特性的结合。此外，这个定义为判断科技型中小企业提供了较为全面的指导，既涉及质的规定，又细化出量的标准。

2. 2013 年的界定标准

1999 年公布的科技型中小企业的界定标准虽然较为全面地兼顾了质与量两个方面，但在实践中稍显粗略、不够细化、不易操作，且与相关法律法规的调整相比略显滞后。

2013 年，科技部科技型中小企业创新基金管理中心受理处发布了《关于科技型中小企业界定标准的研究报告》，通过对国内外中小企业界定标准进行总结分析，依据创新基金多年管理的经验，从实际出发探索性地提出了具有可操作的、便于统计的科技型中小企业界定标准。该报告指出，依据《中华人民共和国科

---

① 罗亚非、洪荧：《科技型中小企业界定问题研究》，《统计研究》2005 年第 5 期。

学技术进步法》和《中华人民共和国中小企业促进法》，参照《科学技术部、财政部关于科技型中小企业技术创新基金的暂行规定》，建议将科技型中小企业界定为：

（1）在中华人民共和国境内工商行政管理机关依法登记注册，具备法人资格的企业，具有健全的财务管理制度；

（2）主要从事高新技术产品的研制、开发、生产或者服务业务；

（3）职工人数原则上不超过500人；

（4）全年销售收入在3亿元以下或资产总额在3亿元以下；

（5）具有大学以上学历的科技人员占职工总数的比例不低于30%，或直接从事研究开发的科技人员占职工总数的比例不低于10%；

（6）近3年每年用于高新技术产品研究开发的经费不低于当年销售额的3%。

将1999年的标准与2013的标准进行比对，可以发现两者的差异不大。具体的变化体现在以下四个方面：首先，放宽了企业注册地的限制。从原先的"所在地注册"变为"中华人民共和国境内注册"；其次，增加了关于企业规模的限定，即认为全年销售收入在3亿元以下或资产总额在3亿元以下属于中小企业；其三，降低了直接从事研究开发科技人员的占比，从原来的"10%以上"变为"不低于10%"；其四，调整了高新技术产品研发经费占比的年限，从"每年"变为"近3年每年"。

尽管2013年《关于科技型中小企业界定标准的研究报告》所提出的标准与1999年的界定标准差异不大，但是下述若干想法颇有意义：

第一，明晰了科技型企业与高新技术企业的关系。报告认为，科技型企业的范围比目前我国实践中的高新技术企业的范围要宽，高新技术企业是达到一定规模和经营期限的科技型企业。

第二，给出了科技型中小企业更加细化具体的界定标准。报告认为，可采用研发投入强度、科技活动人员比例和直接从事研究开发科技人员比例这三项指标作为定量标准，且将科技型中小企业每年研发投入的强度标准确定为3%以上，将科技人员的比例标准确定为20%以上，直接从事研究开发的科技人员比例标准确定为8%以上。

第三，强调了界定的标准要具有灵活性。关于科技型中小企业的规模特性，以企业职工人数、全年销售收入和资产总额三项指标作为界定的定量标准，如果符合其中一项，就可以界定为中小企业；关于科技型中小企业的科技特性，将研发投入强度、科技人员比例和直接从事研究开发的科技人员比例三项指标作为界定的定量标准，在满足第一项指标要求的同时满足后两项指标要求的其中一项，就可以界定为科技型企业；关于标准的地区差异性，报告认为，由于东西部地区的发展差距较大，因此，对不同地区执行界定标准时也可辅之以一定百分比（如10%）的调整空间。

第四，提出了界定标准要具有动态性。随着经济和社会的发展，反映科技型中小企业科技特性和规模特性的定量指标应当进行动态调整。具体而言，反映科技特性的研发投入强度和从事研究与开发的科技活动人员的比例等标准，会随着企业成长过程中技术创新投入的增加呈现上升的趋势；反映企业规模特性的资产总额和销售收入往往呈扩大趋势，雇员人数也呈现出先上升、然后趋于稳定（个别行业如高科技行业还有可能下降）的趋势。

尽管2013年科技部科技型中小企业创新基金管理中心在《关于科技型中小企业界定标准的研究报告》中提出的标准更加具体细化、更易操作，但没有任何法律效力，因此，在实践中无法作为全国统一的认定标准。

2015年1月,《科技部关于进一步推动科技型中小企业创新发展的若干意见》明确指出,要"研究发布科技型中小企业标准"。2015年9月,中共中央和国务院办公厅发布了《深化科技体制改革实施方案》,重申要"制定科技型中小企业的条件和标准,为落实扶持中小企业创新政策开辟便捷通道"。

3. 2017年的界定标准

2017年5月,科技部、财政部、国家税务总局联合发布了《科技型中小企业评价办法》,不仅明确了科技型中小企业的定义,而且给出了精准评价科技型中小企业的系统方法,形成了全国统一的、以技术为导向的、操作性强的界定标准。具体来看,该《评价方法》明确规定了科技型中小企业必须满足的基本准入条件和科技活动评分条件。

以下四个基本准入条件需要企业同时满足:

(1) 在中国境内(不包括港、澳、台地区)注册的居民企业;

(2) 职工总数不超过500人、年销售收入不超过2亿元、资产总额不超过2亿元;

(3) 企业提供的产品和服务不属于国家规定的禁止、限制和淘汰类;

(4) 企业在填报上一年及当年未发生重大安全、重大质量事故和严重环境违法、科研严重失信行为,且企业未列入经营异常名录和严重违法失信企业名单。

其中,基本准入条件的第二项参照国际上通行的规则对企业的规模进行了规定;基本准入条件的第三项为了促进产业转型升级、促进科技型中小企业健康发展,对企业的产品和服务范围进行了合理的限制;基本准入条件的第四项则为了加快科技型中小企业信用体系建设，引导企业避免违法失信行为，加强了企业信用管理。

除了基本准入条件，企业还必须满足以下一项科技活动标准：

（1）企业根据科技型中小企业评价指标进行综合评价所得分值不低于60分，且科技人员指标得分不得为0分；

（2）企业拥有有效期内高新技术企业资格证书；

（3）企业近5年内获得过国家级科技奖励，并在获奖单位中排在前3名；

（4）企业拥有经认定的省部级以上研发机构；

（5）企业近5年内主导制定过国际标准、国家标准或行业标准（即企业在国家标准化委员会、工业和信息化部、国际标准化组织等主管部门的相关文件中排名起草单位前5名）。

科技活动标准的第一项能够通过指标体系科学有效地评估企业的科技和技术属性，第二项至第五项则充分体现了技术先导在不同的企业科技创新评价体系中的连贯性。需要注意的是，第一项提及的科技型中小企业评价指标具体包括科技人员、研发投入、科技成果三类指标，满分100分（详见表2.1）。

表2.1 科技型中小企业评价指标

| 指 标 | 比例或数量 | 分 值 |
| --- | --- | --- |
| 科技人员指标（满分20分）<br>（1）科技人员数占企业职工总数之比 | 30%（含）以上<br>25%（含）—30%<br>20%（含）—25%<br>15%（含）—20%<br>10%（含）—15%<br>10%以下 | 20分<br>16分<br>12分<br>8分<br>4分<br>0分 |

(续表)

| 指标 | 比例或数量 | 分值 |
|---|---|---|
| 研发投入指标[1]（满分 50 分） | | |
| （1）研发费用占销售收入之比 | 6%（含）以上 | 50 分 |
| | 5%（含）—6% | 40 分 |
| | 4%（含）—5% | 30 分 |
| | 3%（含）—4% | 20 分 |
| | 2%（含）—3% | 10 分 |
| | 2%以下 | 0 分 |
| （2）研发费用占成本费用之比 | 30%（含）以上 | 50 分 |
| | 25%（含）—30% | 40 分 |
| | 20%（含）—25% | 30 分 |
| | 15%（含）—20% | 20 分 |
| | 10%（含）—15% | 10 分 |
| | 10%以下 | 0 分 |
| 科技成果指标（满分 30 分） | | |
| （1）按照企业拥有的、在有效期内的、与主要产品或服务相关的知识产权类别和数量[2] | 1 项及以上Ⅰ类知识产权 | 30 分 |
| | 4 项及以上Ⅱ类知识产权 | 24 分 |
| | 3 项Ⅱ类知识产权 | 18 分 |
| | 2 项Ⅱ类知识产权 | 12 分 |
| | 1 项Ⅱ类知识产权 | 6 分 |
| | 没有知识产权 | 0 分 |

注：1. 考虑到科技型中小企业的不同营收能力，为科学合理地评价企业的研发投入水平，允许企业从（1）（2）两项指标中选择一个指标进行评分。

2. 发明专利、植物新品种、国家级农作物品种、国家新药、国家一级中药保护品种、集成电路布图设计专有权按Ⅰ类评价；实用新型专利、外观设计专利、软件著作权按Ⅱ类评价。知识产权应没有争议或纠纷。

《科技型中小企业评价办法》的最大亮点在于突出了技术导向。在满足基本准入条件的基础上，特别强调技术在科技型中小企业评价中的主导地位。此外，该评价方法对于企业科技人员、企业职工总数、企业研发费用、企业销售收入、省部级以上研发机构等作了详细说明，明确了统计口径，大大增强了政策的可操作性。

（二）本书关于科技型中小企业的界定

根据 2017 年发布的《科技型中小企业评价办法》（以下简称

《评价方法》)的相关规定,本书提及的科技型中小企业是指依托一定数量的科技人员从事科学技术研究开发活动,取得自主知识产权并将其转化为高新技术产品或服务,从而实现可持续发展的中小企业。科技型中小企业的定量界定标准也依照《评价方法》中的基本准入条件和科技活动评分条件。

### 二、关于企业研发创新的概念界定

图2.1显示了企业研发创新的一般过程,大致包括研发投入和研发产出两个阶段。一般地,研发投入包括研发人力资源方面的投入以及研发材料和设备等资本方面的投入;研发产出主要包括专利、专有技术、外观设计等知识产权的产出。

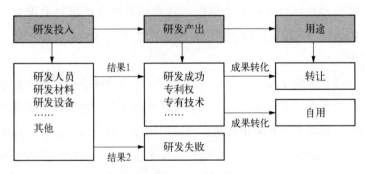

图 2.1　企业研发创新过程示意图

本书将企业的研发创新过程分为研发投入和研发产出两个阶段加以研究。在经验研究部分,本书将研发投入具化为企业的研发资本投入(企业用于研发的经费开支),将研发产出具化为企业的专利产出。企业的研发产出种类繁多,选择专利产出的原因主要在于数据的易得性、可比性和高度标准化(胡凯等,2018)。此外,与新产品销售等研发产出相比,专利申请在时间上更接近所进行的研发项目(Czarnitzki 和 Hussinger,2004)。而且申请专利时缴纳的专利申请费具有创新甄别效应,即只有当专利申请有可能被批准并有利可图时,专利申请人才愿意发生该项费用支出,因而专利申请量能够较好地反映研发产出。

### 三、政府介入科技型中小企业研发创新的原因

(一) 市场失灵

从经济学的角度来看,政府之所以对企业的研发创新活动加以激励,是由于企业的研发投入往往低于社会所需的最优投入水平。究其原因,这主要基于以下四点。

1. 研发产出的准公共品属性

研发产出主要包括专利、专有技术、外观设计等,往往具有非排他性和有限的非竞争性。这意味着研发产出具有准公共品的属性[1]。在现代数字网络社会背景之下,这一点体现得更为显著[2]。

就非排他性而言,企业的某项研发产出很可能引发整个社会的产业变革,研究开发这一专利或技术的企业很难或至少要花费相当大的成本才能阻止其他企业使用同一专利或技术。就有限的非竞争性而言,某一专利(纯粹从技术角度看)可以同时被多家厂商使用(如形成专利联盟),这些厂商彼此之间不发生竞争。然而,当厂商的数量增加到某个相当大的正数时(超过了拥挤点之后),增加更多的厂商将减少全体厂商的效用和利润。这就意味着研发产出的非竞争性是"有限的"。

研发产出的上述特征决定了企业研发创新活动的产出和收益

---

[1] Cécile Brokelind and Åsa Hansson, "Tax Incentives, Tax Expenditures Theories in R&D: The Case of Sweden", *World Tax Journals*, 2014, 6 (2).
[2] Adams Thierer and Wayne Crews (eds.), *Copy Fights: The Future of Intellectual Property in the Information Age*, Cato Institute, 2002.

是相分离的，专利、专有技术、外观设计的发明者无法将全部收益内化。因此，理性人更倾向于消费他人的研发产出，自己没有动力展开研发。这种"搭便车"的动机致使企业的研发投入严重不足（李成威，2001；刘站平，2006；杜晓君，2011）。

2. 企业研发活动的正外部性

研发产出的准公共品属性造成了研发企业的收益无法完全内化，即其产生的社会收益高于其产生的个体收益。这说明企业的研发活动具有正外部性特征（或称溢出效应）。这种正外部性除了表现为对其他市场主体的影响，也表现为技术进步对公共领域事务的推动（例如，技术进步能够引发行政效率的提高、公众知识水平的提升等）。从这一角度看，企业研发动机的下降不利于整个社会的持续发展和进步，政府非常有必要通过干预手段来激励企业的研发和创新。

3. 企业研发活动的不确定性

Arrow 早在 1962 年就提出了研发活动具有不确定性[①]。他认为企业的研发活动主要呈现三大特征：技术创新利润的非独占性、研发活动过程的不可分割性和企业研发活动的不确定性。其中，研发活动的不确定性是核心特征。随着技术创新强度的增加，技术元素的组合更加复杂，新产品市场需求偏好更加多变，这种不确定性使得企业的研发行为充斥着技术风险和商业风险。单个企业很可能无法承受这种风险，从而致使企业对研发活动配置的实际资源低于最优水平，造成普遍性的研发投入不足。

4. 信息不对称导致外部融资困难

资本市场的信息不对称导致企业难以获得外部融资。倘若能够获得融资，由于创新和知识的非物质属性使其很难用作抵押品

---

① Kenneth J. Arrow, "The Economic Implications of Learning by Doing", *The Review of Economic Studies*, 1962, 29 (3).

且投资回报难以准确估计，因此，融资成本往往非常高。对于小规模企业和新设企业而言，这一问题尤其严重①。

(二) 锁定效应和学习失效

从管理学的视角出发，政府之所以要介入企业的研发和创新活动，是由于企业的创新需要适宜的制度环境来破解技术锁定的难题、走出学习失效的困境。

1. 锁定效应

创新和技术的路径依赖不仅可能导致个别企业的转型失败，还可能导致更大范围内的技术锁定。事实上，技术存在于它们与社会和经济环境的密切联系之中，这意味着，技术替换不仅要与相关技术展开竞争，还要与影响该技术的整体系统进行竞争。某种技术模式或范式能够坚持存在，是因为它们是科学知识、工程实践、工艺过程、基础结构、产品性质、技能及方法步骤的复合，这些因素组成了一种技术环境，很难整体改变。因为企业不能从已有的技术中转移开，所以，产业甚至整个社会经济系统可能锁定特别的技术范式。

技术范式的变化涉及科学、工程实践、基础结构、社会组织等方面的复杂变化过程，依靠企业自身不大可能克服这类锁定。这就要求存在具有产生激励、发展替代技术、丰富新生技术系统等功能的外部部门②。而政府有能力充当这一外部部门。

2. 学习失效

创新是建立在知识基础之上的，而知识主要是通过学习获得的。企业很可能存在学习失效的情况。这主要表现在：第一，缺乏足以引发创新、扩散和能力积累的研发能力。这种研发能力不

---

① Cécile Brokelind and Åsa Hansson, "Tax Incentives, Tax Expenditures Theories in R&D: The Case of Sweden", *World Tax Journal*, 2014, 6 (2).

② 董静：《企业创新的制度研究》，复旦大学2003届企业管理专业博士学位论文。

仅包括创造力，而且包括吸收外部科学和技术知识方面的能力；第二，高级人力资源的数量和结构不合理，对企业的学习过程产生了负面影响；第三，技术和市场知识向企业员工的扩散不充分，从而减少了企业可能的创新和变革机会。这种"熟练性无能"[1]，即由于沉迷于以往成功之道而陷入组织惰性的状况，在学习中就体现为学习失效。[2]

政府的某些制度安排能够适当缓解企业的学习失效。例如，基础研究的公共支持体系可以促进对新知识的研究，同时也能提供一批解决复杂问题的高级人力资源。政府促进合作的制度安排能加强企业与其他机构间的交流与学习，帮助企业对新知识的把握。政府还可以通过各种教育与培训制度，支持企业中的人力资源与新技术发展保持同步，提高其理解和有效吸收新知识的能力[3]。

综上所述，政府有必要介入企业的研发创新活动，以激励企业增加研发投入和研发产出，破解技术锁定和学习失效的困境。而政府采用何种手段激励企业的研发创新值得深入分析和思考。

### 四、政府介入科技型中小企业研发创新的手段

(一) 财政学视角下激励企业研发创新的手段

政府激励企业研发的手段多种多样。从财政学的研究视角分析，可以分为财政收入端的激励手段和财政支出端的激励手段。财政收入的来源可以大致分为税收和非税收入[4]，因而财政收入端的激励手段主要是针对研发企业缴纳的税收和非税收入而给予

---

[1] ［美］克里斯·阿吉里斯：《克服组织防卫》，郭旭力、鲜红霞译，中国人民大学出版社2007年版。
[2] 刘海建：《学习失效、组织成长盲点与代工企业转型升级研究》，《中国科技论坛》2014年第8期。
[3] 董静：《企业创新的制度研究》，复旦大学企业管理专业博士学位论文，2003年。
[4] 这里的非税收入泛指政府通过合法程序获得的除税收以外的一切收入，即广义的非税收入。

的税费优惠。财政支出按照是否与商品劳务相交换可以划分为购买性支出和转移性支出,针对研发企业实施的政府采购可以视为购买性支出中的激励,政府给予研发企业的补贴则是转移性支出中的干预手段(如图2.2和图2.3所示)。简言之,政府可以通过减少从目标企业获得的收入以及增加对目标企业给予的支出来激励目标企业的研发活动。

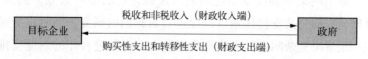

图2.2　财政学视角下政府与研发企业的关联

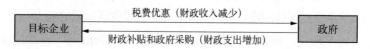

图2.3　财政学视角下政府激励企业研发创新的手段

具体到本书,在分析财政收入端的激励手段时仅讨论针对研发企业采取的税收优惠。这是因为,一方面,非税收入在大多数国家的财政收入中占比很小,对企业的激励作用有限;另一方面,各国的非税收入数据难以获取。而在分析财政支出端的激励手段时仅探讨针对研发企业实施的财政补贴。

(二)税收优惠与财政补贴对比[①]

从理论上分析,较之于财政支出端的补贴措施,给予目标企业税收优惠的财政收入端手段是更好的选择。之所以被绝大多数研究者视为"更好"的手段,主要是基于以下四点原因。

1. 税收优惠是相对更公平的激励工具

财政补贴具有较为明显的倾向性,补贴的审批在企业年龄、

---

① 此处仅就税收优惠和财政补贴进行对比和分析。

企业性质和企业规模三个方面都存在较为严重的政治偏好，未获得补贴的企业很可能会放弃被政府资助领域的研发活动，即间接产生了该领域研发投入的挤出效应。相比之下，针对目标企业实施的税收优惠一般以创新能力和创新成果作为认证前提，符合条件的企业即可享受相应的优惠，是更具公平性和普适性的激励手段。

2. 税收优惠是相对更中性的激励工具

财政补贴容易诱发企业资源配置的扭曲。一方面，企业得到"天上掉下来的馅饼"可能引发过度购买行为[①]，有可能增加企业的非生产性成本，而降低自身的研发投入；另一方面，企业抱着"有总比没有强"的消极理念去获取创新补贴，随之而来的是创新规模的过度扩张，扩张过快导致创新失败的概率增大，增大企业运营负担[②]。相比之下，税收优惠及优惠程度完全取决于企业的自主决策，即企业对投资项目的选择和投资额度的大小[③]。

3. 税收优惠是交易成本相对更低的激励工具

税收优惠政策常以法律制度来明确扶持流程，更具标准化和统一化[④]。税收优惠的相关政策更为透明，且更加固定，企业的遵从成本相对较低。反观财政补贴措施，过于灵活多变的口径和调整增加了不确定性和交易成本。从政府的角度出发，基于专门机构的评估结论授予的财政补贴可能迫于利益集团的压力并非完全客观[⑤]。

---

① 余明桂、回雅甫、潘红波：《政治联系、寻租与地方政府财政补贴有效性》，《经济研究》2010年第3期。

② 唐书林、肖振红、苑婧婷：《上市公司自主创新的国家激励扭曲之困——是财政补贴还是税收递延》，《科学学研究》2016年第5期。

③ 戴晨、刘怡：《税收优惠与财政补贴对企业R&D影响的比较分析》，《经济科学》2008年第3期。

④ 王斌：《中国高技术产业科技成果转化驱动因素研究》，南京航空航天大学2016届管理科学与工程专业博士学位论文。

⑤ Dhammika Dharmapala, "Comparing Tax Expenditures and Direct Subsidies: The Role of Legislative Committee Structure", *Journal of Public Economics*, 1999, 72 (3).

从企业的角度出发，缺乏足够管理能力的小规模企业和新设企业对于财政补贴的申请资格、所需材料、具体流程等细节知之甚少、无从下手①；此外，部分获得补贴的企业因为由此带来的行政干预将面临更多政治层面的"后顾之忧"，可能增加企业的经营成本②。

**4. 税收优惠是更具实质性的激励工具**

财政补贴的数额在研发活动开展以前基本就固定，对接受补贴的企业而言，无论研发结果如何，这都是一笔既定的收入，与研究开发过程并未产生实质性关联，因此，很难对企业的研发创新产生根本性的激励。而税收优惠，尤其是诸如研发费用加计扣除、高新技术企业适用极低税率这类措施，需要企业有实质性的研发投入，甚至是符合规定的研发产出，因此，对于企业实质性研发的开展显然更具激励作用。

现实中，绝大多数国家往往同时使用税收优惠和财政补贴，对两者激励效果的经验研究不胜枚举。多数研究结论表明，较之于财政支出端的补贴措施，财政收入端的税收优惠对于企业研发创新的正面影响更加显著（OECD，1994 & 2002；Dharmapala，1999；Hall 等，2000；Samuel Tung 等，2000；吴秀波，2002；朱平芳等，2003；Czarnitzki 等，2005；杜跃平，2005；程华，2006；Lokshin 等，2007；唐清泉等，2007；戴晨，2008；Hanel 等，2011；关勇军，2012；De Waegenaere 等，2012；马小美，2013；王玺等，2015；Spengel，2015；唐书林等，2016；储德银等，2017）。这也印证了前述理论分析。

---

① Bronwyn H. Hall and John van Reenen, "How Effective are Fiscal Incentives for R&D? A Review of the Evidence", *Research Policy*, 2000, 29 (4-5).

② 唐书林、肖振红、苑婧婷：《上市公司自主创新的国家激励扭曲之困——是财政补贴还是税收递延》，《科学学研究》2016 年第 5 期。

(三) 税收的作用与原则

既然税收优惠政策是激励科技型中小企业研发创新的有效手段和工具，就有必要深入分析税收政策的作用和基本原则。一国的税收政策不可能凭空产生，或多或少地会与国际法律或经济秩序相协调，从而不仅为经济主体孕育一个公平的竞争环境，也为跨境经济投资和交易提供广阔空间。

1. 财政的职能与税收的作用

Musgrave 的财政职能观是研究财政现实问题的基点。他认为，财政职能可以分为以下三个方面：(1) 配置职能，即需要满足什么样的公共需求、满足到什么程度以及相应成本的分担；(2) 分配职能，是指对收入和财富进行调节，以达到全社会普遍认同的公平；(3) 稳定职能，是指保持一个较为适宜的总需求水平，实现较高的就业率、合理稳定的物价水平、合理的经济增长率以及稳定的国际收支平衡等宏观目标[1]。当市场无法实现某些提高国家福利的社会目标时，政府可以发挥预算的上述职能对市场加以干预、引导、纠正和补充。

上述职能的发挥意味着政府支出的发生，而财政支出需要依靠财政收入来维持。税收作为财政收入最重要的来源，不仅会影响经济主体的行为，也能实现对收入和资产的再分配。换句话说，税收是政府实现其财政职能和社会目标最重要的工具。

具体而言，税收对收入和资产的再分配作用是通过以下机制实现的：政府在履行配置职能时，需要提供公共产品和公共服务以满足公共需求。然而，由于很难衡量每个社会成员从公共产品和公共服务中具体获益多少，从而无法收取相应的费用，因此，

---

[1] 葛夕良、沈腊梅：《马斯格雷夫的现代市场财政观——〈财政理论与实践〉译介》，《经济资料译丛》2002 年第 1 期。

必须将公共产品和公共服务的总成本在全体社会成员中进行分摊。总成本的分摊意味着收入和资产的再分配，其中，某些社会成员贡献的资金大于其从公共产品和公共服务中的得益，另外一些社会成员从公共产品和公共服务中的得益大于其贡献的资金。此外，除了上述无意识的再分配效应，政府还会有意识地将税收作为一种再分配工具，即 Musgrave 提及的财政的分配职能。为了实现这一功能，必须明确在整个社会范围内怎样的福利分配是适宜的，也就是说所遵循的分配正义是什么。

税收对经济主体的影响主要发生在实现财政的稳定功能的过程中。当市场存在外部性从而导致无法达到合意的社会效益时，或者直接提供公共产品和公共服务并不能实现社会福利最大化时，政府往往会实施一些旨在影响经济主体行为的税收政策。包括税率减降、税基扣除、税收抵免、延迟纳税在内的税收优惠措施常被用作调节总需求的工具。

2. 现代税制的基本原则

税收制度需要精密设计，以实现社会福利的最大化。社会福利是指每个社会成员福利（效用）的加权平均[①]。每个社会成员被赋予多少权重取决于政府所信奉的分配正义（distributive justice），如平均主义、功利主义、自由主义或者中间形式。

想要通过财政职能最大化社会福利，政府需要建立一个能够恰当平衡各个税收原则的税收制度。Adam Smith 最早提出的、后经许多研究认可的基本税收原则主要包括以下四个方面。

(1) 公平原则

公平原则是税收制度的支柱。由于社会价值观、基本法律原则以及政府受托权力的差异，不同税制中"公平"这个词的含义

---

① Amartya Sen, "Utilitarianism and Welfarism", *The Journal of Philosophy*, 1979, 76 (9).

差别巨大①,特别是在政府运用税收作为其再分配工具时。

关于如何衡量公平的理论主要有受益论和能力论。受益论关注的是社会成员从政府活动中获得的好处,如果社会成员从政府活动中获得了同等程度的好处,这些人应当缴纳相同数量的税款,这意味着社会成员的缴税应当与其获得的收益成比例。显然,由于每个社会成员从政府活动中获益多少极难量化,因此,这种方法在实践中无法运用。能力论关注的是社会成员的支付能力,也就是衡量每个成员拥有的财富以判断其承担公共支出的能力,从而按比例确定每个成员应予缴纳的税款。具体而言,有相同支付能力的社会成员应当缴纳相同数量的税款(横向公平);支付能力强的社会成员应当按比例缴纳更多的税款(纵向公平)。

然而,上述衡量公平的理论受到不少质疑。首先,衡量社会成员支付能力时考虑的因素也会受到政治偏好和社会偏好的影响,因此在不同社会差异显著。其次,当脱离纵向公平的语境时,横向公平缺乏规范内容和独立存在的重要性②,甚至会引发有害税收政策的产生,因为在追求横向公平的过程中,政策制定者可能会牺牲其他的价值③。这些质疑或批评暗示着公平原则在现实中很难充分实现。

(2) 简单原则

简单原则可以细分为政策简单、形式简单和程序简单三部分。第一,政策简单涉及税制中具体税种的选择以及税制结构的设计。值得注意的是,对于较大的国家而言,社会成员的经济和

---

① Peter A. Harris, *Corporate/Shareholder Income Taxation and Allocating Taxing Rights between Countries: A Comparison of Imputation Systems*, IBFD Publication, 1996.
② James R. Repetti and Diane M. Ring, "Horizontal Equity Revisited", *Florida Tax Review*, 2012, 13 (3).
③ Louis Kaplow, "Horizontal Equity: Measures in Search of a Principle", *National Tax Journal*, 1989, 42 (2).

社会行为更加复杂，公平和简单可能变成相互冲突的原则，因为税收制度需要充分考虑大量的变数以确保政府成本的公平配置，确保再分配目标和非财政目标的实现。第二，形式简单与政府的沟通能力有关，涉及政府能否通过书面立法、解释性报告或通知的形式以简单的、清晰的、明确的语言与社会化成员就税收规范进行沟通。第三，程序简单涉及社会成员和政府双方运用实质性税收规范所必须遵循的程序规范。通常情况下，当无法实现形式简单和程序简单时，税制会由于高昂的遵从成本、监管成本和征收成本呈现低效率的状态。[1]

简单原则往往与稳定性密切相关。持续改变实质性规范和程序性规范的税制会给纳税人造成很大的遵从成本。税制缺乏稳定性会对企业的投资决策和个人的投资决策产生负面影响。因此，只有能够切实且显著地增加社会福利时，政府才应当通过透明的程序和明确的长期战略推动税收政策的改变。

(3) 效率原则

Okun（1975）认为，通过税收为公共支出筹集资金就像"用一个有洞的桶来装水"。从洞中漏掉的是政府的管理成本、税收制度和转移支付制度所引致的无谓损失、社会成员为了减少纳税和增加转移支付从而最大化自身效用而发生的个人行为的改变。这意味着需要从效率角度审视税收政策的制定和实施。

效率原则包括经济效率原则和行政效率原则。前者要求因征税引发的无谓损失最小化，后者要求税制能够使得社会成员的遵从成本和政府征管成本实现最小化。

不可否认，税收政策也可能促进社会福利的增加。例如，某些税收政策激励了社会成员的良性行为，从而增加了全体或部分

---

[1] Deborah L. Paul. "The Sources of Tax Complexity: How Much Simplicity Can Fundamental Tax Reform Achieve", *North Carolina Law Review*, 1997, 76 (1).

社会成员当前或未来的福利。在这种情况下，必须要衡量效率的总效应，即以增加的社会福利扣减税收收入的损失、管理和遵从成本以及无谓损失①。

(4) 中性原则

中性指的是税收不影响经济主体的决策。中性的税收制度就是不会扭曲企业和个人（关于从事何种活动、从事多少这样的活动、如何从事这样的活动、在哪里从事这样的活动）的决策的税收制度。

基于自由市场假设的市场经济被视为资源配置的有效工具，能够确保社会产品生产的最大化和社会福利的增加。然而，税收会影响自由市场功能的发挥，尤其会影响市场主体的决策，因此很可能扭曲资源配置。在非中性的税制中，个人将花费大量无谓的努力来调整其行为的实质或形式以尽可能地降低税负。因此，这种税制倾向于扭曲决策、引致复杂性、鼓励避税、增加社会成员和政府的成本，从而降低自身效率②。从这个角度看，税制应当尽可能地保持中性，也就是说尽可能减少对市场主体决策和资源配置的影响。

(四) 企业研发创新策略及其税收激励

1. 研发活动的阶段和方式

(1) 研发活动的阶段

2002年，经合组织（以下简称OECD）发布的弗拉斯卡蒂手册（Frascati Manual），即《研究与试验发展调查实施标准》，将研发活动区分为三个连续的阶段：① 基础研发，是一种实验性

---

① Paolo Arginelli. "Innovation through R&D Tax Incentives: Some Ideas for a Fair and Transparent Tax Policy", *World Tax Journal*, 2015, 7 (1).

② Cécile Brokelind and Åsa Hansson, "Tax Incentives, Tax Expenditures Theories in R&D: The Case of Sweden", *World Tax Journal*, 2014, 6 (2).

或理论性的工作，主要是为了获得关于现象和可观察事实的基本原理的新知识，它不以任何特定的应用或使用为目的；② 应用研究，也是为了获取新知识而进行的创造性研究，但它主要针对某一特定的实际目的或目标；③ 试验发展，是利用从科学研究和实际经验中获得的现有知识，为生产新的材料、产品和设备，建立新的工艺、系统和服务，或对已产生和已建立的上述各项进行实质性改进而进行的系统性工作。不难发现，新颖性是企业研发根本性的要求。关于新颖性的要求可以分为世界范围内新颖、国家范围内新颖、产品市场范围内新颖、公司范围内新颖。如果不对新颖性作出具体的要求，税收优惠措施激发的将是仿制而非创新，对处于技术前沿的国家尤其如此。

基础研究和应用研究促成了观点和早期知识的形成，既可以作为试验发展的基础，又可以通过销售和许可使用来获得经济收益。基于企业外部（许可使用或购买）或企业内部（自主开发）早期知识基础上的试验发展可以促成包括专利、商标和版权等无形资产的创制。因此，企业的研发投入可以发生在上述任何一个或多个阶段。

（2）研发方式

企业可以选择不同的研发策略获取知识产权。具体而言，包括以下五种策略：① 自主研发。企业亲自从事研发活动，自主开发知识产权；② 集团内委托。在集团公司内部，委托一家或数家企业从事研发活动，以确保自身的有限责任在高风险研发项目中得到充分保护；③ 合作研发。企业可以通过与其他从事相同业务的公司或科研机构签订合作协议的方式开展研发活动；④ 外包。企业可以选择将研发外包给无关联的第三方；⑤ 购买或租赁。企业通过购买和租赁的方式从市场上获得相关的无形资产。值得注意的是，上述研发策略中，企业开展自主研发和合作研发时需要自身进行研发投入。尽管采纳的策略不尽相同，企业共同的目标都是为了能够实质上控制或使用有价值的无形资产。这些有价值的无形资产是企业用于获得超额利润的价值链条中的关键因素。

2. 研发投入税收激励和研发产出税收激励

根据图 2.1，企业研发创新的一般过程主要包括研发投入和研发产出两个阶段。从税收的角度出发，政府激励企业研发的税收优惠政策也相应地从这两个阶段加以设计和实施，分为针对研发投入的激励措施（前端激励）和针对研发产出的激励措施（后端激励）。

（1）研发投入税收激励措施及其问题

针对研发投入的税收激励，是指针对企业因从事研发所发生的研发人员、研发材料、研发机器设备等方面的相关成本或支出给予的税收优惠措施。研发投入税收激励措施的设计初衷在于鼓励企业开展研发项目，以缩小实际研发活动和社会最优研发水平之间的差距。

从理论上看，研发投入税收激励措施能够较为有效地实现这一目的。通过对企业研发支出给予加速折旧、加计扣除以及税收抵免等优惠措施，研发投入税收激励政策从成本侧直接降低企业从事研发项目的负担，提高预期的投资回报率，使得研发项目从经济上来讲更具吸引力，由此有助于减少企业实际从事的研发活动和社会合意研发数量之间的差距。研发投入税收激励措施能够确保企业开展真实的研发活动。由于企业享受的税收优惠额与企业相应的投入直接相关，客观上要求企业必须亲自从事真实的研发活动。

研发投入税收激励措施可能出现的问题在于，并不一定导致本国税收收入增加以及本国生产率和就业率的提升。即使一国提供了非常慷慨的研发投入税收激励并促进了有价值的无形资产在本国的创制,然而,这些无形资产很可能实际上在国外的生产过程中被利用或者其所有权被转移到国外。这将增加其他国家的税收收入、生产率、就业率,从而可能增加其经济增长,但对研发活动的发生国没有重大的影响。那些企业所得税法定税率较高、研发投入税收优惠慷慨、受控外国公司立法薄弱、转让定价相关规定欠缺的国家面临这种风险的可能性更大。跨国公司很可能利用这种税制特征进行激进的税收筹划。

（2）研发产出税收激励措施及其问题

针对研发产出的税收激励,指的是对企业来自知识产权销售或许可使用的转让所得以及知识产权的直接利用所得施以税收优惠的措施①。具体而言,针对企业研发产出的激励措施表现为两种基本形式:第一种形式是对以销售或许可使用的方式将无形资产转让于第三方的所得施以税收优惠;第二种形式则关注于无形资产的直接使用,对商业过程中利用的、新创制的无形资产的取得成本施以特别扣除（ad hoc allowance）,或者对利用无形资产实现的产品销售或服务提供所获利润施以较低的税率。因此,研发产出税收激励措施的设计初衷在于鼓励本国研发创新活动和促进知识产权利用两个方面。

之所以对于在产品生产和服务提供过程中被直接利用的知识产权给予税收优待,主要基于以下五点原因:① 对知识产权的应用存在潜在的正外部效应。将新创制的知识产权用于产品的生产和服务的提供能够带来正的外部效应,例如,形成新的市场从而带动经济的增长;② 运用知识产权的过程也是创新活动。在将知识产权运用于真实生产的过程当中很可能要求附加的投资,而

---

① Paolo Arginelli. "Innovation through R&D Tax Incentives: Some Ideas for a Fair and Transparent Tax Policy", *World Tax Journal*, 2015, 7 (1).

这种附加投资并不一定能够最终获得收益。因此，整个过程本身可以视为一种创新活动；③ 仿制导致投资回报的减少。运用新创制的知识产权生产的产品和提供的服务很可能被竞争者快速仿制，从而大大降低企业创新投资的回报；④ 有利于降低高昂的特许权使用费。一旦一项专利被授予，专利的所有者实际上处于垄断地位。如果其他企业想要许可使用该专利，往往需要支付高昂的特许权使用费，支付的价格往往远高于竞争市场下的价格。研发产出税收激励措施针对企业来自研发创新的所得给予税收优待，能够一定程度上缓解这种扭曲；⑤ 对于无形资产的直接使用及其商业化给予税收优待，有利于创新的加速传播及其溢出效应的扩散。有研究表明，通过离岸研发（甚至第三方研发）方式获得的知识产权经由国内企业的利用会对国内相关行业的生产率产生重大影响，引发巨大的溢出效应，从而促进国内知识型资本（knowledge-based capital）的增长[①]。这一证据支持了对于在产品生产和服务提供过程中被有效利用的、新创制的知识产权给予税收优待的观点，即只要一国企业在本国对知识产权加以直接利用，不论实质性的研发投入活动发生于何处，均应给予税收优待。

然而，实施研发产出税收激励措施也会出现一些不可忽视的问题。首先，对于知识产权转让所得和特许使用所得这些消极收入（passive income）施以较低的税率很可能加剧有害税收竞争；其次，对于来源于知识产权的消极收入给予税收优惠，只能改变无形资产所有权的归属地，并不能激励实质性研发活动的开展，

---

① Rachel Griffith, Rupert Harrison and John van Reenen, "How Special is the Special Relationship? Using the Impact of US R&D Spillovers on UK Firms as a Test of Technology Sourcing", *American Economic Review*, 2006, 96 (5).

从而无法从根本上提升一国的研发水平①。

3. 研发阶段与税收激励

有学者认为，对于基础研究阶段和应用研究阶段的研发活动应当重点给予税收优惠②。究其原因，较之于试验发展，研究阶段的正外部效应或者溢出效应更为显著，而税收激励的初衷恰恰在于弥补市场失灵从而扩大正的外部效应。这意味着针对研究阶段的税收激励措施具有更高的效率，即在牺牲同等税收收入的情况下，能够产生出更多有价值的成果和更大的溢出效应。

4. 研发方式与税收激励

（1）自主研发的知识产权和外购知识产权

自主研发的知识产权和外购知识产权享有不同的税收待遇很可能导致效率损失。在不同的研发策略中，自主研发的知识产权是绝大多数研发投入税收激励措施和研发产出税收激励措施的目标对象。通过外购方式获取的知识产权则不能享受同等的税收优待。这种歧视性政策很可能导致效率损失和质量降低。究其原因，一方面，企业将选择尽可能自己从事研究和开发，而非将研发活动外包给更有研发能力的研究机构，从而导致企业无法以最有效率的方式合理利用自身资源；另一方面，专门从事研发的研究机构因无法充分发挥研究潜力而处于竞争劣势。

实际上，外购知识产权能否享受税收优惠应当区别不同情况。如果外购的知识产权被本地企业直接用于商业过程，就有可能产生溢出效应，因此应当给予税收优待；如果外购的知识产权通过销售或许可使用的方式转让给第三方，转让所得不应当享受任何优惠。因为后者不仅无助于政策目标的实现，还可能产生税

---

① Pamela Palazzi, *Taxation and Innovation*, OECD Publishing, 2011.

② Cécile Brokelind and Åsa Hansson, "Tax Incentives, Tax Expenditures Theories in R&D: The Case of Sweden", *World Tax Journal*, 2014, 6 (2).

基侵蚀和利润转移的问题。

(2) 自主研发的知识产权和外包获得的知识产权

自主研发的知识产权和通过集团内委托或外包获得的知识产权也享有差别化的税收待遇。绝大多数税收激励措施只适用于自主研发的知识产权,通过集团内委托或外包方式获得的知识产权无法享受这一优待。

实际上,企业外包获得的知识产权应当根据不同的受托主体区别对待。如果将实质性的研发活动外包给关联方,由此获得的知识产权不应享受税收优惠。究其原因,本地的委托方对受托方研发项目的管理、监督和控制很可能流于形式,其真实的意图在于转移利润。如果研发活动的受托方是不相关的第三方,则应根据政策目标决定是否给予税收优待:当研发税收激励措施的目的在于提高本地企业的研发创新水平时,不应当对以外包方式获得的知识产权施以税收优惠,因为本地企业仅仅对研发项目进行计划、监督和管理并不能带来自身研发水平根本性的提升,税收优惠措施的效率将很低;当政策的目的在于促进知识产权的利用以及相关的正外部效应时,则应当考虑给予外包知识产权以税收优待。

总而言之,如果政策的目标在于促进知识产权的利用,那么直接用于商业过程的外购知识产权和通过外包给无关联的第三方获得的知识产权也应享受相应的税收优惠。事实上,开发知识产权的具体时间是什么时候以及实际从事研发的企业是谁这两个问题对于激励知识产权的利用都不重要,相反,知识产权在商业过程中实际开始使用的时间才是更为重要的。对于税收激励措施实行之前就已被利用的知识产权仍然给予优惠将导致公共资源的浪费[①]。

---

① Pamela Palazzi, *Taxation and Innovation*, OECD Publishing, 2011.

5. 研发主体与税收激励

如果将研发主体按照企业规模大小区分为小型企业、中型企业和大型企业的话，针对中型和小型企业的税收激励措施通常效率更高、效果更明显[①]。较之于大型企业，中小型企业从事研发活动时社会收益与自身收益之间的差距更大，或者说正的外部效应更大。这很可能因为中小企业难以获得外部融资用于应付研发人员、研发设备、研发材料等方面的投入以及用于购买或特许使用价格高昂的知识产权，从而导致自身收益很低。

因此，即使在没有应税利润的研发初期，也应当给予中小型企业研发投入税收激励，从而帮助它们弥补高昂的启动成本、完成初始的研发投入。此外，研发产出税收激励措施对企业因直接使用知识产权获得的所得给予优惠，能够在一定程度上降低知识产权的售价或使用费，从而减轻中小型企业的财务负担。

(五) 研发创新税收激励与税收基本原则的关系

1. 研发税收激励和公平原则

从理论上看，研发税收激励措施违反了公平原则和能力论，因为税收优惠致使相关纳税人缴纳税款的数量很可能与其支付能力不相符合。

然而，实际上，关于研发税收激励措施公平效应的具体分析鲜少出现。这是因为，横向公平在实践中难于衡量并切实实现；从纵向公平的角度看，研发税收激励措施实质上是对具体资产、具体活动或者具体部门的一种差别化政策，而非对具体经济个体的一种歧视，因此不会产生显著的分配效应。

2. 研发税收激励和简单原则

研发税收激励措施增加了政策的复杂性和程序的复杂性，因

---

[①] Rufin Baghana and Pierre Mohnen, "Effectiveness of R&D Tax Incentives in Small and Large Enterprises in Québec", *Small Business Economics*, 2009, 33 (1).

此违反了简单原则。研发投入税收激励措施实施的前提条件就是潜在的受益者能够准确地记录和报告相应的研发支出，从而计算不同优惠方式下的具体优惠金额，因此，征纳双方相应地增加了管理成本和遵从成本。就研发产出税收激励措施（特别是知识产权箱制度）而言，如果对于符合条件的当期研发支出实施净收入法、对于历史研发支出采用追溯调整法、对于知识产权损失作出限制性的规定，则税制相对复杂，征纳成本将明显增加；如果对于当期研发支出采用总收入法、对于历史研发支出运用不追溯调整法、对于知识产权损失不作限制，则税制相对简单，征纳成本的增加有限。

*3. 研发税收激励和效率原则*

研发税收激励措施对于税制效率的影响不很明确。一方面，研发税收激励措施的实施会导致效率损失。由于研发税收激励措施增加了税制的复杂性，从而加大了纳税人的遵从成本和税务部门的监管成本。不仅如此，非中性的政策会对市场主体的决策和资源配置产生影响，从而引发效率损失。同时，优惠措施的实施可能会导致税收收入增速放缓，甚至出现减少；另一方面，研发税收激励措施的实施能够促进企业开展研发创新，加大知识产权的直接利用，其外溢效应有助于国内相关行业生产率的提高，从而一定程度上刺激经济的增长和社会福利的提升。

因此，为了保证税制仍然有效率，研发税收激励措施带来的整体效益应当要大于损失。尽管精确的估算还很困难，但有些研究表明研发投入税收激励措施很可能因其显著的外溢效应而产生有效率的结果。而现行研发产出税收激励措施由于其对企业新研发活动的促进乏力，激发外溢效应的能力值得怀疑。

*4. 研发税收激励和中性原则*

税收中性可以分为外部中性（external tax neutrality）和内

部中性（internal tax neutrality）。具体到研发税收激励政策，外部中性是指对从事研发活动的纳税人和其他纳税人采取同样的税收待遇，从而不影响相关纳税人的决策；内部中性指的是对于从事研发活动的纳税人采取同等的税收待遇，从而不影响相关纳税人的决策。显然，研发税收激励政策偏离外部中性是无法避免的。当然，这种偏离必须是适度的，也就是说，在研发税收激励政策的潜在受益者之间不会产生额外的扭曲。另一方面，需要特别注意的是，内部中性必须尽可能地遵循。在遵循内部中性时，以下两个问题必须加以考虑。

（1）潜在受益者之间的内部税收中性

内部中性要求研发税收激励政策适用于从事研发活动的所有纳税人，与纳税人的法律形式无关。因为研发税收激励政策的意图是促进企业的研发活动，纳税人采用何种法律形式（如公司形式、合伙形式或者自我雇佣的个人）应当不相关。因此，目标在于激励某类特殊法律形式的纳税人的研发税收优惠措施是不合适的，因为它将产生不公平的竞争环境，不利于激发经济的活力和总的创新绩效。[1]

关于研发税收激励政策是否应该有利于中小企业而非跨国公司，OECD 的一项研究指出，跨国公司可以运用跨境税收筹划战略避免公司税，获得更多的研发税收减免，而中小企业无法从事此类税收筹划，可能处于竞争劣势，因此，需要加强针对中小企业的研发税收激励。[2]欧盟委员会（European Commission）的研究则持相反的观点，认为研发税收激励措施的设计不应更多

---

[1] Wolfgang Schoen, "State Aid in the Area of Taxation", in Leigh Hancher, Tom Ottervanger and Piet J. Slot (eds.), *EU State Aids*, Sweet & Maxwell, 2016.

[2] OECD, *Supporting Investment in Knowledge Capital, Growth and Innovation*, OECD publishing, 2013.

地考虑企业规模的大小。① 国际财政协会（International Fiscal Association）的观点认为，研发税收激励政策的制定不应被跨国企业实现税收最小化（甚至侵蚀税基和转移利润）的企图所影响。税收最小化以及税基侵蚀和利润转移问题应当由 OECD 的《税基侵蚀和利润转移》（Base Erosion and Profit Shifting，简称 BEPS）倡议加以解决。

（2）居民与非居民之间的内部税收中性

居民和非居民纳税人之间的内部税收中性往往涉及本国居民企业与外国企业在本国的常设机构之间的内部中性问题。研发税收激励政策应当平等地适用于本国居民企业和外国企业在本国的常设机构。究其原因，由于研发税收激励政策的目的是促进本国研发活动的开展、提升本国的创新水平，因此，只要企业在本国从事过真实的研发活动即可享受相应的税收优惠，而不能因为其外国企业常设机构的性质就将其排斥在外。从政策的角度看，将非居民拥有的公司排斥在外往往适得其反，因为这种做法阻碍了来自外国子公司的知识溢出，而知识溢出对于追求创新绩效的国家来讲非常重要。这意味着"研发活动"标准（而非居住标准）是更为适宜的标准。

5. 税收基本原则的平衡：最优税制设计

政府在通过其财政职能实现社会福利最大化的过程中，必须平衡政府行为产生的正负效应。正效应来自分配政策以及激励市场主体良性行为所增加的社会福利，负效应则与非中性的、复杂的税制所产生的福利损失有关。最优税收理论的核心就是对这种平衡的追求。最优税收理论提供了一种严谨地思考"权衡"的方

---

① Bas Straathof et al., *A Study on R&D Tax Incentives*, European Commission, 2014.

式，在适当考虑实现再分配的效率成本时能够确保有关收入分配和福利的价值判断得到明确地阐释[1]。简单地讲，同时考虑了上述政府行为正负效应的最优税制是实现社会福利最大化这一目标的最好工具[2]。

简单原则和中性原则本质上会影响效率原则。通常而言，简单的、中性的税制是相对更有效率的税制。然而，最优税制理论认为，当存在正外部效应（外溢效应的存在导致个体收益小于社会收益，从而引发相关行为供给不足）或负外部效应（个体并未承担起自身行为引致的所有社会成本，从而导致相关行为供给过度）时，偏离简单原则和中性原则是有其合理性的。外部效应的程度以及税收工具的有效性都会对较复杂的、非中性的税收政策产生影响，使其较之于简单且中性的税收政策更加有效率。

具体到企业的研发创新活动，由于不考虑福利分配效应，因此，在研发活动的正外部效应显著且研发税收激励措施带来的整体社会效益大于效率损失的情况下，政府可以通过实行较复杂的、非中性的税收优惠政策来充分发挥其显著的正外部效应，尽可能地缩小企业实际从事研发活动与社会最优研发水平之间的差距。

简言之，设计企业研发税收激励措施时，在实现了效率原则和不考虑公平原则的前提下可以适度地偏离简单原则和中性原则。

## 五、税收影响科技型中小企业研发创新的作用机理

税收对科技型中小企业研发投入和研发产出的作用机制不尽相同。简言之，税收对企业的研发投入能够产生直接的作用，但

---

[1] James Mirrlees et al., "The Mirrlees Review: A Proposal for Systematic Tax Reform", *National Tax Journal*, 2012, 65 (3).
[2] Paolo Arginelli. "Innovation through R&D Tax Incentives: Some Ideas for a Fair and Transparent Tax Policy", *World Tax Journal*, 2015, 7 (1).

是对研发产出只能发挥间接影响。

(一)税收影响科技型中小企业研发投入的作用机理

根据Jorgenson（1963）的研究，税收将通过资本成本来影响企业（包括针对研发）的投资决策。作为新古典投资理论的代表，Jorgenson在其经典论著《资本理论和投资行为》中首次推导出价值最大化企业资本需求的表达式，并进一步推导出资本成本的表达式。具体过程如下[①]：

假设I为企业的投资水平，$\lambda$为资本存量的调整速度且$0<\lambda<1$，$K^*$为最优资本存量，$K_1$为既有资本存量。为了实现最优资本存量$K^*$，企业的投资水平为：

$$I = \lambda(K^* - K_1) \qquad (2-1)$$

企业实现利润最大化，必然有边际收益等于边际成本，即MR = MC。此时，最优资本存量的边际收益MPK等于其边际成本MPC。Jorgenson通过柯布—道格拉斯生产函数进一步说明企业对最优资本存量的选择。柯布—道格拉斯生产函数的公式为：

$$Q = AK^{\alpha}L^{1-\alpha} \qquad (2-2)$$

其中，Q为产量，A为衡量技术水平的参数，K和L分别为资本和劳动的投入量，$\alpha$为衡量资本在产出中所占份额的参数，且$0<\alpha<1$。

此时，资本的边际收益为：

$$MPK = A\alpha K^{\alpha-1}L^{1-\alpha} = \alpha Q/K \qquad (2-3)$$

将MPK = MPC带入公式（2-3），可以得到：

---

① Dale. W. Jorgensen, "Capital Theory and Investment Behavior", *American Economic Review*, 1963, 53 (2).

$$MPK = \alpha Q/K = C = MPC \qquad (2\text{-}4)$$

整理，可得：

$$K^* = \alpha Q/C \qquad (2\text{-}5)$$

其中，$K^*$ 表示最优资本存量，Q 为产量，α 是衡量资本在产出中所占份额的参数，且 $0<\alpha<1$，C 是资本的使用成本。

公式（2-5）揭示出资本使用成本与企业投资的关系。从中可知，在产量一定的情况下，最优资本存量与资本使用成本成反比，即资本使用成本越高，企业的最优资本存量越低，从而会抑制企业进一步的投资行为。反之，资本使用成本越低，企业的最优资本存量越高，从而会促进企业进一步的投资行为。

Jorgenson 进一步指出，在不考虑企业所得税时，企业的资本使用成本为：

$$C = q(r + d)/p \qquad (2\text{-}6)$$

其中，C 是资本使用成本，q 是资本品价格，r 为市场利率，d 为折旧率，p 为商品价格。

如果考虑企业所得税，且假设税率为 t，并且不允许折旧和利息在企业所得税前扣除，则资本使用成本的表达式为：

$$C = q(r + d)/p(1 - t) \qquad (2\text{-}7)$$

将公式（2-6）与公式（2-7）进行对比，由于 $0<t<1$，所以，资本使用成本扩大为原来的 $1/(1-t)$ 倍，说明向企业征税将导致企业的资本使用成本增加。公式（2-7）表明企业的资本成本实际上是企业进行某项投资所要求的最低收益率，由机会成本、资产折旧及税收三个因素所决定。机会成本是指某资本由于放弃从事其他投资活动而损失的收益，其最直接和简便的衡量方法就是计算这一资本如果进行储蓄可以获得的利息收入。折旧可

以通过资产的价值乘以折旧率来估算。税收政策包括税率的高低和税基的大小。如果税收政策使得资本成本降低了，企业愿意持有的资本存量就会增加，从而企业的投资（包括针对研发创新的投资）也会增加。因此，税收可以通过影响企业的资本成本对其研发投入产生影响。

结合公式（2-5）和公式（2-7）可以发现，向企业征税将会增加企业的资本使用成本，从而抑制企业包括针对研发创新的投资行为；相反，给予企业税收优惠，即降低企业的税收负担，则能减少企业的资本使用成本，从而有利于促进企业增加投资。特别是，如果税收优惠措施的目标专注于激励企业研发活动，应当能够促进企业研发资本投入或者说研发经费的增加。由此，本书提出第一个研究假设：

假设1：企业税收负担的降低能够显著地促进企业研发资本投入的增加。

按照税制要素划分，能够降低企业税负的税收优惠方式主要有税基式优惠、税率式优惠和税额式优惠。本书选取我国旨在激励企业研发创新的两项企业所得税优惠政策——研发费用加计扣除的税基优惠措施和高新技术企业的税率优惠措施进行具体分析。

根据公式（2-7），资本使用成本 $C$ 和税率 $t$ 成正比。这意味着，在其他条件不变的情况下，税率越低，企业的资本使用成本也就越低。假如企业被认定为高新技术企业，可以享受15%的低税率，又假设标准税率 $t$ 为25%，享受税率优惠后的资本使用成本变为：

$$C = q(r + d)/p[1 - (t - 10\%)] \qquad (2-8)$$

将公式（2-8）和公式（2-7）进行对比可以发现，高新技术企业的低税率优惠能够降低企业的资本使用成本,从而有可能促进企业研发投入的增加。

在其他条件不变的情况下,当企业享受研发费用加计扣除的税基优惠时,假设加计扣除率为175%,企业的资本使用成本变为:

$$C = q(r + d)(1 - 175\% \times t)/p(1 - t) \qquad (2\text{-}9)$$

将公式(2-9)和公式(2-7)进行对比能够看出,加计扣除这项税基优惠也可以降低企业的资本使用成本,从而也很有可能促进企业资本研发投入的增加。

由此,本书提出第二个研究假设:

假设 2a:研发费用加计扣除措施能够显著地促进企业研发资本投入的增加。

假设 2b:高新技术企业低税率措施能够显著地促进企业研发资本投入的增加。

(二)税收影响科技型中小企业研发产出的作用机理

Griliches 早在 1979 年就提出了专利生产函数的概念。他认为研发产出可以看作是研发设备、研发材料以及研发人员等研发投入的函数,用柯布—道格拉斯生产函数的形式可以表示为:

$$\text{R\&D output} = \alpha \, (\text{R\&D input})^b \qquad (2\text{-}10)$$

Jaffe(1989)认为,投入变量主要包括研发资本投入和科技人力资源,于是出现了 Griliches-Jaffe 专利生产函数更为具体化的模型:

$$Q_i = A K_i^{\alpha} L_i^{\beta} \varepsilon \qquad (2\text{-}11)$$

其中,Q 表示专利数量,A 是常数项,K 和 L 分别表示研发资本投入和科技人力资源,α 和 β 分别表示研发资本投入和科技人力资源的产出弹性，ε为误差项。根据公式（2-11）可知，随着研发资本投入的增加，专利产出的数量也会增加。

Romer（1990）则认为创新知识的流动严重地依赖于现有的知识存量。他指出，创新知识对现有知识存量的依赖在于未来的研究者从现有知识存量中得到的基于时间序列的知识溢出，即过去所形成的知识为当前的研发提供了便利。此外，由于新知识或新创意基本来自研发人员，因此，研发人员是不可或缺的因素。由此，Romer将知识生产函数表达为：

$$\bar{\delta} = \alpha A^{\phi} L^{\lambda} \qquad (2-12)$$

其中，$\bar{\delta}$ 表示平均的研发产出率，A表示知识存量，L表示研发人员，$\phi$ 和 $\lambda$ 分别表示知识存量和研发人员的产出弹性，$\alpha$ 为常数。

赵红专、翟立新、李强（2006）认为，Griliches-Jaffe 专利生产函数和Romer知识生产函数可能忽视了创新过程多重投入和多种产出的特点。因此，他们将两个知识生产函数模型的特点结合起来，指出研发产出是多种彼此不相关的资源投入的函数，并形成了知识生产函数模型的一般表达形式：

$$Q = A \prod_{i=1}^{k} \times I_i^{\alpha} \varepsilon \qquad (2-13)$$

其中，Q表示研发产出数量，A是常数项，I是与研发产出有关但是彼此不相关的各种资源投入，α表示各种资源各自的产出弹性，ε为误差项。与研发产出有关的资源因素可以分为外部环境因素（包括对研发的重视程度、科学技术发展水平、区域创新环境等）和内部条件因素（包括研发经费、研发过程的激励与约束、创新文化、知识存量等）。

综上所述，企业的研发产出受到多种因素的共同影响。然而，在这诸多因素之中并未直接提及税收。这意味着，税收对企业研发产出的影响作用不是直接的，是通过一个中间媒介完成的。从上述模型可以发现，企业的研发资本投入或者说企业的研发经费就是这个中间媒介。

根据 Griliches‑Jaffe 的专利生产函数，研发资本投入是影响企业专利产出最为重要的因素，专利的数量应当会随着研发资本投入的增加而增加。另一方面，根据上文 Jorgenson 的理论，税收的变化会导致企业研发投入的变化，企业税收负担的降低可能促进企业研发投入的增加。由此，本书提出第三个研究假设和第四个研究假设：

假设3：企业的研发资本投入是企业税负影响其研发产出的中介变量。

假设4：企业税负降低所引致的研发投入的增加能够显著地促进企业研发产出的增加。

# 第三章
# 科技型中小企业生命周期的划分及判断

本章首先阐述科技型中小企业生命周期的划分方法,并明确本书选择"五阶段"法,将企业的生命周期划分为种子期、初创期、成长期、成熟期和衰退期五个阶段。接着,详细阐释判断科技型中小企业生命周期所处阶段的方法和标准,并指出本书拟运用综合指标分析法研究样本企业所处的阶段。最后,深入分析科技型中小企业生命周期各个阶段的特征及其税收敏感性。

## 一、科技型中小企业生命周期的划分方法

企业生命周期理论研究了企业成长与发展的动态轨迹,认为企业与有机生命体一样,存在着萌芽、成长、成熟和衰退这几个阶段。从纵向的生命周期全过程来看,企业在不同阶段的特征不尽相同,因此,企业的资源配置、战略结构和发展策略也会相应地出现变化;从横向的某一具体阶段来看,尽管不同的企业在市场中存续的时间迥异,但企业在同一个阶段呈现出的特征存在诸多相似之处。因此,深入研究企业生命周期的各个阶段及其特征,有助于企业的成长和发展。

早期的生命周期理论被称为仿生进化论,主要是对企业本身及其成长环境的定性描述与分析,尚未对科技型企业的生命周期

给予特别关注。20世纪70年代以后，越来越多的学者开始研究企业生命周期各个阶段的特征及其划分。对科技型企业生命周期的研究最早始于Galbraith（1982），Kazanjian（1988）进行了补充和完善。他们以企业创新研发环节及其面临的主要管理问题作为判断标准，将科技型企业的生命周期划分为概念及开发阶段、成品化阶段、成长阶段、稳定阶段和战略转变阶段。后续相关研究大多以此作为基本框架，但是演变出"四阶段"和"五阶段"两种不同的划分方法。

"四阶段"法将企业的生命周期划分为创业期、成长期、成熟期、衰退期，"五阶段"法则将企业的生命周期划分为种子期、初创期、成长期、成熟期、衰退期。实际上，"五阶段"法把"四阶段"法的第一个阶段细分为两个阶段，即将创业期分解为种子期和初创期。与企业生命周期相关的实证研究当中，"四阶段"法（沈运红等，2005；吕宏生等，2005；曹宗平，2009；王昕宇等，2009；郭佩霞，2011；梁曙霞等，2012）和"五阶段"法（杜跃平等，2004；章卫民等，2008；刘湘琴等，2009；陈玉荣，2010；庄晖等，2011；高松等，2011；李漫漫，2014；闫磊等，2016；宋光辉等，2016）可谓平分秋色。

对于科技型企业而言，"五阶段"法似乎是更为适宜的划分方法，因为这种划分方式更符合技术创新的一般规律和实践过程。种子期其实是技术创新至关重要的一个阶段。企业通过识别市场机会和技术机会形成新思想。这种新思想必须将社会需求和技术上可行这两方面因素结合起来，并形成设计概念和创新方案。初创期则是创新方案通过后开始的产品研发阶段。这一阶段需要投入较多的人力、物力和财力以解决各种技术、工艺和试制上的问题。由此可见，有必要区分种子期和初创期，从而对科技型企业的前期运营状况进行全面、细致、深入地分析和研究。由于本书的研究对象是科技型中小企业，因此选择"五阶段"法，将企业的生命周期划分为种子期、初创期、成长期、成熟期和衰退期五个阶段。

## 二、科技型中小企业生命周期所处阶段的判断标准

如前所述，本书将科技型中小企业的生命周期划分为种子期、初创期、成长期、成熟期和衰退期五个阶段。那么，如何判断某个企业处于五个阶段中的哪一个阶段呢？目前，判断企业生命周期所处阶段的主要方法是综合指标分析法和现金流组合法。

(一) 主要判断方法

1. 综合指标分析法

综合指标分析法是通过选取企业的多项指标综合判断企业处于生命周期的哪个阶段。一些学者将企业的成立年限和数个财务指标作为判断依据（Anthony，1992；孙建强等，2003；Chiung－Ju Liang 等，2010；李云鹤等，2011；宋常，2011），常见的指标包括企业股利与收入之比、销售增长率、资本支出与企业价值之比、普通股现金股利与会计盈余之比、营销费用与净收入之比。他们对上述各个指标进行排序，然后划分为低、中、高三个组别，并对各个组别分别赋值，最后以加总后的赋值作为划分的标准。例如，低组赋值为 0，中组赋值为 1，高组赋值为 2，按照赋值的总分将 0—2 分的企业划为创业期阶段，将 3—5 分的企业划为成长期阶段，将 6—8 分的企业划为成熟期阶段，将 9—10 分的企业划分为衰退期阶段。这种方法最大的问题在于，选取的财务指标、对不同指标的分组及其赋值都具有一定的主观性和随意性。

高松等人（2011）则通过问卷调查与访谈调查相结合的研究方法，为科技型中小企业生命周期所处阶段的分析和判断提供了

更为客观的选择。他们以上海市科技型中小企业作为调查对象，对600家企业进行了问卷调查，对5家企业进行了深度访谈，以确保研究的严谨性。其中，问卷包括三个部分：第一部分是对生命周期各个阶段特征的描述，要求选择一项最符合企业现状的描述，即企业首先自行判断目前所处的阶段；第二部分是6个单选题，涉及被调查企业的注册年限、人数、研发人员比例、上一年销售额增长率、组织结构和产品结构6个方面，每个单选题均设置了若干个定量描述的选项（如表3.1所示）。企业根据自身实际情况选择合适的选项。然后，他们统计了生命周期各个阶段上述6个问题每个选项的选择率，以此作为判断企业生命周期所处阶段的量化指标。第三部分是包含18个题目的特征测量量表，用以反映企业经营过程中在战略定位、获得外部支持、人员、组织行政结构、生产、销售和市场这6个方面面临的问题（如表3.2所示）。被调查企业要为18个题目分别打分，打分范围从1分至7分，1分表示目前对此问题的关注度最小，4分表示关注度处于中等水平，7分则表示关注度最大。他们对各个问题的汇总得分进行单因素方差分析，通过方差分析的结果说明上述6个方面的因素在生命周期各个阶段的特征。

表3.1　高松调查问卷第二部分的单选题目

| 题　目 | 选　项 |
|---|---|
| 企业注册年限 | A. 0—2年　B. 3—5年　C. 5—8年　D. 8—10年　E. 10年以上 |
| 企业人数 | A. 10人以下　B. 11—50人　C. 51—100人　D. 101—200人　E. 200人以上 |
| 研发人员比例 | A. 10%以下　B. 10%—30%　C. 30%—50%　D. 50%以上 |
| 上一年销售额增长率 | A. 0以下　B. 0—10%　C. 10%—30%　D. 30%—50%　E. 50%—100%　F. 100%以上 |

(续表)

| 题　目 | 选　项 |
|---|---|
| 组织结构 | A. 高度集权　B. 直线职能制　C. 矩阵制　D. 扁平化、网络化 |
| 产品结构 | A. 单一产品　B. 单一产品系列　C. 形成主导产品　D. 相关产品的多元化　E. 跨行业的产品多元化 |

资料来源：高松、庄晖、王莹：《科技型中小企业生命周期各阶段经营特征研究》，《科研管理》2011年第12期。

**表3.2　高松调查问卷第三部分的特征测量量表**

| 问　题 | 分　数 | | | | | | |
|---|---|---|---|---|---|---|---|
| | 1 | 2 | 3 | 4 | 5 | 6 | 7 |
| 1. 一种新的产品或技术应用的研发 | | | | | | | |
| 2. 获得财务资源或资金支持 | | | | | | | |
| 3. 获得政府对科技型中小企业的政策性支持 | | | | | | | |
| 4. 保证产品的质量和顾客服务的质量 | | | | | | | |
| 5. 吸引各方面的人才 | | | | | | | |
| 6. 购置充足的生产设备或生产场地 | | | | | | | |
| 7. 发展稳定的供应商网络 | | | | | | | |
| 8. 为了满足市场需求，大规模地生产产品 | | | | | | | |
| 9. 完成销售目标 | | | | | | | |
| 10. 加强内部管理和吸引管理人才 | | | | | | | |
| 11. 控制公司的运行成本 | | | | | | | |
| 12. 清楚地界定组织内的各种工作角色、责任、制定规章制度 | | | | | | | |

(续表)

| 问题 | 分数 | | | | | | |
|---|---|---|---|---|---|---|---|
| | 1 | 2 | 3 | 4 | 5 | 6 | 7 |
| 13. 构建管理信息系统 | | | | | | | |
| 14. 实现利润或市场份额目标 | | | | | | | |
| 15. 进入新的市场（地理上） | | | | | | | |
| 16. 削减冗余的组织机构，提高组织的运行效率 | | | | | | | |
| 17. 建立财务系统和内部控制系统 | | | | | | | |
| 18. 为公司在新产品的市场上定位 | | | | | | | |

资料来源：高松、庄晖、王莹：《科技型中小企业生命周期各阶段经营特征研究》，《科研管理》2011年第12期。

由此可见，问卷的第一部分实际上是由被调查企业自行判断目前所处的阶段，第二部分的6个单选题为判断企业生命周期所处阶段的定量研究提供了数据信息，第三部分则能够反映企业生命周期各个阶段在战略定位、获得外部支持、人员、组织行政结构、生产、销售和市场这6个方面的基本特征。因此，这种方法为科技型中小企业生命周期所处阶段的分析和判断提供了较为客观的选择，在较大程度上克服了此前综合指标分析法的主观性和随意性。

2. 现金流组合法

顾名思义，现金流组合法是基于企业的现金流量表，通过经营现金流、投资现金流和筹资现金流的正负性对企业所处生命周期的阶段进行判断的方法。该方法综合考虑了企业的经营能力、获利水平和外部筹资能力这三个方面的状况，能够体现企业现金流与生命周期的内在关系。现金流组合法由 Livnat（1990）最早提出，Dickinson（2011）进行了修正和完善，并被后续的相关研究作为最重要的参考依据（如表3.3所示）。

表3.3 Dickinson判断企业生命周期阶段的现金流组合法

| 现金流 | 生命周期阶段 | | | | | |
|---|---|---|---|---|---|---|
| | 初创期 | 成长期 | 成熟期 | | 衰退期 | |
| 经营现金流 | - | + | + | + | - | - |
| 投资现金流 | - | - | - | + | + | + |
| 筹资现金流 | + | + | - | + | + | - |

注："+"表示现金流量表中数值为正，"-"表示现金流量表中数值为负。
资料来源：Victoria Dickinson, "Cash Flow Patterns as a Proxy for Firm Life Cycle", *The Accounting Review*, 2011, 86（6）.

现金流组合法的主要问题在于：过分关注每一个年份的具体情况，而忽略了企业的整体发展趋势，常常出现频繁"跳期"的现象。例如，通过一个企业第 t 年的经营现金流、投资现金流和筹资现金流的正负性判断出它处于初创期，而第 t+1 年的现金流却显示该企业处于衰退期，第 t+2 年的现金流又表明该企业处于成长期了。除此以外，当样本数据中出现投资现金流或筹资现金流为 0 的情况，需要按照合理的方法划分到合适的阶段，这也具有较大的主观性。

（二）本书的判断标准

考虑到现金流组合法极易忽略企业的整体发展趋势，常常出现样本企业频繁"跳期"的现象，本书拟采用综合指标分析法来研究样本企业生命周期所处的阶段。需要注意的是，生命周期的最后一个阶段是衰退期/蜕变期，由于衰退期企业和蜕变期企业的特征具有明显的差别，考虑到完整的生命周期过程，本书仅对处于衰退期的企业进行研究。

本书采用综合指标法分析样本企业时，将参考高松（2011）专门针对科技型中小企业生命周期的定量研究结果，选取企业注册年限、销售额（或营业收入）增长率、产品结构这三个指标作为判断样本企业所处阶段的具体标准（详见表3.4）。值得注意的是，本书的评判标准是由这三个指标共同构成的一个指标体系，而非割裂开来、每个指标各自为政的。举个例子，如果一个样本企业成立5年以上、8年以下，其销售额增长率超过10%，并且已经形成了主导产品或者实现了相关产品的多元化，该企业就是一个处于成长期的企业。

表3.4 科技型中小企业生命周期所处阶段的判定：综合指标分析法

| 生命周期阶段 | 指标 | | |
|---|---|---|---|
| | 注册年限 | 销售额（或营业收入）增长率 | 产品结构 |
| 种子期 | 0—2年 | 0（及以下）—10% | 单一产品 |
| 初创期 | 大部分3—5年、发展迅速的3年以下 | 0—30% | 单一产品系列或形成主导产品 |
| 成长期 | 5—8年 | 10%—100%（及以上） | 形成主导产品或相关产品多元化 |
| 成熟期 | 8—10年 | 10%—50% | 相关产品多元化 |
| 衰退期 | 10年以上 | 0（及以下）—10% | 相关产品多元化但竞争优势丧失 |

此外，企业人数、研发人员比例和企业组织结构等研判科技型企业生命周期所处阶段的传统指标并不适合于科技型中小企业。因为根据对问卷和访谈信息进行定量分析的结果，各个阶段的科技型中小企业在企业人数和研发人员比例方面的区分并不明

显，在组织结构方面也有很大的重叠，所以，上述三个标准的识别度较差，不宜作为判别科技型中小企业生命周期阶段的标准。

## 三、科技型中小企业生命周期各阶段的特征及税收敏感性分析

（一）种子期科技型中小企业的特征及税收敏感性

种子期的科技型中小企业恰如其名，处于萌发阶段，企业规模通常很小。人手短缺、企业组织内的分工模糊、往往一人身兼数职，内部管理制度欠缺；产品非常单一甚至尚未完成产品的开发，大多数处于样品投入市场的试用阶段或者对产品市场的调研阶段；财务状况极为紧张、盈利的可能性微乎其微，企业价值往往尚未显现致使外部融资异常艰难，资金周转大多非常困难。因此，必须全员动员、迎难而上、倾尽全力地进行产品研发，尽最大可能地促成研发成果和产出。那些对于未来前景充满信心的种子期企业，即使短期内面临着各种困难也不会改变继续研发的决定。

因此，企业税收负担以及相关税收优惠政策的变化很可能难以对这个阶段企业的研发投入和专利产出产生有规律的、显著的影响，也就是说，处于种子期的企业很可能对税收政策的变化不具有足够的敏感性。

（二）初创期科技型中小企业的特征及税收敏感性

熬过了种子期的初创期企业通常规模有所扩大。组织内开始出现分工，但组织结构往往较为简单，内部管理制度初步形成；这个阶段的企业已经形成了单一产品系列，且产品能够获得客户的认同，但还未能在市场上占有一席之地，市场占有率通常较低，因此，为了完善产品结构常会扩大研发团队的规模，同时，为了提高市场份额，会更加注重营销和客户服务；销售收入开始

增加，融资渠道有所扩展，但是为了完善产品布局和提升市场占有率，各项成本支出仍然巨大，因此，财务状况依旧承受着巨大的压力。由此可见，发展是初创期科技型中小企业的主基调，成本开支巨大是其面临的最大难题。

在这种情况下，减轻企业的税收负担可以降低企业的资本使用成本，应当能够促进企业研发投入的增加，进而间接地促进其专利产出的增长。然而，需要注意的是，科技型中小企业的产品都是技术密集型产品，行业或领域内的技术更新非常迅速，初创期的科技型中小企业处于起步阶段，要想在行业或领域内继续发展，必须持续不断地进行研究开发和产品创新。因此，初创期科技型中小企业强烈的研发意愿很可能不会明显受到相关税收优惠政策的影响，也就是说，即使没有任何激励企业研发的税收优惠政策，以发展作为主基调的初创期科技型中小企业也很可能继续增加其研发投入。综上所述，初创期科技型中小企业的研发投入及产出可能对于企业整体税负的变化是敏感的，但是对于专门的研发税收激励政策很可能不具有足够的敏感性。

（三）成长期科技型中小企业的特征及税收敏感性

处于成长期的科技型中小企业发展最快、扩张迅速。组织内部的结构更加正式，组织成员的分工更加细化，内部管理制度较为完善；这个阶段的企业已经形成了主导产品，并开始了产品的多元化布局，市场占有率迅速提高；产品销量快速增长，销售额大幅增加，盈利能力明显增强，企业价值得到认可使得融资难度明显降低，融资渠道更为多元，整体财务状况良好，财务压力很小。

在这种情况下，企业整体税负的降低可以减少企业的资本使用成本，研发税收优惠措施的实行能够直接降低从事相关研发活动的成本，应当能够促进这一阶段企业研发投入的增加，进而间接地促进其专利产出的增长,也就是说,成长期科技型中小企业的研发投入及产出可能对于企业整体税负的变化和专门的研发税收激励政策均具有敏感性。

(四)成熟期科技型中小企业的特征及税收敏感性

处于成熟期的科技型中小企业通常发展比较稳定,增速放缓。企业的组织结构、分工和工作程序已经非常成熟,内部管理制度十分完善;这个阶段的企业往往已经拥有丰富且多元的产品格局,保持着稳定的市场份额;产品的销量较为平稳,销售收入较高并且稳定,盈利能力较强,融资渠道宽广多元,整体财务状况平稳,正常经营的情况下几乎不存在明显的财务风险。

在这种情况下,企业整体税负的降低可以减少企业的资本使用成本,研发税收优惠措施的实行能够直接降低从事相关研发活动的成本,应当能够促进这一阶段企业研发投入的增加,进而间接地促进其专利产出的增长,也就是说,成熟期科技型中小企业的研发投入及产出很可能对于企业整体税负的变化和专门的研发税收激励政策具有较强的敏感性。

(五)衰退期科技型中小企业的特征及税收敏感性

处于衰退期的企业往往出现产品竞争优势严重下降甚至完全消失的现象,企业负债大幅增加,销售额增长率出现下滑甚至可能为负,整体财务状况严重恶化,财务风险极高,研发态度和行为很可能较为消极。丧失信心的衰退期企业,即使短期内面临的条件有所改善也很可能放弃后续的研发。因此,守住是衰退期科技型中小企业的主基调。

在这种情况下,企业税收负担的变化很可能难以对这个阶段企业的研发投入和专利产出产生有规律的、显著的影响。然而,需要注意的是,处于衰退期的科技型中小企业有可能对于专门激励企业研发的税收优惠政策具有一定的敏感性。比如,衰退期的科技型中小企业很可能为了维持高新技术企业的资格而增加研发投入。综上所述，以守住作为主基调的衰退期科技型中小企业的研发投入及产出可能对于企业整体税负的变化不敏感，但是对于专门的研发税收激励政策有可能具有一定的敏感性。

根据以上对科技型中小企业生命周期各个阶段基本特征的总结以及各个阶段企业的税收敏感性分析，本书提出研究假设5、研究假设6和研究假设7。

假设5：科技型中小企业处于生命周期的不同阶段，企业税负的降低对其研发投入的影响存在差异。具体来看，企业税负的降低能显著地促进初创期、成长期和成熟期企业研发资本投入的增加，但对种子期和衰退期企业的影响可能不显著。

假设6a：科技型中小企业处于生命周期的不同阶段，研发费用加计扣除措施对其研发资本投入的影响存在差异。具体而言，研发费用加计扣除措施能够显著地促进成长期、成熟期和衰退期企业研发资本投入的增加，但对种子期和初创期企业的影响可能不显著。

假设6b：科技型中小企业处于生命周期的不同阶段，高新技术企业低税率措施对其研发资本投入的影响存在差异。具体而言，高新技术企业低税率措施能够显著地促进成长期、成熟期和衰退期企业研发资本投入的增加，但对种子期和初创期企业的影响可能不显著。

假设7：科技型中小企业处于生命周期的不同阶段，企业税负的降低对其研发产出的间接影响存在差异。具体来看，企业税负的降低能够间接地促进初创期、成长期和成熟期企业研发产出的增加，但对种子期和衰退期企业的影响很可能不显著。

# 第四章
# 政府激励企业研发创新的税收优惠政策体系

政府激励企业研发创新的税收优惠政策数量众多。从作用主体来看，可以区分为直接与研发企业相关的税收激励政策和间接降低企业研发成本的"外围"激励政策。前一种优惠政策的受益主体是从事研发创新活动的企业，政府通过赋予研发企业各类税收优惠达到直接降低研发企业税收负担的目的；后一种间接优惠政策的受益主体则是与研发企业有关联的机构和个人，主要包括科技企业孵化平台以及向研发企业进行投资的机构和个人，政府通过给予这些机构和个人一定的税收优惠达到间接降低研发企业成本开支的目的。本章将对上述直接激励政策和"外围"激励政策区分不同税种和优惠方式进行详细深入的梳理与分析。

## 一、直接与研发企业相关的税收优惠政策

纵观各国直接激励研发企业的税收优惠政策，绝大多数措施集中于所得税领域，特别是企业所得税领域。流转税、财产税方面的激励措施，从数量上看可谓稀少，从形式上看相对单一匮乏。这部分内容将分别从企业所得税、个人所得税、流转税、财产税四个方面细致地梳理直接与研发企业相关的各类税收优惠方式及其特点。

(一)企业所得税方面的税收优惠政策

根据第二章的图 2.1,企业研发创新的一般过程主要包括研发投入和研发产出两个阶段。政府激励企业研发的企业所得税优惠政策也相应地从这两个阶段加以设计和实施,即分为针对研发投入的激励措施(或称前端激励)和针对研发产出的激励措施(或称后端激励)。目前,最为重要的后端激励政策当属知识产权盒制度(intellectual property box regime)。因此,在梳理企业所得税方面的直接激励政策时,笔者将区分针对研发投入的激励措施和知识产权盒制度,逐一进行细致分析。

此外,根据优惠措施的作用要素,笔者将税收优惠分为以下三类:第一类是税基式优惠,即通过缩小目标企业的计税依据来减少其应纳税额的优惠方式;第二类是税率式优惠,即通过降低目标企业的适用税率来减少其应纳税额的优惠方式;第三类是税额式优惠,即直接减少目标企业应纳税额的优惠方式。实际上,上述三种优惠方式都有多种具体的体现形式。表 4.1 详细地呈现了直接与研发企业相关的企业所得税优惠方式及其常用的体现形式。接下来,本书将逐一分析这些企业所得税优惠方式及其体现形式的特点。

表 4.1　直接与研发企业相关的企业所得税优惠方式

| | | | |
|---|---|---|---|
| 企业所得税优惠措施 | 针对企业研发投入的激励措施 | 税基式优惠 | 加计扣除 |
| | | | 加速折旧 |
| | | | 亏损结转 |
| | | | 特殊扣除 |
| | | 税率式优惠 | 低税率 |
| | | 税额式优惠 | 税收抵免 |
| | | | 税额直接减免 |

(续表)

| 企业所得税优惠措施 | 针对企业研发产出的激励措施（知识产权盒制度） | 税基式优惠 | 收入减免 |
|---|---|---|---|
| | | 税率式优惠 | 低税率 |
| | | 税额式优惠 | 递延纳税 |

1. 针对企业研发投入的激励措施

由表 4.1 可知，针对研发投入的企业所得税激励措施包括税基式优惠、税率式优惠、税额式优惠。其中，税基式优惠主要包括加计扣除、加速折旧、亏损结转和特殊扣除这四种形式；税率式优惠体现为降低目标企业的适用税率；税额式优惠则往往表现为税收抵免和税额直接减免。

（1）税基式优惠

① 加计扣除政策。

针对研发投入的加计扣除政策就是研发费用加计扣除政策，是指在实际发生的研发费用的基础之上，再加成一定的比例，作为计算企业所得税应税所得时扣除数额的一种税收优惠方式。这种扣除往往适用于劳动力成本以及研发活动中使用的有形资产和无形资产的购置成本，很可能导致扣除的金额超过实际发生的成本、甚至超过税基，从而产生亏损结转。

需要注意的是，适用于劳动力成本的加计扣除政策的经济效益颇具争议。因为这一措施虽然可能降低企业在研发人员方面投入的成本，但实际上也很可能导致研究人员工资的上涨，而对企业研发成本的降低影响甚小。在研究人员的供给相对无弹性的情况下，这一效应更为显著。[1]

此外，较之于税额式优惠措施，加计扣除这种税基式优惠方

---

[1] Austan Goolsbee, "Does Government R&D Policy Mainly Benefit Scientists and Engineers?", *American Economic Review*，1998，88（2）.

式会受到企业所得税税率的影响。对于已经享受了低税率的企业来说，加计扣除将降低整体优惠力度、产生抵消效应。

有学者还指出，当某些成本或费用可以加计扣除而其他成本费用不可以时，企业会有动机对成本费用人为地进行不当分类以便获取税收优惠的好处[①]。

② 加速折旧政策。

加速折旧和摊销主要是指在资产有效使用年限的前期多提折旧、后期少提折旧，从而加快折旧的速度、使得资产成本在有效使用年限中加快得到补偿的折旧方法。随着生产效率更高的机器设备投放到市场当中，原有机器设备虽可继续使用，但其相对落后低效的技术一方面无法提高产量和质量，从而影响劳动生产率的提高，增加了企业的生产成本；另一方面，技术陈旧的机器设备不能满足企业研发创新的需求。因此，允许有关资产加速折旧能够激励企业采用新型机器和设备，不仅有利于生产效率的提升和成本的缩减，也有助于企业研发活动的开展与研发成果的充分利用。与固定资产类似，企业用于研发的无形资产也面临由于技术进步导致的功能性贬值，从而使得拥有该项无形资产所产生的利润降低。

企业与研发相关的固定资产和无形资产采用加速折旧，前期利润少、缴纳的企业所得税少，后期利润多、缴纳的企业所得税较多。与直线法相比，企业所得税的现值总和更低，增加了当期的现金流，起到了延期纳税的作用，有利于缓解企业的资金压力。

加速折旧的具体方法可以细分为固定折旧年限法、第一年计提固定百分比法以及增提折旧法。固定折旧年限法是指与研发相

---

① Paolo Arginelli. "Innovation through R&D Tax Incentives: Some Ideas for a Fair and Transparent Tax Policy", *World Tax Journal*, 2015, 7 (1).

关的机器设备须在固定的（往往是一个较短的）年限内折旧完毕。第一年计提固定百分比法是指与研发相关的机器设备在购置当年按照购置价的一个（往往是较高的）比例实行加速折旧，剩余价款在以后年份按照直线法进行折旧。增提折旧法是指企业用于研发的机器设备在每年的正常折旧之外可以再提取一个固定百分比的补充折旧。

③ 亏损结转政策。

企业所得税的亏损结转政策可被视为对企业研发激励的进一步延伸。企业在研发初期发生亏损是非常普遍且正常的现象。允许企业将亏损向以前年度和/或以后年度结转，能够切实减轻企业的税收负担，缓解企业的资金压力。

亏损结转可以细分为前后结转和向后结转。所谓前后结转，是指企业某个纳税年度发生的亏损可以抵补以前年度的利润，并相应地退还以前年度已经缴纳的企业所得税税款；若以前年度的利润抵消不完，还可向后结转，继续抵消以后年度的利润，并相应地减少以后年度的应纳税所得额。所谓向后结转，指的是企业某个纳税年度发生的亏损可以用来抵消以后年度的利润。显然，结转方式的不同会对企业所得税的税基产生较大的影响。

相较之下，前后结转更具合理性，对企业的激励作用更为显著。尽管向后结转能够避免实施前后结转时办理退税的繁琐手续，但其缺点也是显而易见的：若企业因亏损严重而倒闭，则无法享受到亏损结转的好处。

④ 特殊扣除政策。

企业所得税中的特殊扣除是指，除了按照企业所得税法规定计算的各项正常扣除之外，允许研发企业按照企业全部收入的一定比例提取研发准备金，该部分准备金可以从企业所得税的税基中全部或部分地扣除。研发准备金可以用来弥补尚未识别或出现的可能性损失，对处于起步阶段的种子期企业来说具有重要意义。

（2）税率式优惠

不少实证研究显示，税率式优惠的激励力度很大，较之于税基式优惠的减负效应更为显著（Jacobs，2000；Andersson，2001；Finkenzeller，2004；Spengel，2009；李伟，2012）。因此，优惠税率往往极具针对性，对优惠对象设置了明确的限制，不具有普惠性。

针对研发企业的税率式优惠通常出现于企业所得税和流转税。在企业所得税方面，对于符合条件的研发企业给予（显著）低于普通税率的优惠税率，能够大大减轻企业的税收负担。值得注意的是，由于研发初期的企业常常处于亏损状态，因而难以切实享受到这一税收激励措施带来的好处。

（3）税额式优惠

① 税收抵免政策。

税收抵免是指从企业应纳税额中减少一定比例或金额的优惠方式，是最为重要的税额式优惠。由于税收抵免额与税率无关，因此能够避免因税率较低或波动对税收优惠额产生的影响。此外，当企业处于盈亏平衡时，针对企业所得税实施的税收抵免甚至会使企业收到返还的现金或者抵消其他税种的应纳税款。

研发税收抵免的具体方式可以分为总额税收抵免法和增量税收抵免法。总额税收抵免法指的是从纳税人当年应纳税额中直接减掉当年研发费用的一部分，每个国家依据自身国情设置固定比例，以此为限，据以抵免。持这一理念的学者认为，税收优惠应与企业每年研发投入的总量成正比，而不需考虑以前年度的研发投入情况。增量税收抵免法是指以纳税人当年支出总额超过特定基数的一定比例计算税收抵免额，此特定基数一般为最近若干年该项支出的平均数。该理念的支持者认为，应当仅对企业与以前年度相比增加的研发投入部分给予税收优惠，因为这能够更有效地激发新的研发活动。学界大多认同总额税收抵免法[①]，因为它对研发投资的影响更为中性、实际操作过程也更为便利。相对应地，增量税收抵免法的问题在于：首先，该方法容易引发企业的决策扭曲和筹划，造成无谓损失。例如，企业设立之初可以尽量减少研发支出，使得投入增量增加显著，从而享受更多税收优惠[②]。其次，增量税收抵免法在实际中难于操作，会显著增加管理成本。准确衡量研发投入的"增量"部分（特别是发生兼并重组的情况下）以及相应的优惠数额的过程使得税制更加复杂，容易导致滥用行为的发生，也明显增加征纳成本。

关于未使用抵免的结转，多数国家都允许企业将未使用的抵免额向后结转至未来年度继续抵免应纳税额，极少数国家允许前后结转，从而保证企业充分享受此项税收优惠。

② 税额直接减免政策。

税额直接减免是指依法对应征税款全部或者部分地免除纳税义务的直接性优惠。一般来说，税额直接减免政策会有明确的优惠对象、优惠地点、时间期限，并且对征管水平要求较低，是最为常见的优惠工具。减征或免征企业所得税可以显著地增加企业的实际所得，从而有利于增加研发投入。

需要注意的是，由于免税政策的优惠力度很大，各国均将其作为辅助性政策，否则将给财政收入带来较大的压力。此外，企业所得税方面的免税政策往往针对的是企业最终的经营结果，缺

---

[①] 值得注意的是，也有学者（Hansson 等，2014；Arginelli，2015）指出基于总量的激励措施会造成很高的社会成本。由于对没有新增研发投入、甚至研发投入下降的企业也给予税收优惠，因此，总额税收抵免法并不能有效地激发新的研发活动。

[②] Bas Straathof et al., *A Study on R&D Tax Incentives*, European Commission, 2014.

乏对研发创新过程的有效激励。例如，初创企业由于盈利的可能性很小，因此，几乎难以享受到企业所得税免税政策的好处。

2. 针对企业研发产出的激励措施

近年来，针对企业研发产出最为重要的税收激励政策当属知识产权盒制度（intellectual property box regime）。这种盛行于欧洲的制度针对企业来源于符合条件的知识产权的转让所得或直接利用所得施以税收优惠①，也称专利盒（patent box）或创新盒（innovation box）制度。接下来，本书将详细介绍能够享受此项税收优惠的知识产权以及符合条件的收入类型。

（1）符合条件的知识产权

① 按照知识产权的具体类型划分。

所有的知识产权盒制度都将专利视为符合条件的知识产权。此外，考虑到专利的颁发和基于该专利所生产产品的监管授权之间通常存在时滞，为了给予相关发明更长时间的法律保护，在专利到期后生效的补充保护证书（特别是对于医药制品而言）也被纳入优惠范围。商标和版权（包括软件）也常被视作符合条件的知识产权。部分国家把专有技术、商业秘密、秘密配方或流程、设计以及实用新型也纳入知识产权盒的优惠范围内。

OECD 于 1995 年发布的《跨国公司与税务管理转让定价指南》将无形资产划分为营销性无形资产（marketing intangibles）和交易性无形资产（trade intangibles）。前者指的是有助于商品或劳务商业利用的商标、商号、顾客名单、销售渠道和对相关产品有重要促销作用的独特名称、符号和图画等；后者是指除营销性无形资产以外的商业性无形资产，如专利和专有技术等，是通

---

① Lisa Evers, Helen Miller and Christoph Spengel, "Intellectual Property Box Regimes: Effective Tax Rates and Tax Policy Considerations", *International Tax and Public Finance*, 2015, 22.

过风险大、花费高的研发活动创造出的无形资产。OECD 于 2015 年颁布的 BEPS 第八至第十项行动计划（《确保转让定价结果与价值创造相匹配》）将营销性无形资产的定义修订为："与市场营销活动相关的无形资产，有助于产品或服务的商业运作，并且/或者对产品而言具有重要的推广价值。不同情况下，营销性无形资产可以包括商标、商号、客户名单、客户关系以及专有市场和客户数据，这些无形资产可以用于或有助于向客户推广和销售商品和服务。"显然，知识产权盒制度不仅将交易性无形资产纳入优惠范围，而且将某些营销性无形资产视为受益对象。

② 按照获得知识产权的方式划分。

除了自主研发的知识产权，绝大多数制度将外购知识产权也视为符合条件的知识产权。但是部分国家仅把某些类型的外购知识产权作为符合条件的对象。还有些国家要求企业须对外购知识产权作出实质性的改进，且只有通过改进而增加的那部分价值才可享受税收优惠，而知识产权的外购成本不在受益范围内。

有些国家将预先存在的（pre-existing）知识产权，即在知识产权盒制度实施之前创制的知识产权，也作为符合条件的知识产权。支持这种税务处理方法的学者认为，如果税收优惠的政策目的是激发本地企业（包括居民企业和常设机构）对有价值的知识产权的直接利用，给予预先存在的知识产权以税收优惠就有助于实现这一目标；而且知识产权是否是在知识产权盒制度实施之前创制的，不应当成为关注的焦点，注意力应当集中于本地企业获得知识产权使用权的具体时间以及本地企业实际使用该项知识产权的具体时间上。

(2) 符合条件的收入

所有的知识产权盒制度均把特许权使用费作为符合条件的收入。绝大多数国家将处置符合条件的知识产权的资本收益纳入优惠范围。部分国家甚至将专利产品售价中包含的知识产权收入以及知识产权在内部使用时获得的名义特许权使用费作为符合条件的收入，并根据独立交易原则和转让定价技术单独计算每个资产中包含的知识产权收入，以及内部使用知识产权时获得的名义收入，以确定在相同的商业环境下无关联的第三方为了获得该项知识产权的使用权需支付的价格。

(3) 费用和损失的处理

① 关于当期研发支出的扣除。

对于符合条件的当期研发支出，目前有净收入法和总收入法两种处理方法。

在净收入法下，当期的研发支出允许从相关的知识产权收入中扣除，并按照较低的知识产权盒税率征税，因此，研发收入和研发支出是对称的、匹配的。需要注意的是，运用这种方法的前提是能够鉴别出予以扣除的支出，特别是是否包括间接成本、财务费用和管理费用。如果存在与知识产权收入直接或间接相关的费用，但依据税法规定却无法将其全部予以抵扣时，实际上在用其抵扣一般性的企业所得税时创造了税盾效应[①]。

相较之下，在总收入法下，当期的研发支出允许从非知识产权收入中扣除，且按照常规的企业所得税税率征税，这意味着研发收入和研发支出不相匹配。当纳税人拥有大量的非知识产权收入可予抵扣当期研发支出时，这一方法能够产生实质性的税收收益。

② 关于历史研发支出的处理。

对于历史研发支出，即知识产权盒制度实施之前发生的用以开发符合条件的无形资产的支出，也有两种处理方法，分别是追

---

① 例如，英国的知识产权盒制度就明确规定，不得从符合条件的知识产权收入中扣减财务费用。

溯调整法和不追溯调整法。

所谓追溯调整法，是指对于以前申请的研发支出扣除予以追溯的方法。因为实施知识产权盒制度后，来源于知识产权的收入适用低税率，相应的研发支出也应按照低税率予以扣除，但以前的研发支出扣除是按照常规的高税率扣减的，为了保证收支对称或匹配，需要对历史研发支出进行追溯调整。

所谓不追溯调整法，是指对于以前申请的、按照常规的（较高的）企业所得税税率扣减的研发支出扣除不予追溯的方法。这实际上给予了研发支出非常慷慨的税务处理，但是与研发收入不相匹配。

③ 关于知识产权损失的处理。

知识产权盒制度下的知识产权损失有两种。在运用净收入法处理当期研发支出的情况下，知识产权损失是知识产权总收入与相关费用之差；在运用总收入法处理当期研发支出的情况下，知识产权损失则是企业所得税应税总收入减去与知识产权收入相关的费用之差。

在实行净收入法的国家中，一部分国家对于发生的知识产权损失采用严格的匹配法，强调知识产权损失只能抵消知识产权收入；另外一些国家则允许知识产权损失可以用来抵消其他收入，但当知识产权收入产生之后，需要进行追溯调整，即知识产权损失必须抵消知识产权收入。

实行总收入法的国家，通常允许知识产权损失用来抵消其他收入。然而，有些国家对在这种情况下出现的总损失的结转作出了限制性的规定。

(4) 具体优惠方式

知识产权盒制度主要包括税基式优惠和税率式优惠。税基式优惠是指针对源自符合条件的知识产权的收入给予特别的减免。

税率式优惠是指对企业以销售或许可使用的方式将无形资产转让于第三方的所得或者利用无形资产实现的产品销售或服务提供所获利润施以（极）低的税率。

① 税基式优惠。

大多数知识产权盒制度对企业源自符合条件的知识产权的收入给予了极其慷慨的减免优惠。表 4.2 呈现了欧盟主要国家现行知识产权盒制度在税基方面的优惠措施，从中不难发现，绝大多数国家对于符合条件的知识产权收入给予了高达 80% 左右的扣减，从而大大缩小了应税税基。更有甚者，马耳他对企业符合条件的知识产权收入赋予了免税的厚待。

表 4.2　2019 年欧盟主要国家知识产权盒税基

| 国　家 | 施行时间 | 知识产权盒税基 |
| --- | --- | --- |
| 匈牙利 | 2003 年 | 相当于知识产权收入 50% 的扣减 |
| 荷　兰 | 2007 年 | 相当于知识产权收入 72% 的扣减 |
| 比利时 | 2007 年 | 相当于知识产权收入 85% 的扣减 |
| 卢森堡 | 2008 年 | 相当于知识产权收入 80% 的扣减 |
| 西班牙 | 2008 年 | 相当于知识产权收入 60% 的扣减 |
| 马耳他 | 2010 年 | 相当于知识产权收入 100% 的扣减 |
| 列支敦士登 | 2011 年 | 相当于知识产权收入 80% 的扣减 |
| 塞浦路斯 | 2012 年 | 相当于知识产权收入 80% 的扣减 |
| 葡萄牙 | 2014 年 | 相当于知识产权收入 50% 的扣减 |

资料来源：国际财税文献局-税收政策数据库（https://online.ibfd.org）。

② 税率式优惠。

税率式优惠是指企业来源于符合条件的知识产权的所得并非

适用企业所得税税率,而是直接适用较低的优惠税率。目前,在欧盟国家中,只有法国和英国采用直接的优惠税率。表4.3呈现了2019年这两个国家的企业所得税税率和知识产权盒税率,从中不难发现,相较于常规的企业所得税税率,企业来源于特定知识产权的所得适用的税率很低,基本上是正常税率的一半。

**表4.3 2019年欧盟主要国家企业所得税税率和知识产权盒税率**

| 国家 | 企业所得税税率 | 知识产权盒税率 |
| --- | --- | --- |
| 法国 | 28.92%(0至500 000欧元)<br>34.43%(500 000欧元以上的部分) | 15.5% |
| 英国 | 19% | 10% |

注:此处的企业所得税税率和知识产权盒税率均为包含附加税的总税率。
资料来源:国际财税文献局-税收政策数据库(https://online.ibfd.org)。

③ 税额式优惠。

在知识产权盒制度中,税额式优惠措施数量很少,多以递延纳税的形式出现。递延纳税政策是指纳税人根据税法规定可以将符合条件的知识产权所得的应纳税款推迟一定期限缴纳的税收优惠形式。延期缴纳税款虽然不能减少实际应缴纳的税额,但是纳税期限的延长和推迟降低了企业当期的税收负担,而且能够给予纳税人无偿使用这笔款项且无须支付利息的机会,有利于缓解企业的资金压力。

(5)关于知识产权盒制度的争议

某些国家知识产权盒制度的设计初衷,除了为了鼓励本国企业的研发创新活动和促进知识产权的利用,还希望通过对流动性很强的税源实施差别化的税率来有效地增加税收收入,以及吸引与高技能工作或知识创造有关的国际游资从而促进相关行业的发展。然而,针对知识产权盒上述作用和功能的争议不断。

① 关于能否激励本国企业研发和创新活动的争议。

绝大多数国家实施知识产权盒制度的目的是通过慷慨的税收优惠激励本国企业的研发和创新。然而，关于这一目的能否实现的争议不绝于耳。

首先，知识产权盒制度并非针对实质性研发活动的激励。与针对企业研发投入的税收激励措施不同，知识产权盒制度针对的是已经获得市场认可的、成功的项目，并非针对处于研究阶段的实质性研发活动本身[1]。因此，该制度对研发活动激励的有效性值得怀疑。

其次，关于符合条件的知识产权的认定，采用"宽方法"无助于鼓励研发创新，采用"窄方法"则不利于产生潜在的研发活动且违反了内部中性原则。

由于营销性无形资产鲜少涉及实质性的研发活动，且企业可以通过将其商业化而获得所有的收益，因而产生溢出效应的可能性较小，所以，将交易性无形资产和营销性无形资产均作为符合条件的知识产权，即"宽方法"（broad approach），显然并非出于鼓励研发创新的目的；相反，仅将交易性无形资产（已获专利的无形资产）作为符合条件的无形资产，即"窄方法"（narrow approach），不仅不利于产生潜在的研发活动，也违反了内部中性原则。因为已获得专利权保护的创新活动往往很少遭受模仿之苦，不应再通过税收方式给予补贴。对于不需要补贴的研发创新给予补贴，将导致那些难以转化为专利（但外部正效应很高）的发明设计缺乏吸引力[2]，最终致使该类发明设计的后

---

[1] Michael J. Graetz and Rachael Doud, "Technological Innovation, International Competition and the Challenges of International Income Taxation", *Columbia Law Review*, 2012, 113.

[2] Bas Straathof et al., *A Study on R&D Tax Incentives*, European Commission, 2014.

续研发鲜有人问津。内部中性原则意味着所有的潜在受益者应当享有相同的税收优待，而仅将交易性无形资产视为符合条件的无形资产，会导致那些发明设计难以转化为专利的纳税人无法享受到同样的税收优惠，因而侵犯了内部中性原则，对该类纳税人（特别是中小企业）的生存和发展有害无益。因此，简单地将营销性无形资产和交易性无形资产作为认定知识产权盒制度中符合条件的知识产权是错误的。

由此可见，想要更好地发挥知识产权盒制度对本国企业研发和创新活动的推动作用，必须对其细节规定加以修正和调整。

② 关于对流动性强的税源实施差别化税率增加税收收入的争议。

除了自创知识产权之外，通过合同模式、分享合同模式以及成本分担协议等方式产生的知识产权，实质性的研发活动和知识产权往往位于不同的国家。由于知识产权地理归属不清晰，企业很容易运用这一灵活性规避税收，因此，知识产权就成为流动性强的税源。而对于流动性强的税源实施差别化的低税率，能够更为有效地增加税收收入[1]，有利于减少选址决策造成的扭曲。因此，可以通过实施知识产权盒制度达到增加税收的目的。

对于知识产权盒这一功能的质疑主要基于以下三个方面。

首先，从理论分析的角度来看，增加税收收入是整个税制的目标，不应当作为企业所得税的目标[2]。由于企业所得税会较为严重地扭曲企业的决策，其税收归宿最终由国内的工人（以较低的工资）或由国内的消费者（以较高的价格）承担，因此不宜作

---

[1] Michael Keen, "Preferential Regimes Can Make Tax Competition Less Harmful", *National Tax Journal*, 2001, 54 (4).

[2] Lisa Evers, Helen Miller and Christoph Spengel, "Intellectual Property Box Regimes: Effective Tax Rates and Tax Policy Considerations", *International Tax and Public Finance*, 2015, 22.

为筹集税收收入的主要来源①。

其次,从实证分析的角度来看,知识产权盒制度的实施并不一定能够增加税收收入。实施知识产权盒制度所带来的收入很可能无法弥补因极低税率导致的税收损失,因为这种制度将激励企业尽可能多地把收入筹划为源于知识产权的收入,同时把成本分配给以(较高的)企业所得税税率征税的活动,从而导致税收最小化。此外,知识产权盒制度的优惠对象是已获专利权或得到认证的知识产权,对于这些已经成功的项目再给予非常慷慨的税收优惠会导致税收的无谓损失②。而且当越来越多的国家引入知识产权盒制度时,所有国家的税收损失都会因税收竞争而增加③。

最后,从具体操作的角度来看,知识产权盒制度导致税制更加复杂,提高了管理成本。实施知识产权盒制度需要界定不同类型的收入以及准确鉴别出能够归属于知识产权的那部分利润或名义所得,这意味着企业来源于知识产权的收入必须能够被单独且准确地加以测量,将显著增加管理成本④。特别是当企业运用多项无形资产(如专利、软件、品牌等)生产同一种产品,且并非每一种无形资产均可适用知识产权盒优惠的时候,相应的鉴别、归集和计算工作将花费大量的时间,导致耗费的成本远远大于增加的收入。

简言之,将增加税收作为知识产权盒制度的目标之一,从理论、实证和具体操作的角度出发都是难以实现的。

---

① Wiji Arulampalam, Michael Devereux and Giorgia Maffini, "The Direct Incidence of Corporate Income Tax on Wages", *European Economic Review*, 2012, 56 (6).

② Bas Straathof et al., *A Study on R&D Tax Incentives*, European Commission, 2014.

③ Rachel Griffith, Helen Miller and Martin O'Connell, "Ownership of Intellectual Property and Corporate Taxation", *Journal of Public Economics*, 2014, 112.

④ Alexander Klemm, "Causes, Benefits, and Risks of Business Tax Incentives", *International Tax and Public Finance*, 2010, 17.

③ 关于吸引与高技能工作或知识创造有关的国际游资的争议。

由于知识产权是流动性强的税源，一些国家为了吸引与高技能工作或知识创造有关的国际游资，以促进某些相关服务业（如金融服务、会计和法律咨询等）的发展并且间接地带动就业，纷纷实施知识产权盒制度。

相关的质疑主要基于以下两个方面。

首先，实施知识产权盒制度并不一定能够吸引到与高技能工作或知识创造有关的投资。由于知识产权的所有权和实质性的创新活动可以轻易分离，对于跨国公司而言，常见的知识产权策略是在高税国度从事创新活动、开发知识产权，之后将所有权转移至低税国度，通过缴纳专利使用费的方式将收入从高税国度转移出来，以实现税负最小化的目的。有证据表明，无形资产地理位置的选择对于税负高度敏感，且呈现负相关的关系（Dischinger 等，2011；Karkinsky 等，2012；Griffith 等，2014）。因此，实施知识产权盒制度的国家成为这些跨国公司实现避税目的的理想选择，而来自这些跨国公司的知识产权投资与高技能工作或知识创造并无多少关联。

其次，某些国家实施知识产权盒的根本目的纯粹是为了吸引游资，从而增加本国税基，并不在意是否与高技能工作和知识创造相关，这在很大程度上引发了有害税收竞争。少数国家的知识产权盒制度并不要求在本国开展任何实质性的研发活动。例如，营销性无形资产和外购知识产权的转让所得均可享受税收优惠；再如，企业通过外包给关联方的方式获得的知识产权以及企业在知识产权盒制度实施前就已投入使用的知识产权也可享受税收优惠；此外，对于知识产权在商业过程中的直接利用不给予任何税收优待。而且，越小的国家往往越有动力给予慷慨的优惠，因为小国的税收弹性更高,国际投资较之于国内税基要大得多。这意味着,小国从游资以及相关服务业获得的税收增加额能够弥补甚至超过因税率(大幅度)减降而导致的税收减少额。因此,越来越多的国家(特别是大国)引入知识产权盒的目的不是为了吸引国际游资,而是为了大幅减少本国与知识产权相关的投资流向其他已经实施该制度的国家。

不难发现,某些国家实施的知识产权盒制度已经成为跨国公司侵蚀税基和转移利润的工具,并且引发了有害的税收竞争。对此,OECD 和 20 国集团(以下简称 G20)于 2015 年发布了应对税基侵蚀和利润转移项目(BEPS)的第五项行动计划——《考虑透明度与实质性因素更有效地打击有害税收实践》——以最大限度地规制其有害因素。

(6) BEPS 第五项行动计划的规制

BEPS 第五项行动计划将"实质性活动标准"作为知识产权盒税制是否构成有害税收实践的认定标准,提出采用关联法(nexus approach)来判断企业是否存在相关的实质性研发活动,即通过确保应税利润无法人为地从价值创造地转移至其他国家来实现税收与实质的统一。

① 关联法的含义。

顾名思义,关联法将研发支出与研发活动相关联。从定性的角度来看,支出代表研发活动,有研发支出便等于有研发活动;从定量的角度来看,以与研发活动直接相关的支出在总支出中的占比作为纳税人从事实质性研发活动的指标[①]。这种基于知识产权相关支出计算税收优惠金额的方式实际上与研发投入税收激励措施的思路相同。例如,企业享有的税收抵免额与其从事的研发

---

① 李乔彧:《BEPS 背景下"专利盒"税制跨国协调:国际标准与中国应对》,《税务与经济》2017 年第 4 期。

投入活动直接相关，企业享受的特别扣减与其真实发生的研发成本相联系。关联法将这一逻辑延伸至企业来自知识产权的收入：能够享受税收优惠的知识产权收入必须与产生这种收入的支出直接相关①。这确保了只有纳税人实际参与了研发活动（从而发生了相应的支出）才能获得知识产权盒相关的税收优惠。

需要特别注意的是，关联法规定的符合条件的知识产权包括以下三类：第一类是广义的专利（专利、实用新型、用以保护植物和基因遗传物质的知识产权资产、指定的罕见疾病用药物、专利保护的延伸）；第二类是受版权保护的软件；第三类是其他并非显而易见的、实用的、新颖的知识产权资产，且经由独立于税务部门之外的其他相关政府机关通过完全透明的认证程序予以认证。能够享受此类税收优惠待遇的纳税人，必须满足两个条件：一是纳税人所属全球集团 5 年内平均每年营业额不超过 5 000 万欧元；二是纳税人自身 5 年内平均每年所有知识产权收入不得超过 750 万欧元②。由此可见，OECD 关于符合条件的知识产权的认定，不仅包括已获专利的交易性无形资产，还包括未获专利的、但经由相关政府机关通过完全透明的认证程序予以认证的无形资产（第三类情况）③。

② 关联法的公式。

如果某公司只有一项知识产权资产，且开发该资产的所有费用皆由公司自身发生，关联法将简单地允许由该知识产权产生的

---

① OECD, *Countering Harmful Tax Practices More Effectively, Taking into Account Transparency and Substance*, OECD Publishing, 2015.

② OECD, *Countering Harmful Tax Practices More Effectively, Taking into Account Transparency and Substance*, OECD Publishing, 2015.

③ 这一认定方式也受到质疑。有学者指出，认定的标准应当是某项无形资产是否与实质性的研发活动以及相应的支出有关联，如果答案是肯定的，该项无形资产就是符合条件的、可给予优惠的对象。还有学者认为，在软件领域，技术的创新发展或者技术的科学研究也应享受优惠。

所有收入享受税收优惠。当公司的业务模式愈见复杂，关联法将决定多种收入和支出之间的关系，只有某些部分是符合条件的支出。具体而言，关联法按照支出的比例对收入进行划分，通过公式（4-1）确定可以获得税收优惠的收入：

$$可享受税收优惠的收入 = \frac{开发知识产权所发生的符合条件的支出额}{开发知识产权所发生的支出总额} \times 知识产权资产产生的净收入总额 \quad (4\text{-}1)$$

其中，开发知识产权所发生的符合条件的支出额与开发知识产权所发生的支出总额之比称为关联度比例（nexus ratio）。

符合条件的支出必须是符合条件的纳税人自身发生的，且必须直接与知识产权资产相关。各国将各自对符合条件的支出作出定义，该定义必须确保符合条件的支出只包含实际研发活动所发生的支出。符合条件的支出应包括目前在多个国家的税法下满足研发费用抵扣条件的支出（如工资薪金、直接成本、与研发活动相关的间接成本以及消耗费用），但不包括利息支出、建筑成本、购置成本或其他任何不能直接与特定知识产权资产相联系的支出。此外，在计算符合条件的支出时，各国可以允许纳税人对符合条件的支出进行30%的上浮调整。上浮的目的是要确保关联法不会过度地惩罚纳税人外购知识产权或者向关联方外包研发活动的行为。上浮调整可能增加符合条件的支出，但仅以纳税人不符合条件的支出额为限。换言之，符合条件的支出加计后不可以超过纳税人的支出总额[①]。

支出总额包括所有符合条件的支出、外购成本和（不属于符

---

① OECD, *Countering Harmful Tax Practices More Effectively, Taking into Account Transparency and Substance*, OECD Publishing, 2015.

合条件支出的)外包支出。这意味着关联法并不包括所有在研发知识产权过程中曾经发生的所有支出总额。因此,关联度比例可以写成(a+b)/(a+b+c+d)。其中,a代表纳税人自身发生的研发支出,b代表外包给非关联第三方的支出①,c代表外购成本,d代表外包给关联方的支出。这也意味着,只有纳税人将研发活动外包给关联方或有外购知识产权的行为时才会令关联度比例低于100%。另外,值得注意的是,不成功的研发支出不包括在关联度比例的计算中,因为不成功的研发通常不会带来任何收入②。由此可见,符合条件的支出和支出总额之间的差别主要在于从事研发活动的主体不同。

知识产权资产产生的净收入总额是指从知识产权相关的收入总额中减去当年发生的与知识产权收入相关的知识产权支出。净收入总额应只包含知识产权资产产生的收入,可以包括特许权使用费、财产收益、转让知识产权资产的其他收入、销售嵌入知识产权的产品的收入以及使用与知识产权资产直接有关的程序的收入③。如果一国要对嵌入式的知识产权收入给予税收优惠,则必须将与知识产权无关的收入(如市场营销等)剥离开来。

综上所述,OECD通过关联法反映出以下三个判断:其一,研发活动被视为知识产权盒税制中唯一创造价值的活动,因此,仅承担运营管理知识产权功能的企业不应被视为存在实质性经济活动,故不能作为知识产权盒税制的适格主体④;其二,适格的研发活动主要包括自主研发活动和外包给非关联方的研发活动,

---

① 非关联方包括与纳税人无关的大学、医院、研发中心以及非营利机构。
② OECD, *Countering Harmful Tax Practices More Effectively, Taking into Account Transparency and Substance*, OECD Publishing, 2015.
③ OECD, *Countering Harmful Tax Practices More Effectively, Taking into Account Transparency and Substance*, OECD Publishing, 2015.
④ 李乔彧:《BEPS背景下"专利盒"税制跨国协调:国际标准与中国应对》,《税务与经济》2017年第4期。

通过外购方式和外包给关联方方式获得的知识产权不属于研发活动的一部分,即便该种行为是为了进一步研发的需要;其三,定量计算研发活动时,研发费用的归集以企业为最小单位,并非以不同的国家为最小单位。

③ 关联法的两个版本。

关联法实际上可以划分为实体版本(entity version)和位置版本(location version)。欧盟成员国实行的是实体版本,即通过真正从事研发活动的实体来定义符合条件的支出和支出总额[①]。这意味着外购知识产权和通过外包给关联方获得的知识产权不是符合条件的知识产权,因此,无法享受知识产权盒制度的相关税收优惠。

位置版本仅适用于非欧盟成员国。在位置版本中,符合条件的支出和支出总额是根据支出的实际发生地来定义的[②]。因为BEPS项目第五项行动计划的脚注中表明,非欧盟国家可以将外购知识产权支出作为符合条件的支出,只要该项知识产权最初是在实行该知识产权盒制度的同一国家开发的;此外,非欧盟国家也可将外包给关联方的支出作为符合条件的支出,只要该关联方是实行该知识产权盒制度的那个国家的居民。因此,位置版本的关联法实际上将发生在实行知识产权盒制度的国家里的所有研发支出均视为符合条件的支出。当然,外包给非关联方的支出,无论关联方位于何处,均属于符合条件的支出。

④ 关联法存在的问题。

关联法实质上在技术引进和自主创新之间造成了歧视待遇。

---

① Lilian V. Faulhaber,"The Luxembourg Effect:Patent Boxes and the Limits of International Cooperation",*Minnesota Law Review*,2017,101.

② Lilian V. Faulhaber,"The Luxembourg Effect:Patent Boxes and the Limits of International Cooperation",*Minnesota Law Review*,2017,101.

关联法实施的根本目的旨在促进企业开展实质性的研发活动。然而，关联法中有关符合条件的支出的规定，本质上限制了实质性研发活动的方式和类型，仅允许将税收优惠给予自主创新路径的研发活动，技术引进或外包活动不可享受税收优待[①]。由于各国要素禀赋的非均衡分布以及产业所处阶段的差异，不同国家、不同产业实现技术进步的路径和方式并不一致，技术后发国家实现产业技术进步的路径往往主要通过国外技术的引进和吸收。关联法借遏制税基侵蚀之名，行干涉他国产业财税政策之实，意图在国外技术引进和本土自主创新之间造成歧视待遇，增加企业技术引进的成本，不利于后发国家或落后产业的技术进步[②]。

关联法的实施一定程度上不利于促进知识产权的利用。如果知识产权在商业过程中实际开始使用的时间能够明确，对于预先存在的知识产权以及直接用于商业过程的外购知识产权施以税收优惠，显然有利于促进知识产权的利用。然而，考虑到实践中往往很难精确确定知识产权的使用日期，因而难于判定一项知识产权是否是在知识产权盒制度实施之前加以利用的；此外，外购知识产权容易产生税基侵蚀和利润转移的问题。关联法将上述情况排除在优惠范围之外，无法有效地促进知识产权的直接利用。

关联法在一定程度上限制了企业的经济自由。实施关联法的另一目的是遏制跨国税基侵蚀，而遏制税基侵蚀的关键在于消除无形资产及其产生的税基在不同国家之间的不合理转移，因此，只要防止收入、费用和研发功能在不同国家之间的不合理流动和

---

① Paolo Arginelli, "Innovation through R&D Tax Incentives: Some Ideas for a Fair and Transparent Tax Policy", *World Tax Journal*, 2015, 7 (1).
② 李乔彧：《BEPS背景下"专利盒"税制跨国协调：国际标准与中国应对》，《税务与经济》2017年第4期。

分配,即可确保利润的征税地与价值创造地的一致性。关联法将关注对象进一步缩小至收入、费用和研发功能在不同企业之间的流动和分配,虽然将跨境流动和分配的情形包括在内,但同时也将位于同一境内不同企业之间的流动和分配情形纳入规范范围内。具体的例证表现为:将向境内其他企业外购无形资产的成本以及向境内的关联企业外包部分研发活动所支付的成本排除在符合条件的支出范围之外。这两种类型的活动均发生于同一境内,并不涉及跨境问题,因此自然不会引发跨境税基侵蚀的问题,将其排除实际上已经超出了遏制税基侵蚀目的之必要①。

BEPS 项目第五项行动计划颁布后,OECD 对其成员国、候选加入国和关键伙伴国的知识产权盒制度或类似税收优惠制度启动了定期审查机制,以判断有关制度是否构成有害税收竞争。为此,绝大多数 OECD 成员国、候选加入国和关键伙伴国根据关联法纷纷调整了本国的知识产权盒制度,不少国家还改变了其关于符合条件的知识产权、符合条件的收入、费用和损失处理等相关规定。

(二) 个人所得税方面的税收优惠政策

纵观各国直接激励研发企业的税收优惠政策,个人所得税是仅次于企业所得税的另外一个相对重要的税种。然而,无论是政策数量方面还是优惠形式方面,个人所得税的重要性都远远不及企业所得税,二者无法相提并论。表 4.4 详细地呈现了直接与研发企业相关的个人所得税优惠方式及其常用的体现形式。接下来,本书将逐一分析这些个人所得税优惠方式及其体现形式。

---

① 李乔彧:《BEPS 背景下"专利盒"税制跨国协调:国际标准与中国应对》,《税务与经济》2017 年第 4 期。

**表 4.4　直接与研发企业相关的个人所得税优惠方式**

| | 税基式优惠 | 特别扣减 |
|---|---|---|
| 个人所得税优惠措施 | 税率式优惠 | 低税率 |
| | 税额式优惠 | 税收抵免 |
| | | 税额直接减免 |
| | | 分期纳税 |

1. 税基式优惠

在直接与研发企业相关的个人所得税激励措施中，特别扣减是比较常见的税基式优惠。特别扣减是指，允许研发企业的企业家个人或研发人员按照应税所得的一定比例或者固定金额扣减应税所得的优惠形式。考虑到人力资源对于研发企业的重要性，这种特别扣减的设置目的主要在于激励和调动企业家与研发人员的积极性。较之于税额式优惠措施，特别扣减这种税基式优惠的最终效果会受到个人所得税税率的影响。如果特别扣减的比例定得很高，很可能引发避税风险。

2. 税率式优惠

在直接与研发企业相关的个人所得税激励政策中，从理论上讲，可以通过直接降低研发企业中研发人员或企业家个人适用税率的方式减少其个人所得税负担。然而，纵观各国的现行政策，目前尚未出现此类税率式优惠措施。究其原因，不少实证研究均显示，税率式优惠的激励力度很大，较之于税基式优惠的减负效应更为显著。因此，倘若企业所得税优惠已经非常慷慨，考虑到财政支出的压力和个人流动性相对较差的因素，一国政府为了保证基本财政收入，在个人所得税领域往往不再实施优惠力度很大的激励措施。

3. 税额式优惠

税额式优惠是最为常用的一种个人所得税激励方式,主要体现为税收抵免、税额直接减免、分期纳税等具体形式。

(1) 税收抵免政策

税收抵免是指从个人应纳税额中减少一定比例或金额的优惠方式。由于税收抵免额与税率无关,能够避免因税率较低或波动对税收优惠额产生的影响,因此,税收抵免带来的优惠是实质性的。然而,纵览各国的现行政策,目前只有极少数国家允许研发税收抵免抵消研发人员的个人所得税。这可能是由于现今的研发行为通常是集体性的,很难将研发活动中发生的所有研发费用合理分解到每个研发人员的身上。

(2) 税额直接减免政策

税额直接减免是指依法对应征税款全部或部分地免除纳税义务的直接性优惠。税额直接减免政策通常会有明确的优惠对象、优惠地点、时间期限,因此比较直观,并且对征管水平要求相对较低、易于操作,是个人所得税领域较为常见的优惠工具。对研发人员或者企业家的个人应缴所得税直接给予减征或免征是实质性的优惠,可以显著地增加个人的可支配收入,充分体现了对研发人员和企业家所从事研发工作的尊重和认可,能够在较大程度上调动其工作的积极性。

(3) 分期纳税政策

分期纳税政策是指纳税人根据税法规定不需一次性缴纳全部税款,而是可以将应纳税款在若干纳税期限分别缴纳的税收优惠方式。分期缴纳税款虽然不能减少个人实际应缴纳的税额,但是分期纳税意味着纳税期限实质上的延长和推迟,这既降低了个人当期的税收负担,又能够给予纳税人无偿使用剩余款项且无须支付利息的机会。

## (三) 流转税方面的税收优惠政策

纵览各国直接激励研发企业的税收优惠政策，流转税方面的激励措施可谓屈指可数，而且形式较为单一。

表 4.5 呈现了直接与研发企业相关的流转税优惠方式及其常用的体现形式，从中可以看出，税基式优惠、税率式优惠和税额式优惠均有采用。税基式优惠基本上以特殊扣除的形式出现。流转税的特殊扣除是指，除了按照流转税法规定计算的各项正常扣除之外，允许研发企业就符合条件的研发支出从流转税的税基全部或部分地予以扣除。税额式优惠通常以税额直接减免的形式加以体现。税额直接减免是指对应征税款全部或部分地免除纳税义务的直接性优惠。从各国相关的税收政策来看，多数国家选择对重要研发设备的进口关税给予税额直接减免的优惠。

**表 4.5　直接与研发企业相关的流转税优惠方式**

| | | |
|---|---|---|
| 流转税优惠措施 | 税基式优惠 | 特殊扣除 |
| | 税率式优惠 | 低税率 |
| | 税额式优惠 | 税额直接减免 |

## (四) 财产税方面的税收优惠政策

与流转税的情况非常类似，财产税在直接激励研发企业的税收优惠政策体系中也扮演着辅助性的角色。表 4.6 呈现了直接与研发企业相关的财产税优惠方式及其常用的体现形式，从中可以发现，税额式优惠是最为常用的优惠方式，且往往以税额直接减免的形式出现。从各国有关的税收政策来看，政府往往对于企业购置的、出于研发目的使用的土地及土地附着物在一定年限内免予征税。

表 4.6 直接与研发企业相关的财产税优惠方式

| 财产税优惠措施 | 税基式优惠 | — |
|---|---|---|
| | 税率式优惠 | — |
| | 税额式优惠 | 税额直接减免 |

## 二、间接降低研发成本的"外围"税收优惠政策

间接降低企业研发成本的"外围"税收优惠政策的受益主体是与研发企业有关联的机构和个人，主要包括科技企业孵化平台以及向研发企业进行投资的机构和个人。政府通过给予这些机构和个人一定的税收优惠达到间接降低研发企业成本开支的目的（孙启新等，2020）。

（一）针对资金供给方的税收优惠政策

按照资金来源的不同，通常可以将企业的融资方式分为内源融资和外源融资两种。其中，内源融资是指来源于企业内部经营活动产生的资金，如留存收益和折旧。内源融资的规模受到企业规模和盈利水平的影响，不可能无限扩张，必须与外源融资相配合。外源融资是指企业向自身以外的其他经济主体筹集资金的方式。企业的研发创新活动因其长期性和不确定性面临严重的外源融资约束。在这种情况下，政府对于研发企业的外部资金供给者给予税收优惠，能够在一定程度上分担其投资风险，降低风险溢价，进而降低研发企业的外部融资成本。

各国针对外部资金供给方的税收优惠政策基本集中于企业所得税和个人所得税领域。表 4.7 和表 4.8 分别呈现了间接降低研发企业融资成本的企业所得税和个人所得税优惠方式及其常用的体现形式。

表4.7 间接降低研发企业资金成本的企业所得税优惠方式

| 企业所得税优惠措施 | 税基式优惠 | 部分所得免税 |
| --- | --- | --- |
| | | 特殊扣除 |
| | | 特别扣减 |
| | 税率式优惠 | — |
| | 税额式优惠 | — |

从表4.7可以看出，税基式优惠是企业所得税中最为常用的优惠方式，通常包括部分所得免税、特殊扣除、特别扣减等具体形式。部分所得免税是指资金供给方来源于被投资企业的部分所得可以享受免缴企业所得税的优惠；特殊扣除指的是除了按照企业所得税法规定计算的各项正常扣除之外，允许资金供给方因投资研发企业发生的损失从企业所得税的税基中全部或部分地扣除；特别扣减是指，允许资金供给方按照其应税所得的一定比例或者固定金额直接扣减应税所得的优惠形式。纵观各国相关的税收政策，创业投资企业投资于初创科技型企业时往往可以按照规定的比例直接扣减企业所得税的应税所得。

表4.8 间接降低研发企业资金成本的个人所得税优惠方式

| 个人所得税优惠措施 | 税基式优惠 | 特别扣减 |
| --- | --- | --- |
| | 税率式优惠 | — |
| | 税额式优惠 | 税收抵免 |

从表4.8能够发现，税基式优惠和税额式优惠是个人所得税中最为常见的优惠方式，前者多以特别扣减的形式出现，后者常以税收抵免的形式加以体现。从有关的税收政策来看，有限合伙

制创业投资企业的个人合伙人或者天使投资个人投资初创科技型企业或者技术密集型的中小企业时，可以按照规定的比例扣减其个人所得税的应税所得；此外，投资于高新技术企业的天使投资者能够享受个人所得税的抵免优惠。

（二）针对科技企业孵化平台的税收优惠政策

科技企业孵化平台是培育科技企业，特别是科技型中小企业的服务机构。孵化平台除了为新创办的科技型中小企业提供物理空间和基础设施之外，还提供技术开发服务、科技金融服务、政策申报服务、人才培训服务、管理咨询服务、市场开拓服务、法务服务、财务服务、知识产权服务等一系列服务支持，有利于降低科技型中小企业的创业风险和创业成本。政府对于科技企业孵化平台给予税收优惠，能够在一定程度上减轻这些企业的运营风险和负担，从而为科技企业的研发创新提供更有力的支撑。

各国针对科技企业孵化平台的税收优惠政策寥寥可数，集中于流转税和财产税领域。表4.9和表4.10分别呈现了旨在降低孵化平台税负、从而间接降低研发企业成本的流转税和财产税优惠方式及其体现形式。

表 4.9　间接降低研发企业整体成本的流转税优惠方式

| 流转税优惠措施 | 税基式优惠 | 部分收入减免 |
| --- | --- | --- |
| | 税率式优惠 | — |
| | 税额式优惠 | |

从表4.9不难看出，税基式优惠是流转税中常被采用的优惠方式，往往以部分收入减免的形式加以体现。相关的税收政策主要对科技企业孵化平台向在孵企业提供孵化服务取得的收入给予免征增值税的优待。

表 4.10 间接降低研发企业整体成本的财产税优惠方式

| | 税基式优惠 | — |
|---|---|---|
| 财产税优惠措施 | 税率式优惠 | — |
| | 税额式优惠 | 税额直接减免 |

从表 4.10 可以发现，税额式优惠是财产税中常常使用的优惠方式，且多以税额直接减免的形式出现。相关的税收激励政策往往对科技企业孵化平台给予免征房产税或其他财产税的优惠。

# 第五章
# 中国与代表性国家激励企业研发创新的税收优惠政策体系

本章选取7个代表性的国家,既包括传统的研发强国(如美国、荷兰),也涉及主要的新兴市场国家(如印度、巴西、南非),还囊括由计划经济转型的东欧国家(如匈牙利),同时考虑了与中国地缘临近的东亚国家(如韩国),区分税收优惠政策的作用主体,将细致研究中国与上述各国直接与研发企业相关的税收激励政策和间接降低企业研发成本的"外围"激励政策,试图分析和阐释各国激励企业研发创新的税收政策差异及特点。

## 一、直接与研发企业相关的税收优惠政策

表5.1详细地呈现了中国和代表性国家直接与研发企业相关的税收优惠方式及其常用的体现形式,画"√"处表示该国采用了这一优惠的具体形式对其研发企业加以激励。

表5.1 研究涉及各国直接与研发企业相关的税收优惠政策

| 直接与研发企业相关的税收优惠政策 ||| 国家 |||||||
|---|---|---|---|---|---|---|---|---|---|
| | | | 中国 | 美国 | 荷兰 | 巴西 | 印度 | 匈牙利 | 南非 | 韩国 |
| 企业所得税 | 针对企业研发投入激励措施 | 税基式优惠 | 加计扣除 | √ | √ | √ | √ | √ | √ | √ |
| | | | 加速折旧 | √ | √ | √ | √ | √ | √ | √ |

# 第五章 中国与代表性国家激励企业研发创新的税收优惠政策体系

(续表)

| 直接与研发企业相关的税收优惠政策 | | | | 国家 | | | | | | |
|---|---|---|---|---|---|---|---|---|---|---|
| | | | | 中国 | 美国 | 荷兰 | 巴西 | 印度 | 匈牙利 | 南非 | 韩国 |
| 企业所得税 | 针对企业研发投入激励措施 | 税基式优惠 | 亏损结转 | √ | √ | √ | √ | √ | √ | √ | √ |
| | | | 特殊扣除 | | | | | | | | √ |
| | | 税率式优惠 | 低税率 | √ | | | | | | | |
| | | 税额式优惠 | 税收抵免 | | √ | | | | √ | | √ |
| | | | 税额直接减免 | √ | | | | | √ | | |
| | 针对企业研发产出激励措施 | 典型知识产权盒制度 | 税基式优惠 | 收入减免 | √ | | √ | | √ | | | |
| | | | 税率式优惠 | 低税率 | | | | | √ | | |
| | | | 税额式优惠 | 递延纳税 | √ | | | | | | |
| | | 类知识产权盒制度 | 税基式优惠 | 收入减免 | | | √ | | | | |
| | | | 税率式优惠 | | | | | | | | |
| | | | 税额式优惠 | | | | | | | | |
| 个人所得税 | | 税基式优惠 | 特别扣减 | | | √ | | | | | |
| | | 税率式优惠 | | | | | | | | | |
| | | 税额式优惠 | 税收抵免 | | √ | √ | | | | | |
| | | | 税额直接减免 | | | | | | | √ | √ |
| | | | 分期纳税 | √ | | | | | | | |
| 流转税 | | 税基式优惠 | 特殊扣除 | | | | | | √ | | |
| | | 税率式优惠 | 低税率 | | | | | | | | √ |
| | | 税额式优惠 | 税额直接减免 | √ | | | √ | | | | √ |
| 财产税 | | 税基式优惠 | | | | | | | | | |
| | | 税率式优惠 | | | | | | | | | |
| | | 税额式优惠 | 税额直接减免 | | | | | | | | √ |

93

从表5.1可以直观地看出：第一，整体而言，中国直接激励研发企业的税收优惠形式丰富多样。第二，就税种的重要性而言，与代表性国家类似，中国直接激励研发企业的税收优惠政策也集中于企业所得税领域。在个人所得税、流转税、财产税方面的激励措施，从数量上看寥寥可数，从形式上看单一匮乏。第三，在企业所得税优惠方面，中国针对企业的研发投入和研发产出分别采取了形式多样的激励措施。在针对企业研发投入的优惠政策中，中国与代表性国家的差异主要体现在税率式优惠，只有中国针对符合条件的研发企业实施了低税率的优惠措施。

本书接下来将分别从企业所得税、个人所得税、流转税、财产税等方面细致地分析各国实施的直接与研发企业相关的各类税收优惠方式及其特点。

(一) 企业所得税方面的税收优惠政策

1. 各国针对研发投入的税收激励政策[①]

直接与企业研发投入相关的税收激励措施被广泛地采用，然而，不同的国家在运用税基式优惠、税率式优惠和税额式优惠时各有侧重。

(1) 税基式优惠

① 加计扣除政策。

研发费用加计扣除政策是激励企业增加研发投入最直接、最常见的优惠措施，在不少国家均有施行。表5.2呈现了中国和7个代表性国家研发费用加计扣除政策的相关规定，从中可以直观地看出：第一，中国规定的扣除比例较高，仅次于匈牙利的扣除水平；第二，中国未使用完的扣除结转规定明显地向科技型企业

---

[①] 各个代表性国家的相关税收政策主要来源于国际财税文献局(https://online.ibfd.org)。

倾斜，但整体略显保守。同其他国家相比，中国允许亏损后转 5 年或是 10 年的规定不算激进。

表 5.2 研究涉及各国的研发费用加计扣除政策

| 国　家 | 扣除比例 | 未使用完扣除的结转 | 限　制 |
|---|---|---|---|
| 中　国 | 175%/200% | 向后结转 5 年/高新技术和科技型中小企业向后结转 10 年 | 与研发活动直接相关的其他费用不超过 10% |
| 美　国 | 100% | 向前结转 2 年、向后结转 20 年 | — |
| 荷　兰 | 160% | 向前结转 1 年、向后结转 9 年 | — |
| 巴　西 | 160%—200% | 无限期向后结转 | — |
| 印　度 | 100% 或 150% | 向后结转 8 年 | — |
| 匈牙利 | 200% 或 400% | 向后结转 5 年 | 1. 合作研发时每年扣除限额为 5 000 万福林；<br>2. 扣除金额不得超过当年税基的 50% |
| 南　非 | 150% | 无限期向后结转 | 若当期未发生任何交易，则不可结转 |
| 韩　国 | — | — | — |

A. 中国的加计扣除政策。

在中国，企业为开发新技术、新产品、新工艺发生的研究开发费用，未形成无形资产计入当期损益的，在按照规定据实扣除的基础上，根据研究开发费用的 75% 加计扣除；形成无形资产的，按照无形资产成本的 175% 摊销。特别地，自 2021 年 1 月 1 日起，制造业企业的研发费用在据实扣除的基础上，再按照实际发生额的 100% 在税前加计扣除；形成无形资产的，按照无形资产成本的 200% 在税前摊销。

符合条件的研发活动，是指企业为获得科学与技术新知识，创造性运用科学技术新知识，或实质性改进技术、产品（服务）、工艺而持续进行的具有明确目标的系统性活动。以下 7 类活动不可享受加计扣除优惠：第一，企业产品（服务）的常规性升级；第二，对某项科研成果的直接应用，如直接采用公开的新工艺、材料、装置、产品、服务或知识等；第三，企业在商品化后为顾客提供的技术支持活动；第四，对现存产品、服务、技术、材料或工艺流程进行的重复或简单改变；第五，市场调查研究、效率调查或管理研究；第六，不适用加计扣除的活动，作为工业（服务）流程环节或常规的质量控制、测试分析、维修维护；第七，社会科学、艺术或人文学科方面的研究。

符合条件的研发费用包括以下 6 项：第一，直接从事研发活动人员的人工费用；第二，研发活动发生的直接投入费用；第三，用于研发活动的仪器设备的折旧费用；第四，用于研发活动的软件、专利权等无形资产的摊销费用；第五，新产品设计费、新工艺规程制定费、新药研制的临床试验费、勘探开发技术的现场试验费；第六，与研发活动直接相关的其他费用，此类费用的总额不得超过可加计扣除研发费用总额的 10%。

上述规定适用于自主研发和合作研发。当企业将研发功能外包，也就是出现委托研发的情形时，中国区分委托境内研发和委托境外研发两种情况进行了详尽的规定。

第一种情况是委托境内研发。企业委托外部机构或个人开展研发活动发生的费用，可按规定进行税前扣除；加计扣除时，按照所付费用的 80% 作为加计扣除基数。委托个人研发的，应凭个人出具的发票等合法有效凭证在税前加计扣除；委托关联方开展研发活动的，受托方需向委托方提供研发过程中实际发生的研发项目费用支出明细情况。委托境内进行研发活动，应签订技术开发合同，并由受托方到科技行政主管部门进行登记。

第二种情况是委托境外研发。委托境外进行研发活动不包括委托境外个人进行的研发活动。委托境外进行研发活动所发生的费用，按照费用实际发生额的80%计入委托方的委托境外研发费用。委托境外研发费用不超过境内符合条件的研发费用三分之二的部分，可以按规定在企业所得税前加计扣除。上述费用实际发生额应按照独立交易原则确定。委托方与受托方存在关联关系的，受托方应向委托方提供研发项目费用支出明细情况。委托境外进行研发活动，应签订技术开发合同，并由委托方到科技行政主管部门进行登记。

B. 美国的加计扣除政策。

美国允许在计算联邦政府企业所得税和州政府企业所得税时扣除100%的符合条件的研发费用。因此，美国的政策并非加计扣除。

符合条件的研究包括旨在开发新的以及改进原有业务构成要件的研究。其中，业务构成要件被定义为产品、流程、电脑软件、技术、配方和发明，无论该要件最终由纳税人出售、出租或用于纳税人的贸易或业务。研发必须要与业务构成要件的功能、性能、可靠性或质量相关，并以工程、生物、化学、物理或计算机科学为基础。

符合条件的研发费用被定义为研发过程中发生的直接费用以及归属于研发的间接费用，但是与购买可折旧资产相关的成本被排除在外。若企业由于亏损而无须缴纳企业所得税，则未使用完的扣除可以向前结转2年、向后结转20年。

C. 荷兰的加计扣除政策。

荷兰允许从事研发活动的企业在计算企业所得税时按照

160%的比例扣除符合条件的研发费用。

荷兰对于符合条件的研发活动作出了非常详细的规定,具体包括:第一,在欧盟国家内系统且有组织地从事产品、流程、电脑软件或上述组成部分的开发,而且这种开发对于纳税人而言必须包含全新的技术解决方案、技术风险以及不确定性;第二,在欧盟国家内系统且有组织地开展技术科学研究,而且这种研究旨在产生新的技术知识;第三,在欧盟国家内系统且有组织地从事研发活动的技术可行性研究(不包括相关的经济可行性研究和财务可行性研究);第四,在欧盟国家内系统且有组织地开展旨在改进生产流程和在用软件的技术性研究。

符合条件的研发费用被定义为研发过程中发生的直接费用以及归属于研发的间接费用,但是研发活动中所用资产的折旧和财务费用、外包及合作研发过程中发生的成本费用、人力成本均被排除在外。若企业由于亏损而无须缴纳企业所得税,则未使用完的扣除可以向前结转1年、向后结转9年,且没有扣除上限的规定。

D. 巴西的加计扣除政策。

在巴西,符合条件的研发费用可以享受160%的基准扣除率。如果在某一年份,企业专职研究人员的数量增加至5%,则扣除比例可以提高至170%;如果专职研究人员数量的增长超过5%,那么扣除比例可以提高至符合条件的研发费用的180%。专职研究人员的增加也可以通过公司内部岗位的调整来实现,不必完全通过招聘新员工加以实现。企业开发专利或培育植物新品种所发生的符合条件的研发支出,在专利或植物新品种注册时可以享受200%的扣除。只有在巴西境内发生的研发支出才有资格享受上述扣除政策;未使用完的扣除可以无限期地向后结转。

符合条件的研发活动包括企业开展的基础研究、应用研究、试验发展以及技术支持服务。

符合条件的研发费用包含从事研发项目的员工工资支出、归属于研发项目的耗材支出、支付给境内第三方（国立大学、科研机构、独立发明人以及中小企业）的研发服务费用。需要注意的是，企业支付给境内第三方的研发服务费用被设置了明确的限制：第一，企业须与国立大学、科研机构或独立发明人签订正式合同，且承担风险管理和项目经费控制的责任；第二，仅企业支付给中小企业的研发服务费用可以享受扣除政策，该中小企业因研发项目获得的分红或类似性质的款项不是符合条件的支出；第三，在完全未参与第三方提供的研发服务的情况下，企业可以将第三方发生的诸如实验室试验以及检测等技术支持费用作为符合条件的研发支出，而第三方发生的包括安保、清洁、维修、图书馆和文档服务、研究项目协调、行政、财务监督方面的费用，即使与外包的研发项目相关，也被排除在扣除范围之外。

E. 印度的加计扣除政策。

在印度，经特定机构批准的企业内部研发中心发生的符合条件的研发支出可以享受150%的扣除优惠[①]。

符合条件的研发支出包括进行临床药物试验的支出、专利申请费用以及获得监管部门批准的费用。

截至2021年3月31日，向国家实验室、经批准成立的科研机构、大学和印度理工学院资助的捐款可以获得150%的扣除优惠。

将研发项目外包给经批准成立的、从事社会科学和统计研究

---

① 从2019/2020纳税年度开始，这一扣除比例降至100%。

的研究机构或者外包给印度企业时支付的费用,可以享受100%的扣除优惠。

若企业由于亏损而无须缴纳企业所得税,则未使用完的扣除可向后结转8年。

F. 匈牙利的加计扣除政策。

匈牙利允许在计算企业所得税时扣除200%的符合条件的研发费用;此外,对于纳税人与高校、匈牙利科学院、中央预算局下属的研究机构、国家(直接或间接)所有的以商业协会形式运作的研究机构的合作研发项目则允许扣除高达400%的研发费用,但以5 000万福林作为扣除上限。如果由于扣除政策导致纳税人的企业所得税税基变为负数,那么在未来5年内纳税人盈利时可以按照这一数字将其税基减少,这意味着若企业由于亏损而无须缴纳企业所得税,则未使用完的扣除可以向后结转5年。但是,扣减的金额最多不超过当年税基的一半。

符合条件的研发活动指的是运用纳税人自有资产和员工且由纳税人承担风险和收益的研发活动,因此,纳税人的员工使用纳税人的自有资产代表他人开展的研发活动以及根据研发协议开展的联合研发活动均被视为符合条件。

符合条件的研发费用包括与研发相关的工资薪金支出、耗材支出、土地的购置成本、厂房和机器设备的购置成本、相关资产的折旧和摊销成本、由第三方支付给研发人员的费用以及在境外发生的研发服务支出。需要特别注意的是,由居民纳税人、非居民纳税人的分支机构或者私人直接或间接提供的研发服务不是符合条件的研发费用。

G. 南非的加计扣除政策。

南非允许在计算企业所得税时扣除150%的符合条件的研发费用。此外,倘若A公司将研发项目外包给B公司(须为在南非注册的私人企业），A 公司就可以按照实际发生的研发费用的 150%申请加计扣除优惠。B 公司只有在 A 公司不予申请的时候方可申请加计扣除，以避免双重优惠。若企业由于亏损而无须缴纳企业所得税，则未使用完的扣除可以无限期地向后结转，直至使用完毕。

在南非从事生产经营的非免税的私人企业均可申请研发费用的扣除优惠，外国企业及其子公司须在南非进行税务注册，且仅当在南非境内从事符合条件的研发活动时方可申请该项扣除优惠；在南非境外从事的研发活动，即使由南非国内提供资金，也没有资格获得研发扣除优惠。

符合条件的研究除了包括基础研究、应用研究、试验发展之外，还包括对发明、设计、计算机程序或对其使用至关重要的知识进行的重大或者创新性改进，这种改进可以是功能、性能、可靠性或质量方面的改进。人文社会科学领域的研发活动被排除在优惠范围之外。

符合条件的研发费用包括直接从事研发活动的员工工资支出、归属于研发项目的耗材支出、为研发过程专门创建的样机或实验厂房的费用、支付给第三方（大学、科学委员会、私人企业以及非营利组织）的研发服务费用、由第三方支付给研发人员的费用。在下列活动中发生的支出不符合优惠条件：第一，市场调研、市场测试或促销过程中发生的支出；第二，日常行政管理以及融资过程中发生的支出；第三，正常的业务过程中进行的常规测试、分析、信息收集和质量控制费用；第四，开发内部业务流程的支出，除非这些流程主要用于销售或特许使用；第五，油气勘探以及矿产勘查过程中发生的支出；第六，金融工具或金融产品的开发费用；第七，创建商标或商誉发生的支出；第八，专利申请费。

从上述对各国研发费用加计扣除政策的分析可以发现，中国、美国、荷兰和匈牙利的优惠相对慷慨，而巴西、印度和南非的政策相对严苛。

第一，中国关于符合条件的研发活动和符合条件的研发费用的规定相对宽松。第二，中国175%的扣除比例（制造业企业自2021年起调至200%）仅次于匈牙利的扣除水平。第三，加计扣除优惠的适用范围非常广泛，不仅适用于自主研发和合作研发，还适用于委托境内机构或个人以及境外机构进行的研发活动。这一政策的实施有利于促进知识产权的利用以及相关的正外部效应。相比之下，大多数国家仅允许委托给境内机构的研发活动享受加计扣除优惠政策。第四，中国以激励企业开展实质性的研发活动作为政策目标。由于加计扣除优惠的适用范围非常广泛，为了防范可能出现的筹划风险，中国有关政策的设计强调独立交易原则，对于委托研发的费用扣除作出了诸多限制。

美国关于符合条件的研究和符合条件的研发费用的规定较为宽泛，且允许未使用完的扣除进行前后结转，给予了企业实质性的激励。荷兰的上述规定看似详细具体，实则门槛很低，除了涵盖范围广泛之外，对于研发新颖性的要求也较低。例如，符合条件的研究活动是在欧盟国家内系统且有组织地从事产品、流程、电脑软件或上述组成部分的开发，而且这种开发对于纳税人而言必须包含全新的技术解决方案、技术风险以及不确定性。这里的新颖性仅仅强调了对纳税人而言是新的技术方案，而非在行业内、国内或者世界范围内的新颖。匈牙利将合作研究也视为符合条件的研究，将第三方支付给研发人员的费用以及在境外发生的研发服务支出均作为符合条件的研发费用，整体口径非常宽松，加之极高的扣除比例，政策的受益范围和优惠力度较大。

反观其余的三个国家，巴西规定只有在境内发生的研发支出才有资格享受扣除优惠，且对于企业支付给境内第三方的研发服务费用设置了明确的限制，较多地考虑了企业避税或筹划的风险。印度的政策颇为类似，符合条件的研究和符合条件的研发费用的口径很紧，优惠范围非常有限。南非的情况有过之而无不及，不仅规定了仅在南非境内从事符合条件的研发活动方可申请扣除优惠，而且符合条件的研发费用的范围很小，就连与企业研发创新密切相关的专利申请费也被排斥在外。

② 加速折旧政策。

对企业研发中使用的固定资产或无形资产给予加速折旧或摊销的税收优惠，也是激励企业增加研发投入的常用方式之一。表 5.3 呈现了中国及 7 个代表性国家与资产加速折旧相关的激励措施，从中可以直观地发现：第一，中国给予了企业更多的选择，研发企业可以根据自己的实际情况选择固定资产加速折旧的方法。其他国家大多只允许使用相对简单的固定折旧年限法。在中国，如果企业购进并专门用于研发活动的仪器设备的单位价值超过 100 万元，按不低于企业所得税法规定折旧年限的 60% 缩短折旧年限，这本质上是固定年限折旧法。此外，企业还可自主地选择采取双倍余额递减法或年数总和法进行加速折旧，即采用增提折旧法来计提折旧。第二，中国区分企业购进设备的单位价值，给予了差别化的税收待遇。除了韩国的政策明显适用于中小企业之外，其他国家均未采取差别化的规定。在中国，单位金额不超过 100 万元的，可以一次性扣除；金额更大的，则采取加速折旧。这种措施有利于轻资产的研发企业。第三，中国、荷兰、巴西和印度加速折旧措施的优惠力度适中，匈牙利的规定最慷慨，美国和南非的政策相对保守。

表 5.3 研究涉及各国的加速折旧政策

| 国家 | 加速折旧方法 | 政策内容 |
|---|---|---|
| 中国 | 固定年限折旧法/增提折旧法 | 制造业、信息传输、软件和信息技术服务业企业在 2015 年 1 月 1 日后购进并专门用于研发活动的仪器设备,单位价值不超过 100 万元的,可一次性在计算应税所得时扣除;超过 100 万元的,按不低于企业所得税法规定折旧年限的 60%缩短折旧年限,或选择采取双倍余额递减法或年数总和法进行加速折旧 |
| 美国 | 固定折旧年限法 | 1. 企业购置的研发用设备,允许企业在购置后的 1—2 年内以较高的比例提取折旧,特殊设备可于购置当年一次性提取折旧;<br>2. 高技术企业研发用仪器设备的折旧年限缩短为 3 年 |
| 荷兰 | 固定折旧年限法 | 企业用于研发活动的知识产权等无形资产在取得当年可以 100%的比率摊销 |
| 巴西 | 固定折旧年限法 | 企业用于研发活动的机器设备、工具和无形资产在取得的当年可以 100%的比率折旧或摊销 |
| 印度 | 固定折旧年限法 | 企业用于研发活动的厂房、机器设备可享受 100%的折旧 |
| 匈牙利 | 自行选择 | 企业用于研发活动的有形固定资产,可根据资产在特定研发活动中的使用寿命自行选择加速折旧方法进行折旧 |
| 南非 | 固定折旧年限法 | 1. 企业从事符合条件的研发活动所需的建筑物、机器设备、厂房、用具、器具等可从资产开始投入使用当年起的 3 年内分别按照 50%、30%和 20%的比例进行折旧;<br>2. 企业专门用于研发的样机在使用当年即可享受 100%折旧 |
| 韩国 | 第一年计提固定百分比法 | 中小企业购置用于技术研发的试验设备,可在第一年按购置价的 50%(国产设备按照 70%)实行加速折旧 |

③ 亏损结转政策。

企业所得税的亏损结转政策可被视为对企业研发激励的进一步延伸。表 5.4 呈现了中国和代表性国家的亏损结转规定,从中可以直观地发现,中国实行的亏损结转规定明显地向科技型企业倾斜,但整体略显保守。首先,就结转方式来看,尚未采用更为合理的前后结转。其次,就结转年限来看,中国允许企业的亏损向后结转5年,与巴西和南非的无限期向后结转相比,略显短促。然而,中国将高新技术企业和科技型中小企业亏损结转年限延长至10年的规定充分表达出对科技型企业给予支持的诚意。

表5.4 研究涉及各国的企业亏损结转规定

| 国家 | 亏损结转 | 差别化待遇 | 限制 |
| --- | --- | --- | --- |
| 中国 | 向后结转5年 | 高新技术企业和科技型中小企业亏损结转年限延长至10年 | — |
| 美国 | 向前结转2年,向后结转20年 | — | — |
| 荷兰 | 向前结转1年,向后结转9年 | — | — |
| 巴西 | 无限期地向后结转 | — | — |
| 印度 | 向后结转8年 | — | — |
| 匈牙利 | 向后结转5年 | — | — |
| 南非 | 无限期地向后结转 | — | 若当期未发生任何交易,则不可结转 |
| 韩国 | 向后结转5年 | — | — |

④ 特殊扣除。

在研究涉及的各国中,只有韩国实行了特殊扣除的优惠政策。在韩国,处于种子期的企业出于研发和创新的需要,可以按照企业全部收入的3%—5%提取研发准备金,这部分准备金可以从企业所得税的税基中全部扣除。

（2）税率式优惠

税率式优惠是指降低符合条件的研发企业适用税率的优惠方式。在针对企业研发投入的税收激励政策之中，7个代表性国家目前均未实行任何税率式优惠，可能的原因在于：第一，研发初期的企业常常处于亏损状态，因而难以切实享受到这一税收激励措施带来的好处；第二，出于财政压力的考虑。不少实证研究均显示，税率式优惠对纳税人的激励力度很大，较之于税基式优惠的减负效应更为显著。对于政府而言，给予税率式优惠就意味着要承受较大的减收压力，在财政支出刚性甚至不断增长的情况下，政府对于直接降低税率的做法往往持有非常谨慎的态度。

相较之下，中国则分别针对高新技术企业和技术先进型服务企业施行了两项税率优惠政策。这两项政策的目的和意图具有明显的差别：针对高新技术企业的税率优惠措施旨在激励企业通过从事研发活动拥有更多的核心自主知识产权；而针对技术先进型服务企业的税收激励政策则更加关注企业从事的离岸服务外包业务，是对输出研发服务的鼓励和支持。

① 针对高新技术企业实行的税率优惠政策。

在中国，国家重点扶持的高新技术企业可以减按15%的税率缴纳企业所得税，比标准税率降低了10个百分点。

高新技术企业必须是在国家重点支持的高新技术领域内，持续进行研究开发与技术成果转化，形成企业核心自主知识产权，并以此为基础开展经营活动，在中国境内（不包括港、澳、台地区）注册的居民企业；且必须经过各省（自治区、直辖市、计划单列市）科技行政管理部门同本级财政、税务部门组成的高新技术企业认定管理机构的认定。

符合条件的高新技术企业需要满足下列标准：第一，在成立时间方面,申请认定时须注册成立1年以上;第二,在自主知识产权方面,企业通过自主研发、受让、受赠、并购等方式,获得对其主要产品(服务)在技术上发挥核心支持作用的知识产权的所有权;第三,在研发人员比例方面,从事研发活动的科技人员占比不低于10%;第四,在研发费用比例方面,最近1年销售收入小于5000万元的企业,近3个会计年度的研发费用总额占销售收入总额的比例不低于5%;第五,在高新技术产品占比方面,近1年此类产品(服务)的收入占同期总收入的比例不低于60%;第六,在安全生产方面,申请认定前1年内未发生重大安全、重大质量事故或严重环境违法行为。这些标准从多个角度较为全面清晰地勾画出高新技术企业的轮廓。

② 针对技术先进型服务企业实行的税率优惠政策。

中国对经认定的技术先进型服务企业,也减按15%的税率征收企业所得税。

技术先进型服务企业是指从事《技术先进型服务业务认定范围(试行)》中的一种或多种技术先进型服务业务(下称符合条件的服务),采用先进技术或具备较强研发能力的,在中国境内(不包括港、澳、台地区)注册的法人企业;其认定由省级科技部门会同本级商务、财政、税务和发展改革部门完成。其中,《技术先进型服务业务认定范围(试行)》包括信息技术外包服务、技术性业务流程外包服务和技术性知识流程外包服务。

符合条件的技术先进型服务企业需要满足下列标准:第一,在研发人员比例方面,具有大专以上学历的员工占企业职工总数的50%以上;第二,在技术先进型服务占比方面,从事符合条件的服务取得的收入占当年总收入的50%以上;第三,在离岸服务外包业务方面,从事此类业务取得的收入不低于当年总收入的35%。

(3) 税额式优惠

① 税收抵免政策。

税收抵免是激励企业增加研发投入最为重要的税额式优惠形式。表5.5呈现了各国给予研发企业的企业所得税抵免政策，从中能够直观地发现，中国、荷兰、巴西、印度和南非均暂未实施企业所得税的抵免政策。接下来，笔者将逐一梳理其余3个代表性国家给予研发企业的企业所得税抵免政策的细节及其差异。

**表5.5 研究涉及各国直接与研发相关的企业所得税的抵免政策**

| 国　家 | 总额抵免率 | 增量抵免率 | 未用抵免结转 | 中小企业特殊待遇 | 门槛 | 限　　制 |
|---|---|---|---|---|---|---|
| 中　国 | — | — | — | — | — | — |
| 美　国（联邦政府） | — | 20%（常规法）、14%或6%（简化法） | 前转1年，后转20年 | — | 超过基数 | 1. 净所得税不低于暂定最低税额或超过25 000美元后常规税额的25%两者中较高的那个；2. 常规法下，基数不低于纳税人当年符合条件的研发支出的50% |
| 荷　兰 | — | — | — | — | — | — |
| 巴　西 | — | — | — | — | — | — |
| 印　度 | — | — | — | — | — | — |
| 匈牙利 | 各省自行确定 | — | 后转14年 | 抵免率提高10个或20个百分点 | 研发支出大于1亿福林 | 最高抵免额不超过当期应纳税额的80% |
| 南　非 | — | — | — | — | — | — |

第五章 中国与代表性国家激励企业研发创新的税收优惠政策体系

(续表)

| 国家 | | 总额抵免率 | 增量抵免率 | 未用抵免结转 | 中小企业特殊待遇 | 门槛 | 限制 |
|---|---|---|---|---|---|---|---|
| 韩国 | 研发支出抵免 | 1%—3%、8%、20% | 30% | 后转5年 | 总额抵免率为25%或30%、增量抵免率高达50% | — | — |
| | 研发设施投资抵免 | 1%或3% | — | 后转5年 | 6% | | |

A. 美国的企业所得税抵免政策。

在美国，联邦政府给予的研发税收抵免可用于抵免企业所得税，并且采用增量法的抵免方式，即抵免额等于适用的抵免率乘以超过基数的符合条件的支出。这意味着纳税人为了申请研发税收抵免，必须根据计算出的基数确定其当期符合抵免条件的研发支出的增量。

根据现行法律，纳税人可以选择常规法或者简化法计算抵免额。运用常规法时，抵免率为20%，基数等于纳税人固定基准百分比与过去4年总收入均值的乘积，固定基准百分比是纳税人研发费用与1984—1988年期间总收入的比例。1984—1988年期间不存在的纳税人适用修改后的规则。需要注意的是，基数不得低于纳税人当年符合条件的研发支出的50%。相比之下，简化法可以作为计算研发税收抵免的更为简便的备选方法，纳税人直接将超过基数的符合条件的支出的14%作为抵免额，将过去3年符合条件的研发支出平均值的50%作为基数；若纳税人在过去3个纳税年度中没有发生任何符合条件的研发支出，则抵免率由14%降至6%。未使用完的抵免可以向前结转1年，向后结转20年。

符合条件的研究包括旨在开发新的以及改进原有业务构成要件的研究。其中，业务构成要件被定义为产品、流程、电脑软件、技术、配方和发明，无论该要件最终由纳税人出售、出租抑或用于纳税人的贸易或业务。研发必须要与业务构成要件的功能、性能、可靠性或质量相关，并以工程、生物、化学、物理或计算机科学为基础。需要注意的是，任何在美国境外从事的研究被排除在税收抵免的优惠范围之外。

符合条件的支出既包括企业自身从事研发的支出，也包含外包研发的支出。具体来讲，包括直接参与研发的员工的应税工资、直接用于研发且不可折旧的消耗品、将研发外包时支付给第三方的研发服务费用的65%、支付给具有资质的教育机构和科研机构的基础研究费用的75%、支付给某些高校或小企业或联邦实验室的所有研发费用。

需要特别注意的是，由于纳税人也可选择扣除研发费用，而非进行资本化，因此，纳税人必须根据其申请的抵免金额来减少研发支出的扣除金额；纳税人也可选择更小的抵免额，减少的程度相当于联邦法定最高企业所得税税率。例如，2021年联邦法定最高企业所得税税率为21%，因此，在常规法下抵免率由20%降至15.8%，在简化法下抵免率由14%降至11.06%。

美国联邦研发税收抵免自1981年引入之后一直作为临时性的激励措施，经过16次延长，直至2015年12月《保护美国人免于高税》(Protecting Americans from Tax Hikes)法案正式签署，该项税收优惠措施才得以永久确定。

自2016年1月1日起，美国将税收抵免的范围扩大至符合条件的小企业。此前，小企业由于替代性最低税（alternative minimum tax）的限制长期无法适用研发税收抵免优惠。于2015年12月颁布的《保护美国人免于高税》法案对美国联邦研发税收抵免制度进行了修改，允许营业额低于5 000万美元的小企业利用研发税收抵免政策抵消替代性最低税。

B. 匈牙利的企业所得税抵免政策。

在匈牙利，企业可利用研发税收抵免优惠抵消企业所得税。当企业的研发投资超过1亿福林时，可以申请为期10年的税收抵免优惠，最高抵免额不得超过当期应纳企业所得税额的80%，可见匈牙利采用的也是总额税收抵免法。抵免额等于适用的抵免率乘以当期符合条件的研发支出。抵免率由各省自行决定。

符合条件的研发支出包括与研发相关的耗材支出、土地的购置成本、厂房以及机器设备的购置成本，而且该资产必须在投资所在地使用。具体而言，第一，在发生收购的情况下，有形资产的购买成本也被视为符合条件的支出；第二，就大型企业符合条件的研发支出而言，诸如专利、软件、许可证或技术诀窍等无形资产的支出最高只能达到有形资产支出总额的50%；第三，运输部门购买动产的支出不是符合条件的研发支出；第四，除中小企业和收购外，企业购置的（除土地外的）资产应当是新的；第五，如果企业采用融资租赁的形式进行租赁且租赁合同中明确规定了在租赁期限届满时必须购买有关资产，可将购置有形资产或无形资产的相关成本作为租赁支出；第六，中小型企业与研发相关的前期可行性研究费用和咨询费用均被视为符合条件的研发支出；第七，如果某些研发投资有助于创造就业岗位，由于创造就业意味着企业员工人数的净增长，那么符合条件的支出还包括所创造的就业岗位2年的工资支出，企业可从研发投资开始当年至投资完成后第3年这一期间内任选2年。

只有通过企业自己的账户对基础研究、应用研究和试验发展进行的投资,才被视为符合优惠条件的研发活动。企业需要提前向财政部申请方可享受抵免优惠。未使用的抵免允许向后结转14年。

对于中小企业来说,税收抵免率提高10个或20个百分点,由各省自行确定。

C. 韩国的企业所得税抵免政策。

在韩国,与企业研发有关的抵免政策包括研发支出的税收抵免和研发相关设施投资的税收抵免。这两种税收抵免均可用于抵免企业所得税。

第一,研发支出的税收抵免。

研发支出的税收抵免采用总额法和增量法相结合的抵免方式。企业可以享受的研发税收抵免额等于总额抵免法和增量抵免法算得的两个抵免金额中较大的那个。

总额抵免法下的抵免额等于适用的抵免率乘以当期符合条件的研发支出。抵免率因企业规模大小不同存在明显差异。具体而言,大企业通常适用的总额抵免率为1%—3%之间的一个数字,需要通过公式(5-1)计算得出:

$$总额抵免率 = 1 + 0.5 \times (当期研发支出 / 当期总收入) \times 100\% \tag{5-1}$$

销售额低于5 000亿韩元但具有较高潜力的企业,可以适用8%的总额抵免率,属于成长行业和基础技术计划范围的大型企业适用的总额抵免率高达20%。中小企业通常适用25%的总额抵免率,但属于成长行业和基础技术计划范围的中小企业适用30%的总额抵免率。

增量抵免法下的抵免额等于适用的抵免率乘以超过基数的符合条件的支出。根据最新规定,通常以企业过去4年的平均研发支出作为基数。抵免率也因企业规模大小不同存在明显差异。具体来看,大企业适用的增量抵免率为30%,而中小企业这一数字高达50%。

符合条件的研发活动包括由企业自主开展或与大学、学院、研究机构合作开展的旨在开发技术、设计商标、培训人力资源以及控制质量的研究。

符合条件的研发支出包括与研发相关的工资薪金支出、耗材支出、支付给境内及境外第三方的研发服务费用。

未使用完的抵免可以向后结转5年。

第二,研发相关设施投资的税收抵免。

研发相关设施投资的税收抵免适用于企业为研发及职业培训进行的包括机器和建筑物等设施在内的投资,采用的是总额抵免法。在研发设施建成当年,企业可以享受的抵免额等于适用的抵免率乘以符合条件的研发设施的投资成本。

符合条件的研发设施包括:其一,用于符合条件的研究和实验的设施;其二,符合条件的职业培训设施;其三,将符合条件的新技术予以商业化的设施。至于抵免率,具体而言,大企业适用1%的抵免率,销售额低于5 000亿韩元但具有较高潜力的企业可以适用3%的抵免率。中小企业适用6%的抵免率。未使用完的抵免可以向后结转5年。不过,该项抵免政策属于暂时性优惠,在2018年12月31日之前有效。

从上述对各国企业所得税抵免政策的分析可以发现,匈牙利的政策看似简单宽松,实则优惠力度有限;韩国的措施形式多样、优惠力度较大,但整体设计过于复杂;美国的有关规定相对细致严格,政策的目的在于最大限度地激励企业在国内开展实质性的研发活动。

匈牙利关于符合条件的研发和符合条件的研发支出的口径较

为宽泛，且采用了一目了然的总额抵免法，标准抵免率和中小企业的特殊抵免率均由各省自行决定，看似宽松。但是，研发支出大于1亿福林的门槛不利于小企业享受抵免优待，此外，匈牙利还设置了抵免上限，要求最高抵免额不超过当期应纳税额的80%，所以优惠力度有限。

韩国的企业所得税抵免政策分为研发支出的税收抵免和研发相关设施投资的税收抵免，形式更为多样。能够同时享受两项抵免优惠的企业受益颇丰。然而，研发支出的税收抵免政策的设计过于繁复。从抵免方法来看，两种方法同时运用的难度较大，增量法的运用本已复杂，却还要与总额法算得的结果进行对比才能确定最后的抵免金额。从抵免率来看，种类繁多的抵免率大大增加了征纳双方的成本，大企业的抵免率需要通过公式计算，中小企业适用较高的优待抵免率，属于成长行业和基础技术计划范围的企业又实行特殊抵免率。

美国关于符合条件的研发和符合条件的研发支出的规定非常详细，将境外研发活动排除在优惠范围之外；抵免方法采用的是旨在有效激发新研发活动的增量抵免法，且对增量法中的计算基数与企业应当承担的净所得税作出了限制性规定。相比之下，这些规定较为严格，激励企业在本土开展实质性研发活动的政策目标非常明确。

② 税额直接减免政策。

目前，中国直接与研发企业相关的企业所得税税额减免优惠具有非常鲜明的行业导向，只针对符合条件的软件企业、集成电路企业和动漫企业实施此类税收优待。其中一些措施的优惠力度很大。例如，2018年1月1日后，投资新设的集成电路线宽小于65纳米或投资额超过150亿元，且经营期在15年以上的集成电路生产企业或项目，第1年至第5年免征企业所得税，第6年至第10年减半征收企业所得税,并享受至期满为止。

在代表性国家中,只有印度实行了企业所得税税额直接减免的政策,且行业优惠和地区优惠相互结合,受惠对象包括初创企业、设立于经济特区且出口研发服务的企业、在东北部地区从事生物技术或信息技术硬件业务的企业。印度的具体政策主要包括以下三项:

A. 针对初创企业实行的税额直接减免政策。

在印度,符合条件的初创企业自公司成立当年起,在连续7个纳税年度中的任何3年均可申请享受免予缴纳企业所得税的税收优待。符合条件的初创企业,其年营业额不得超过2.5亿卢比,而且所从事研发活动的创新性必须得到专门委员会的认证。

B. 针对设立于经济特区且出口研发服务的企业实行税额直接减免政策。

设立于经济特区且通过研发协议向境外委托人提供研发服务的企业,可就与出口研发服务有关的利润享受为期15年的阶段性税收优惠。自出口研发服务当年起的5年内,企业与出口研发服务有关的利润免缴企业所得税。自出口研发服务当年起的第6年至第10年,上述企业与出口研发服务相关的利润可享受减半征收企业所得税的优惠。自出口研发服务当年起的第11年至第15年,如果上述企业将利润转移至经济特区再投资储备账户且3年内用于购置厂房或机器设备,与出口研发服务相关的利润就可以继续享受减半征收企业所得税的优惠。

需要注意的是,享受该项税收优惠的企业不能是通过分拆或重组现有业务而形成的企业,也不能是通过转让以前拥有的厂房、机器和设备而形成的企业。

C. 针对在东北部地区从事生物技术或信息技术硬件业务企

业的税额直接减免政策。

从事生物技术或信息技术硬件业务的企业,若在印度东北部各地设立制造工厂,自工厂获得利润当年起可以享受连续10年免缴企业所得税的优惠。需要注意的是,该项优惠仅限于企业在印度东北部各地设立的制造工厂所获得的利润。

2. 针对企业研发产出的激励措施

截至2020年,巴西和南非均未实施任何与研发产出相关的税收激励措施。中国、荷兰、匈牙利、韩国和印度实行的是典型的知识产权盒制度。美国虽然尚未实施典型的知识产权盒制度,但2017年通过的《减税和就业法案》对于全球无形资产低税收入(Global Intangible Low-Taxed Income,以下简称GILTI)和源于境外无形资产收入(Foreign-Derived Intangible Income,以下简称FDII)的税收优待很大程度上改变了知识产权的相关税制,因而被视为"类知识产权盒"制度。

(1) 典型的知识产权盒制度

在代表性国家中,荷兰、匈牙利、韩国和印度实行的是典型的知识产权盒制度。匈牙利早在2003年就开始实行知识产权盒制度,荷兰于4年之后引入这一制度。韩国在2014年颁布了相关法规。印度相对较晚,于2017年4月正式实施了专门针对专利收入的税收优惠措施。根据OECD的审查结果,匈牙利于2016年对此前实施的知识产权盒制度进行了重大调整,荷兰于2017年进行了微调。

中国的知识产权盒制度包括两项具体优惠:第一项,企业的技术转让所得允许减免企业所得税,该项措施属于税基式优惠;第二项,企业以技术成果投资入股递延缴纳企业所得税,此项措施属于税额式优惠。

接下来,本书将详细阐释上述各国能够享受知识产权盒优惠措施的知识产权以及符合条件的收入类型。

① 符合条件的知识产权。

A. 按照知识产权的具体类型划分。

表 5.6 详细地呈现了中国及代表性国家能够享受知识产权盒制度优惠的、符合条件的知识产权类型。从中可以直观地看出,相比之下,中国的优惠范围较大。中国不仅将专利、实用新型、软件等传统的专利技术类无形资产纳入税收优惠范围,还将用以保护植物和基因遗传物质的知识产权资产、指定的罕见疾病用药物等广义的专利产品包括在内。

表 5.6 研究涉及各国关于符合优惠条件的知识产权和收入类型的规定

| 各国的知识产权盒规定 | 中国 | 匈牙利 | 荷兰 | | 韩国 | 印度 |
| --- | --- | --- | --- | --- | --- | --- |
| | | | 小规模纳税人 | 大规模纳税人 | | |
| 符合条件的知识产权 | | | | | | |
| 1. 按照知识产权的具体类型划分 | | | | | | |
| (1) 专利 | √ | √ | √[1] | √[1] | √[3] | √[8] |
| (2) 实用新型 | | √ | √[1] | | √ | |
| (3) 用以保护植物和基因遗传物质的知识产权资产 | | √ | √[1] | √[1] | | |
| (4) 指定的罕见疾病用药物 | | √ | √[1] | √[1] | | |
| (5) 补充保护证书 | | | √[1] | √[1] | | |
| (6) 软件 | √ | √ | √[1] | √[1] | | |
| (7) 技术秘密 | | | | | √ | |

(续表)

| 各国的知识产权盒规定 | 中国 | 匈牙利 | 荷兰 小规模纳税人 | 荷兰 大规模纳税人 | 韩国 | 印度 |
|---|---|---|---|---|---|---|
| (8) 工艺 | | | | | √ | |
| (9) 其他并非显而易见、实用、新颖的未获知识产权保护的无形资产 | | | √[1] | | | |
| 2. 按照获得知识产权的方式划分 | | | | | | |
| (1) 自主研发的知识产权 | √ | √ | √[1] | √[1] | √ | √ |
| (2) 外购的知识产权 | √ | √ | √[2] | √[2] | | |
| (3) 预先存在的知识产权 | √ | √ | √ | √ | √ | |
| 符合条件的收入 | | | | | | |
| (1) 特许权使用费 | | √ | √ | √[4] | √ | |
| (2) 处置知识产权的资本利得 | √[5] | √ | √ | √[6] | | |
| (3) 产品售价中包含的知识产权收入 | | | √ | √[7] | | |
| (4) 名义特许权使用费 | | | √ | | | |

注：1. 需要获得研发证书。
2. 需要获得研发证书且已作出实质性的改进。
3. 必须是在境内自主研发的专利。
4. 仅中小企业向他人（不包括关联方）提供符合条件的知识产权（不包括工艺）时获得的特许权使用费可以享受税收优惠。
5. 从直接或间接持有股之和达到100%的关联方取得的转让所得排除在外。
6. 仅中小企业将自身拥有的、符合条件的知识产权转让给国内公司或居民（不包括关联方）时获得的资本利得可以享受税收优惠。
7. 仅限于自主研发的知识产权。
8. 必须是在印度研发和注册的专利。

匈牙利将专利、实用新型、用以保护植物和基因遗传物质的知识产权资产、指定的罕见疾病用药物以及软件均纳入税收优惠范围，但其他并非显而易见的、实用的、新颖的知识产权资产未能享受同样的优待。值得一提的是，在BEPS项目第五项行动最终报告对符合条件的知识产权进行规制之前，匈牙利甚至将商标等营销性无形资产也作为符合条件的对象。

在荷兰，对于小规模纳税人和大规模纳税人而言，符合条件的知识产权是有差异的。小规模纳税人是指近5年来全球范围内的净营业额低于2.5亿欧元且来源于符合条件的知识产权的利润低于3 750万欧元的企业。超过上述标准的，属于大规模纳税人。小规模纳税人研发的（属于交易性无形资产的）产品只要取得了荷兰企业局颁发的研发证书，即被视为符合条件的知识产权，可享受知识产权盒制度的相关优惠①。相比之下，大规模企业符合条件的知识产权范围有所缩小，其研发的"其他并非显而易见的、实用的、新颖的知识产权资产"无法享受知识产权盒制度的相关优惠。由此可见，荷兰对于小规模纳税人的激励力度更大。

韩国将境内自主研发的专利、实用新型、技术秘密和工艺作为符合条件的知识产权。与BEPS项目第五项行动最终报告的相关规定相比，韩国用以保护植物和基因遗传物质的知识产权资产、罕见疾病用药物、补充保护证书等广义的专利产品和服务，甚至软件都未纳入税收优惠范围，激励对象主要集中于传统的专利技术类无形资产。特别值得一提的是，韩国不允许境外研发的专利享受任何税收优惠。匈牙利和荷兰遵循BEPS项目的建议，认为外包给（无论境内还是境外）非关联方的研发活动也属于适格的研发活动。

---

① 在荷兰，如果经济事务部下设的企业局认为企业的研发活动符合其创新标准，且企业聘用了相关人员从事这些活动，会向企业颁发研发证书。税务部门就省去了评估企业活动创新性的成本。

相比之下,印度知识产权盒制度的优惠范围极小。印度仅将境内研发和注册的专利视为符合条件的知识产权。与韩国相同,印度也不允许境外研发的专利享受任何税收优惠。

B. 按照获得知识产权的方式划分。

如表 5.6 所示,自主研发的知识产权在中国、荷兰、匈牙利、韩国和印度均为符合条件的知识产权。

对于外购知识产权,韩国和印度均不允许其享受任何知识产权盒制度的优惠。荷兰要求企业必须对其作出实质性的改进,且只有通过改进而增加的那部分价值才可享受税收优惠,而知识产权的外购成本不包括在受益范围之内。在中国和匈牙利,不论知识产权以何种方式获得均可享受同等的优惠待遇,只是可以享受优惠的金额要受到 BEPS 第五项行动计划中关联度比例的限制。

对于预先存在的知识产权(在知识产权盒制度实施之前创制的知识产权),只有印度不允许其享受知识产权盒制度的优惠。与此相反,中国和韩国允许预先存在的知识产权享有知识产权盒制度的税收优待,而匈牙利和荷兰则作出了一些限制。在匈牙利,2016 年 6 月 30 日之前开发的知识产权,在 2016 年 7 月 1 日至 2021 年 6 月 30 日这段时间内能够享受知识产权盒制度的相关优惠,此后不再享受税收优待。荷兰则允许 2007 年之后研发或重新研发的知识产权、2008 年之后获得研发证书但未获知识产权保护的类似无形资产、2016 年 6 月 30 日之后研发的且符合关联法规定的知识产权享受知识产权盒制度的相关税收优惠。

② 符合条件的收入。

表 5.6 也显示了中国及代表性国家能够享受知识产权盒制度优惠的、符合条件的收入类型。

中国仅将转让知识产权的所得作为符合条件的收入,并强调从直接或间接持有股权之和达到 100% 的关联方取得的转让所得排除在外;对于企业其他来源的收入并未给予优待。与代表性国家的有关规定相比,中国还有完善的空间。

匈牙利将特许权使用费、处置知识产权的资本利得和产品售价中包含的知识产权收入作为符合条件的收入。值得注意的是,企业处置某些类型的知识产权的资本利得免于纳税。

在荷兰,除了特许权使用费、处置知识产权的资本利得和产品售价中包含的知识产权收入之外,知识产权在内部使用时获得的名义特许权使用费也被纳入优惠范围。因此,为了确定在相同的商业环境下无关联的第三方获得该项知识产权使用权需要支付的价格,必须根据独立交易原则和转让定价技术计算资产中包含的知识产权收入以及内部使用知识产权时获得的名义收入,对于税务当局的管理水平提出了较高的要求。

在韩国,关于符合条件的收入的规定非常严苛,税收优惠明显地向中小企业和自主研发知识产权倾斜。具体而言,关于特许权使用费的处理,只有中小企业向不包括关联方在内的他人提供符合条件的、不包括工艺在内的知识产权时获得的特许权使用费才可享受税收优惠;关于处置知识产权的资本利得的处理,仅当中小企业将自身拥有的、符合条件的知识产权转让给不包括关联方在内的国内公司或居民时获得的资本利得方可享受税收优惠;关于产品售价中包含的知识产权收入的处理,仅将产品售价中包含的企业自主研发的知识产权收入视为符合条件的收入。

相比之下,印度的规定非常简单,仅对企业来源于在印度研发和注册的专利的特许权使用费给予税收激励。

③ 费用和损失的处理。

表5.7呈现了荷兰、匈牙利、韩国现行知识产权盒制度对相关费用和损失的处理规定。中国和印度目前尚未公布与此相关的规定。

表 5.7　研究涉及的部分国家知识产权盒制度中对
相关费用和损失的规定

| 国　家 | 当期研发支出的扣除 | 历史研发支出的处理 | 知识产权损失的处理 |
|---|---|---|---|
| 荷　兰 | 净收入扣除法 | 追溯调整法 | 允许知识产权损失抵消其他收入但需追溯调整 |
| 匈牙利 | 净收入扣除法 | 不追溯调整 | 允许知识产权损失抵消其他收入但需追溯调整 |
| 韩　国 | 总收入扣除法 | 不追溯调整 | 允许知识产权损失抵消其他收入 |

A. 关于当期研发支出的扣除。

韩国对于当期研发支出采用的是总收入扣除法，这意味着当期的研发支出允许从非知识产权收入中扣除，且按照常规的企业所得税税率征税，也就是说，研发收入与研发支出不相匹配。当纳税人拥有大量非知识产权收入可予抵扣当期研发支出时，这一方法能够产生实质性的税收收益。

相反，匈牙利和荷兰运用的都是净收入扣除法，即当期的研发支出只能从相关的知识产权收入中扣除，并按照较低的知识产权盒税率征税，因此，研发收入和研发支出是对称的、匹配的。

B. 关于历史研发支出的处理。

匈牙利和韩国对于历史研发支出，即知识产权盒制度实施之前发生的用以开发符合条件的无形资产的支出，采用的是不追溯调整法。这意味着对于以前申请的、按照常规的（较高的）企业所得税税率扣减的研发支出扣除不予追溯。这实际上给予了研发支出非常慷慨的税务处理。

相较之下，荷兰运用的是更强调收支匹配的追溯调整法，即对于以前申请的研发支出扣除予以追溯的方法。荷兰仅对超过初始研发费用的（净）知识产权收入给予税收优惠，当知识产权收入少于初始研发费用时，仍按一般的企业所得税税率征税。

C. 关于知识产权损失的处理。

由于韩国运用总收入法处理企业当期的研发支出，知识产权损失是企业所得税应税总收入减去与知识产权收入相关的费用之差，因而允许知识产权损失用来抵消其他收入。

相比之下，匈牙利和荷兰运用净收入法扣除企业当期的研发支出，因此，知识产权损失是知识产权总收入与相关费用之差。匈牙利和荷兰均允许知识产权损失用来抵消其他收入，但当以后年份知识产权收入产生时，需要进行追溯调整，即知识产权损失需要抵消知识产权收入。

④ 具体优惠形式。

A. 税基式优惠。

大多数知识产权盒制度对于企业源自符合条件的知识产权的收入给予了极其慷慨的税基减免优惠。表5.8呈现了中国及代表性国家现行知识产权盒制度在税基方面的优惠措施。从中不难发现，就扣减比例而言，中国的优惠力度非常大。在中国，居民企业1个纳税年度内技术转让所得不超过500万元的部分，可从其企业所得税的税基中全部扣减；超过500万元的部分，给予50%的扣减优惠。相比之下，这一扣减比例非常慷慨。不仅如此，自2020年1月1日起，在中关村国家自主创新示范区特定区域内注册的居民企业，其符合条件的技术转让所得免征额由500万元提高至2 000万元，优惠力度大幅提升。此外，有关规定将转让所得清晰地表示为转让收入减去转让成本和相关税费后的差值，并且对这些概念作出了明确解释，防止这一政策被滥用。

表 5.8 研究涉及的部分国家知识产权盒制度中关于税基的规定

| 国家 | 知识产权盒税基 | 企业所得税的标准税率 |
| --- | --- | --- |
| 中国 | 技术转让所得不超过 500 万元的部分给予 100% 扣减,超过部分给予 50% 的扣减[1] | 25% |
| 荷兰 | 相当于知识产权收入 72% 的扣减 | 20%（0—20 万欧元）；25%（超过 20 万欧元的部分） |
| 匈牙利 | 相当于知识产权收入 50% 的扣减 | 9% |
| 韩国 | 相当于知识产权转让所得 50% 的扣减[2] | 10%（0—2 亿韩元）；20%（超过 2 亿韩元—200 亿韩元的部分）；22%（超过 200 亿韩元的部分） |
| 韩国 | 相当于特许权使用费收入 25% 的扣减[3] | 10%（0—2 亿韩元）；20%（超过 2 亿韩元—200 亿韩元的部分）；22%（超过 200 亿韩元的部分） |

注：1. 自 2020 年 1 月 1 日起，在中关村国家自主创新示范区特定区域内注册的居民企业，其符合条件的技术转让所得免征额由 500 万元提高至 2 000 万元。
2. 仅中小企业转让知识产权的所得可以享受这一优惠。
3. 中小企业在知识产权注册地出租专利或实用新型获得的收入可享受该项优惠。

在代表性国家中，匈牙利和荷兰均实施了较为慷慨的税基式优惠，而韩国的优惠力度相对较小且适用范围严苛。匈牙利对于研发企业源自符合条件的知识产权的收入给予 50% 的扣减，由于其企业所得税税率仅有 9%，导致该类收入适用的实际税率仅为 4.5%。相较之下，尽管荷兰对于符合条件的知识产权收入施以 72% 的慷慨扣减，但其较高的企业所得税税率致使实际适用税率略高。在韩国，只有中小企业转让知识产权的所得可以获得 50% 的扣减；此外，中小企业须在知识产权注册地出租专利或实用新型获得的收入方可享受 25% 的相对较低的扣减，在国内的其他地区出租其他类型的知识产权均无法享有同样的优待。可见，韩国的优惠力度不大且仅限于中小企业以及少数知识产权。

此外，在荷兰，除了享受典型的税基式优惠，不论企业规模大小，纳税人均可选择另外一种简易优惠方式，即将企业利润的25%（但不得超过 25 000 欧元）作为源自符合条件的知识产权的收益享受知识产权盒制度的税收优惠。这种简易优惠方式对于中小企业具有较大的吸引力。一方面，由于该种方法不需要企业界定不同类型的收入，也不需鉴别出能够归属于知识产权的那部分利润或名义所得，因此，管理成本较低；另一方面，25 000 欧元的上限对于中小企业而言是一个合适的阈值。实际中，中小企业源自符合条件的知识产权的收益很少突破这一上限。

B. 税率式优惠。

税率式优惠是指企业来源于符合条件的知识产权的所得并非适用企业所得税税率，而是直接适用较低的优惠税率。目前，只有印度实施了此项税收优惠政策。具体而言，印度对于企业来源于在印度境内研发和注册的专利的特许权使用费减按 10% 的优惠税率征税。这与 30% 的企业所得税税率相比，显著降低了 20 个百分点，优惠力度可谓很大。然而，与中国、匈牙利、荷兰和韩国的实际适用税率相比，10% 的税率并没有非常明显的优势。

C. 税额式优惠。

在知识产权盒制度中，税额式优惠多以递延纳税的形式出现。中国允许企业以技术成果投资入股递延缴纳企业所得税。具体来看，企业以技术成果投资入股到境内居民企业，被投资企业支付的对价全部为股票（权）的，企业可以选择适用递延纳税的优惠政策，即投资入股当期可暂不纳税，递延至转让股权时按股权转让收入减去技术成果原值和合理税费后的差额计算缴纳企业所得税。相比之下，已实施知识产权盒制度的代表性国家均未采取此类递延纳税优惠措施。

D. 优惠上限。

中国、荷兰和印度的知识产权盒制度未设立任何上限，企业可以据实享受税收优惠。匈牙利和韩国则设置了优惠上限。前者规定知识产权盒税基优惠的上限为不超过企业税前利润的 50%；后者则规定了企业每年需要缴纳的最低税额（minimum tax）。最低税额等于企业的应税所得乘以适用的最低税率。应税所得不超过 100 亿韩元的部分，适用 10% 的税率；超过 100 亿韩元但不超过 1 000 亿韩元的部分，适用 12% 的税率；超过 1 000 亿韩元的部分，则适用 17% 的税率。中小企业的最低税率是单一税率，仅为 7%。值得注意的是，如果企业在享受税收优惠后的税负小于最低税额，某些税收优惠将无法享有。这意味着，韩国知识产权盒制度的税收优惠额以最低税额为限。

通过对比分析不难发现，上述五国的知识产权盒制度各具特色：中国的政策旨在激励实质性研发活动且较为慷慨，匈牙利的早期制度非常激进，旨在吸引国际游资；荷兰注重对企业研发创新的全方位激励；韩国的激励目标集中于中小企业；印度的制度简单明了但有待完善。

具体而言，中国针对技术转让所得实施的优惠措施，其优惠范围较大且减免比例非常慷慨，关于转让所得的明确解释能够防止这一政策被滥用，激励实质性研发活动的政策意图清晰。

在 BEPS 项目第五项行动最终报告颁布之前，匈牙利的知识产权盒制度非常激进，其政策目标显然不在于激励研发和创新，经过 2016 年的重大调整后基本上符合 OECD 的相关要求。极低的企业所得税税率使匈牙利现行的知识产权盒制度较为慷慨。

相对而言，荷兰显然更注重对研发创新的全方位激励和促进。荷兰的知识产权盒制度关于符合条件的知识产权和符合条件的收入的规定非常宽松且设置了简易优惠方式，能够给予研发企业更多的税收优惠选择，对于小规模纳税人的激励力度更大，更强调知识产权收入和支出的匹配，对税务当局的管理水平要求较高。

在韩国，知识产权盒制度的优惠力度较小，且基本上只适用于中小企业，受益资产的范围集中于自主研发的、传统的专利技术类无形资产，还设置了优惠上限。

印度的知识产权盒制度简单易行，激励目标明确，但是关于相关费用和损失的处理规定尚待明确，而且相比之下制度的优惠力度不大，缺乏竞争力和吸引力。

（2）类知识产权盒制度

美国尽管尚未实施典型的知识产权盒制度，但 2017 年通过的《减税和就业法案》（*Tax Cuts and Jobs Act*）中对于全球无形资产低税收入和源于境外无形资产收入的税收优待很大程度上改变了知识产权的相关税制，被一些学者视为"类知识产权盒"制度。

①《减税和就业法案》实施之前的税制。

在《减税和就业法案》实施之前，美国知识产权相关税制最本质的问题在于为纳税人提供了将知识产权转移到低税国的税收激励。在以前的立法当中，纳税人通过成本分摊协议使得关联方根据其对知识产权研发成本的贡献来分配知识产权收入。利用这种安排，企业可以在美国境内从事研发活动，同时将相关收入的大部分分配给外国子公司，只要这些子公司分担了知识产权的研发成本。而外国公司的收入一般不在美国纳税，一直递延到外国公司通过派发股息的方式将利润遣返回国时才予纳税。

针对本国股东境外所得延迟纳税的问题，美国在《国内收入法典》(Internal Revenue Code)关于所得税部分的第1章第N分章第3节"美国境外来源所得"的第F分部规定了受控外国公司税制，专门用来规制本国股东利用在海外低税国设立受控外国公司囤积海外所得、延迟缴纳美国税收的避税行为，以保护本国税基不受侵蚀[1]。受控外国公司（controlled foreign company）是指美国企业或个人拥有50%以上股权的外国公司。根据美国《国内收入法典》F分部的规定，流动性相对较强的、因而往往在国外适用较低税率的消极收入，如外国个人控股公司收入（foreign personal holding company income）中的利息、股息、年金、外汇净收益、某些租金和特许权使用费等，属于F分部收入；且美国企业或个人须按照持股比例将分摊的受控外国公司的F分部收入作为自身的应税收入，无论这笔收入是否已经分配给股东。这项规定意味着受控外国公司的消极收入必须归并至美国母公司的当期税基当中，从而能够阻止企业通过这种安排实现节税的目的。

然而，打钩规则（Check-the-Box Rule）和受控外国公司透视规则（Controlled Foreign Company Look-Through Rule）对F分部的规定产生了重大的负面影响。打钩规则是指根据《国内收入法典》的规定，在许多情况下，纳税人可以自行选择按照法人公司、合伙企业、独资企业、分公司或透明实体（transparent entities）被予对待的税收规则。制定这一规则的主要目的是期望通过纳税人自行选择其税收待遇来消除美国国税局在经济实体分类和认定过程中的复杂性与不确定性。受控外国公司透视规则根据《2005年增税预防和调整法案》的意图将一家受控外国公司

---

[1] 崔晓静、何朔：《"美国微软公司避税案"评析及启示》，《法学》2015年第12期。

从另一家关联受控外国公司收到的股息、利息、租金和特许权使用费等消极收入排除在外国个人控股公司收入的定义之外,这部分收入因此就不是F分部收入了[①]。制定受控外国公司透视规则的初衷在于增加美国公司的竞争力。美国国会认为,这一规则允许美国公司将其外国收入投资到最需要的地方而不施以任何直接的、额外的美国税收,将激励美国公司在本土生产更多的产品,在海外开展更多的销售。

当打钩规则和受控外国公司透视规则结合使用时,由透明实体[②]支付的或者在两个透明实体之间支付的消极收入无须缴纳F分部预设的税收,从而大大减弱了F分部反延期纳税规则的效果。例如,美国的跨国公司可以在避税地设立一个受控外国子公司,指导其从一个较低层级的关联受控外国公司收取特许权使用费等消极收入,在缴纳美国联邦税款时将其低层级的关联受控外国公司选择为透明实体,从而使得低层级的关联受控外国公司向更高层级的受控外国子公司支付的特许权使用费等消极收入不被视为两个法律上独立实体之间的支付,因而不构成F分部收入[③],不需当期缴税。因此,相关的税款又被递延至受控外国公司通过股息分配的方式将利润遣返回国时才予缴纳。

由此可见,在实施《减税和就业法案》之前,美国的相关税制使得纳税人能够在境内从事研发活动的同时还能通过将相关收入归入低税国而获得节税的好处,因此可以被视为非典型的知识

---

[①] 关联受控外国公司是指控制另一家受控外国公司或被另外一家受控外国公司控制,或共同被同一人控制的受控外国公司。

[②] 透明实体是指,从税收角度出发,该实体的所有者或投资者承担该实体的纳税义务,而非该实体本身。透明实体常见形式包括有限合伙企业和有限责任合伙企业。

[③] 崔晓静、何朔:《"美国微软公司避税案"评析及启示》,《法学》2015年第12期。

产权盒制度。说它属于知识产权盒制度，是由于美国通过上述税制确实能够从境内开展的真实的研发活动中获益；说它非典型，是因为上述税制无法像典型的知识产权盒一样使得美国通过对知识产权在国内的利用给予税收优惠来获得溢出效应。

②《减税和就业法案》实施之后的新税制。

《减税和就业法案》的实施在很大程度上修正了以前在知识产权相关税制方面的漏洞。对于此前延迟纳税的境外所得，法案通过给予8%或15.5%的优惠税率增加了相关企业一次性遣返的收益。不仅如此，《减税和就业法案》还赋予全球无形资产低税收入以及源于境外的无形资产收入这两类无形资产收入以特别的税收扣除，旨在降低其实际适用税率，从而避免税源流失。

A. 关于全球无形资产低税收入的规定。

全球无形资产低税收入被定义为受控外国公司的预估收入（受控外国公司总收入扣减F分部收入后的金额）减去受控外国公司被认定的有形资产收入（实质上是受控外国公司合格商业资产投资的10%）的余额。其中，被认定的有形资产收入接近于正常的投资回报，因此，只有无形资产产生的超额回报应予征税。这意味着将所有的超额回报都归于无形资产。根据预估收入的含义，这些无形资产收入——只要不属于F分部收入——必然构成了全球无形资产低税收入的一部分。因此，企图通过打钩规则和受控外国公司透视规则来避免成为F分部收入的做法将无法再导致延迟纳税，而须当期纳税。《减税和就业法案》规定，企业的全球无形资产低税收入可以享受50%的扣减，因此导致实际适用税率降至正常税率的一半，即按照10.5%的税率在当期纳税。

全球无形资产低税收入的施行似乎弥补了此前相关税制的诸

多漏洞，被视为阻止企业将知识产权转移到国外的一大利器。然而，由于一方面 F 分部收入仍然需要按照正常税率缴税；另一方面全球无形资产低税收入可以享受税收优惠，因此，避免成为 F 分部收入的动机依旧存在。从这个角度看，相关税制仍然激励着企业在美国境内从事研发活动后将有关的知识产权转移至低税国，只不过企业获得的收益不再是延迟缴税，而是全球无形资产低税收入减按正常税率的一半纳税。因此，即使全球无形资产低税收入的施行被视为弥补漏洞之举，实际上仍是与知识产权相关的税收优惠制度，只是与此前的制度相比不那么慷慨罢了。

B. 关于源于境外的无形资产收入的规定。

《减税和就业法案》引入的第二个变化是对企业源于境外的无形资产收入给予 37.5% 的扣减，从而导致相关部分收入的实际适用税率仅为 13.1%。较之于全球无形资产低税收入 50% 的扣减来说，它的优惠力度相对较小。

源于境外的无形资产收入本质上反映了通过出口赚得的无形资产收入。可以通过公式（5-2）确定企业源于境外的无形资产收入：

$$\begin{aligned}&\text{源于境外的无形资产收入}\\&\text{（可享受税收优惠的收入）}\\&\text{（源自出口的收入）}\\&=\frac{\text{源于境外的符合条件的收入}}{\text{符合条件的收入总额}} \times \text{被认定的无形资产收入}\end{aligned}$$

（≈ 总收入 − F 分部收入 − GILTI）　　（≈ 总收入 − F 收入 − GILTI − 被认定有形资产收入）
（≈ 纳税人自身赚得的总收入）　　（≈ 纳税人自身赚得的无形资产总收入）

(5-2)

其中，被认定的无形资产收入其实是纳税人符合条件的收入减去其被认定的有形资产收入（合格的商业资产投资的10%）之后的余额。如果符合条件的收入近似地反映了纳税人自身赚取的总收入，被认定的无形资产收入则大致体现了纳税人自身赚得的无形资产收入。

符合条件的收入总额是指纳税人的总收入减去F分部的收入和全球无形资产低税收入之后的余额，从而近似地反映了纳税人自身（而非其受控外国公司）赚取的总收入。

源于境外的符合条件的收入来自供外国使用以及出售给外国的（有形和无形）商品，或者来自提供给外国的服务。简言之，涉及纳税人源自出口的收入。

源于境外的符合条件的收入与纳税人符合条件的收入总额之比反映了纳税人自身总收入中来自出口商品和服务的比重。这一比重也体现了纳税人源于境外的可以享受税收优惠的无形资产收入。

由此可见，对纳税人源于境外的无形资产收入给予税收优惠的政策意图十分明确：激励纳税人将无形资产的所有权以及由此产生的收益权留在美国境内。

总而言之，《减税和就业法案》对美国知识产权相关税制进行了较大的调整。全球无形资产低税收入的施行对于在美国境外持有知识产权的纳税人而言影响很大，尽管可以享受高达50%的扣减优惠，但必须当期缴税。另一方面，源于境外的无形资产收入政策的变化对在美国境内持有知识产权的纳税人来说无疑是一大激励。

3. 各国直接与研发企业相关的企业所得税优惠政策的总结

通过上述对中国和代表性国家直接与研发企业相关的企业所得税优惠政策的详细梳理和分析，可以将其总结为以下六种类型。

(1)政策目标在于激励各类企业开展实质性的研发活动,优惠力度很大

中国属于这种类型。就针对研发投入的税收激励措施来看,中国现行的研发费用加计扣除政策非常慷慨,以激励企业开展实质性的研发活动作为政策目标。尽管加速折旧措施的整体优惠力度适中,但有利于轻资产的研发企业。现行的亏损结转规定也明显地向科技型研发企业倾斜。中国针对高新技术企业和技术先进型服务企业施行的两项税率优惠措施,一方面意图激励企业通过从事研发活动拥有更多的核心自主知识产权,另一方面体现了对输出研发服务的鼓励和支持。

就针对研发产出的税收激励措施来看,中国针对技术转让所得实施的优惠措施,其优惠范围较大且减免比例非常大,关于转让所得的明确解释能够防止这一政策被滥用,激励实质性研发活动的政策意图清晰。此外,中国允许企业以技术成果投资入股递延缴纳企业所得税,有利于缓解企业的资金压力,对处于起步阶段、资金周转极其困难的种子期企业和初创期企业而言意义重大。

(2)政策目标在于激励各类企业开展实质性的研发活动,优惠力度适中

美国和荷兰属于这种类型。就针对研发投入的税收激励措施来看,这两个国家实行的研发费用扣除政策适用门槛很低,加速折旧政策也较为慷慨,均采用了更为合理的企业亏损前后结转的方式,美国的税收抵免政策采用了旨在有效激发新研发活动的增量抵免法计算抵免额,此外,还对增量法中的计算基数与企业应当承担的净所得税作出限制性规定。这些措施既能够真正激励实质性研发活动的开展,也在很大程度上规制了税基侵蚀和利润转移的风险。

就针对研发产出的税收激励措施来看，荷兰的知识产权盒制度注重对企业研发创新的全方位激励，关于符合条件的知识产权和符合条件的收入的规定非常宽松，且给予研发企业更多的税收优惠选择，更强调知识产权收入和支出的匹配。美国实行的《减税和就业法案》对于全球无形资产低税收入和源于境外的无形资产收入的税收优待很大程度上改变了知识产权的相关税制，被视为"类知识产权盒"制度。全球无形资产低税收入的施行对于在美国境外持有知识产权的纳税人而言影响很大，尽管必须当期缴税，但可以享受高达50%的扣减优惠。另一方面，源于境外的无形资产收入政策的变化会在很大程度上激励纳税人将无形资产的所有权以及由此产生的收益权留在美国境内。

(3) 政策目标集中于激励中小企业的研发活动，优惠力度适中

韩国是这种类型的代表。就针对研发投入的税收激励措施而言，在韩国，与研发设备相关的所有加速折旧优惠仅适用于中小企业，而且中小企业的税收抵免率远远高于标准抵免率。此外，韩国还允许处于种子期的企业按照全部收入的3%—5%提取研发准备金，这部分准备金可以从企业所得税的税基中全部扣除。

就针对研发产出的税收激励措施而言，韩国现行的知识产权盒制度明显地向中小企业和自主研发知识产权倾斜。具体而言，关于特许权使用费的处理，只有中小企业向不包括关联方在内的他人提供符合条件的、不包括工艺在内的知识产权时获得的特许权使用费，才可享受税收优惠；关于处置知识产权的资本利得的处理，仅当中小企业将自身拥有的、符合条件的知识产权转让给不包括关联方在内的国内公司或居民时获得的资本利得，方可享

受税收优惠。

(4) 政策目标不够清晰,制度设计多样,优惠力度很大

匈牙利是典型的代表。就针对研发投入的税收激励措施而言,匈牙利实行的研发费用加计扣除政策和加速折旧政策最为慷慨;在税收抵免政策方面,匈牙利关于符合条件的研发和符合条件的研发支出的口径较为宽泛,且采用一目了然的总额抵免法,标准抵免率和中小企业的特殊抵免率均由各省自行决定,非常宽松。但是,研发支出大于1亿福林的门槛不利于小企业享受抵免优待。整体来看,这些措施给予研发企业的优惠力度很大,但实际上并未对企业研发活动的真实性和实质性进行有效鉴别,因此难以判断其政策目的是激励研发创新还是吸引国际游资。

就针对研发产出的税收激励措施而言,匈牙利早期实行的知识产权盒制度非常激进、极为慷慨,被认定为旨在吸引国际游资,经过2016年的重大调整后基本上符合OECD的相关要求。极低的税率致使匈牙利现行知识产权盒制度的优惠力度很大。

(5) 政策目标在于激励本国企业开展实质性研发活动,制度设计多样,优惠力度较大

印度属于这种类型。就针对研发投入的税收激励措施而言,印度实行的研发费用加计扣除政策较为严苛,符合条件的研究和符合条件的研发费用的口径很窄,优惠范围有限;与研发相关的加速折旧政策慷慨。作为唯一一个给予研发企业税额直接减免优惠的国家,印度实施的数项企业所得税税额减免政策的优惠力度很大,主要有三项措施:第一,针对初创企业的税额减免政策;第二,针对设立于经济特区且出口研发服务的企业的税额减免政策;第三,针对在东北部地区从事生物技术或信息技术硬件业务的企业的税额减免政策。其中,第二项税额减

免政策的优惠年限长达 15 年,反映出印度对输出研发服务极力支持的态度。

就针对研发产出的税收激励措施而言,印度的知识产权盒制度简单易行,激励本国企业开展实质性研发活动的目标非常清晰明确,只是关于相关费用和损失的处理规定尚待明确。

(6) 政策设计简略单一,优惠有限

巴西和南非就是这种类型。就针对研发投入的税收激励措施而言,巴西和南非实行的研发费用加计扣除政策颇为严苛,符合条件的研发活动与符合条件的研发费用的范围很小,致使优惠力度非常有限。巴西规定,只有在境内发生的研发支出才有资格享受扣除优惠,且对于企业支付给境内第三方的研发服务费用设置了明确的限制;南非的情况有过之而无不及,不但规定了仅在南非境内从事符合条件的研发活动方可申请扣除优惠,还将与企业研发创新密切相关的专利申请费也排除在优惠范围之外。巴西和南非的加速折旧政策不算激进,亏损结转政策相对较为慷慨。

就针对研发产出的税收激励措施而言,巴西和南非均未实施任何相关的优惠政策。

总体来看,巴西和南非的制度设计简略单一,激励方式和手段保守传统。这可能与两个国家税务部门的征管能力有关。

(二) 个人所得税方面的税收优惠政策

从表 5.1 中可以直观地看出:第一,目前中国直接与研发企业相关的个人所得税优惠政策寥寥可数;第二,巴西、印度和南非这三个新兴市场国家暂未实施直接与研发企业相关的个人所得税优惠;第三,从实行个人所得税优惠的国家来看,大多数国家采取税额式优惠。本书接下来将逐一分析这些个人所得税优惠方式及其体现形式在上述各国的实施情况及其特点。

1. 税基式优惠

在直接与研发企业相关的个人所得税激励措施之中,特别扣减是比较常见的税基式优惠。特别扣减是指,允许研发企业的企业家个人或研发人员按照应税所得的一定比例或者固定金额扣减应税所得的优惠形式。

在本研究涉及的各个国家中,只有荷兰实行了特别扣减政策。具体来看,在荷兰,个体经营者如果每年投入到创新性信息技术项目的研发时间超过 500 小时,则可从其工资税的应税所得当中定额扣除 12 310 欧元;如果该个体经营者从事创新性信息技术项目的研发未满 5 年,且申请此项特别扣减的次数少于 2 次,则扣除金额提升至 18 467 欧元。

2. 税率式优惠

在直接与研发企业相关的个人所得税激励政策中,从理论上讲,可以通过直接降低研发企业当中研发人员或企业家个人适用税率的方式减少其个人所得税的负担。然而,纵观各国的现行政策,目前尚未出现此类税率式优惠措施。

3. 税额式优惠

税额式优惠是较为常用的个人所得税激励方式,主要体现为税收抵免、税额直接减免和分期纳税等具体形式。

(1) 税收抵免政策

税收抵免是指从个人应纳税额中减少一定比例或金额的优惠方式。中国目前暂未实施任何研发税收抵免的优惠措施。代表性国家之中,只有美国和荷兰允许研发税收抵免抵消企业家个人的工薪税(payroll tax),如表 5.9 所示。之所以只给予企业家抵免优惠,并未包括研发人员,可能是由于现今的研发行为通常是集体性的,很难将研发活动中发生的所有研发费用合理地分解到每个研发人员。

表 5.9　研究涉及各国工薪税的抵免政策

| 国家 | 适用税种 | 总额抵免率 | 增量抵免率 | 未用抵免结转 | 中小企业特殊待遇 | 门槛 | 限制 |
|---|---|---|---|---|---|---|---|
| 美国 | 工薪税 | — | 20%（常规法）、14%或6%（简化法） | 后转4年 | — | 超过基数 | 1. 适用于营业额低于500万美元且无联邦纳税义务的初创企业；2. 最高抵扣上限为250 000美元 |
| 荷兰 | 工薪税 | 32%或14% | — | 抵免年度内的下一缴税期 | 初创企业的企业家个人抵免率为40%或14% | — | 当期支付的工薪税不能为0 |

① 美国的工薪税抵免政策。

美国的工薪税根据个人的工资薪金按单一比例税率进行征税，由雇员和雇主分担缴纳，主要用于支付医疗保险和其他社会保险费用。所得税则是一个更为复杂的系统，还对除工作之外其他来源赚取的所得征税。

自 2016 年 1 月 1 日起，营业额低于 500 万美元且没有联邦纳税义务的初创企业的企业家个人可以运用研发税收抵免抵消其工薪税，最高抵扣额以 250 000 美元为限。抵免方式采用增量抵免法，根据现行法律，纳税人可以选择常规法或者简化法计算抵免额。运用常规法时，抵免率为 20%，基数等于纳税人固定基准百分比与过去 4 年总收入均值的乘积，固定基准百分比则是纳税人研发费用与 1984—1988 年期间总收入的比率。1984—1988 年期间不存在的纳税人适用修改后的规则。相比之下，简化法可以作为计算研发税收抵免的更为简便的备选方法，纳税人直接将超过基数的符合条件的支出的14%作为抵免额,将过去3年符合条件的研发支出平均值的50%作为基数;如果纳税人在过去3个纳税年度中没有发生任何符合条件的研发支出,则抵免率由14%降至6%。未使用完的抵免可以向后结转4年。

符合条件的研究包括旨在开发新的以及改进原有业务构成要件的研究。其中,业务构成要件被定义为产品、流程、电脑软件、技术、配方和发明,无论该要件最终由纳税人出售、出租或用于纳税人的贸易或业务。研发必须要与业务构成要件的功能、性能、可靠性或质量相关,并以工程、生物、化学、物理或计算机科学为基础。符合条件的支出既包括企业自身从事研发的支出,也包含外包研发的支出。

② 荷兰的工薪税抵免政策。

在荷兰,工薪税由工资税(wage tax)、雇员和国民社会保险金、雇主保险金、雇主医疗保险缴费四个部分组成。其中,工资税是个人工资薪金所得税的预缴税,针对个人的工资薪金按照累进税率征税,并由雇主代扣代缴。多数人按照其收入水平只需缴纳工资税,无须再缴纳所得税。高收入人群或拥有多个扣除项目的人群,通常需要填写所得税申报表并据实缴税。

荷兰的研发税收抵免优惠可用于抵消企业家个人的工资税,但是当前纳税期内支付的工资税不可减少到零。在研发项目开始之前,研发企业的企业家就必须向荷兰企业局申请税收抵免。当申请批准之后,荷兰企业局将颁发研发证书以确认抵免金额。

符合条件的研发活动包括技术科学研究以及技术创新(或部分创新)产品、生产流程和某些软件的开发,人文社会科学领域的研发活动以及外包的研发均不符合享受优惠的条件。符合条件的研发支出包含从事研发项目的员工工资支出、归属于研发项目的耗材支出、归属于研发项目的固定资产的购置成本。

荷兰采用的是总额税收抵免法。至于税收抵免率,初创公司当年符合条件的支出中不超过 350 000 欧元的部分适用 40%的抵免率,超过的部分适用 14%的抵免率;其他公司当年符合条件的支出中不超过 350 000 欧元的部分适用 32%的抵免率,超过的部分适用 14%的抵免率。未使用完的抵免只能结转至该年份的下一个缴税期。

(2) 税额直接减免政策

对研发人员或者企业家的个人应缴所得税直接给予减征或免征是实质性的优惠,可以显著地增加个人的可支配收入。然而,中国暂未施行此类优惠措施。7 个代表性国家中,仅有匈牙利和韩国实行了个人所得税税额的直接减免政策,如表 5.10 所示。从中可以看出,韩国相关政策的优惠力度更大,倾向于激励外籍科技人员和青年企业家的目的意图非常明确。

表 5.10　研究涉及的部分国家直接与研发企业相关的个人所得税税额的直接减免政策

| 国　家 | 适用税种 | 政　策　内　容 | 限　制 |
|---|---|---|---|
| 匈牙利 | 社会保障缴费 | 在从事基础研究、应用研究和试验发展的研发企业内工作的研究人员以及从事研发活动的个体经营者,可以免缴社会保障费 | 研究人员或个体经营者每月的工资总额不超过 50 万福林 |
| 韩国 | 个人所得税 | 在韩国指定外资企业工作的外籍科技人员就其来源于韩国的所得,可以享受减半征收个人所得税的优惠 | — |
| 韩国 | 个人所得税 | 中小型种子和初创企业的企业家,自企业成立当年起,第 1 年至第 3 年减免 75%的个人所得税,第 4 年至第 5 年可减免 50%的个人所得税 | 企业家的年龄必须在 15 至 29 岁之间 |

（3）分期纳税政策

在本研究涉及的各个国家中，只有中国实行了两项有关的措施：第一项，高新技术企业技术人员股权奖励分期缴纳个人所得税；第二项，中小高新技术企业向个人股东转增股本分期缴纳个人所得税。

① 针对高新技术企业技术人员股权奖励的优惠措施。

在中国，高新技术企业转化科技成果，给予本企业相关技术人员的股权奖励，个人一次缴纳税款有困难的，可根据实际情况自行制定分期缴税计划，在不超过 5 个公历年度内（含）分期缴纳。

为了防止被滥用，这项优惠措施的享受设置了若干限制条件：第一，对实施股权激励的企业的限制。实施股权激励的企业必须是采用查账征收的，且经省级高新技术企业认定管理机构认定的高新技术企业。第二，对股权奖励的限制。转化科技成果实施的股权奖励才可以享受此项税收优待。第三，对接受股权奖励的技术人员的限制。接受股权奖励的技术人员，必须是经过公司董事会和股东大会决议批准获得股权奖励的、对企业科技成果研发和产业化作出突出贡献的技术人员，或者是对企业发展作出突出贡献的经营管理人员。

② 针对中小高新技术企业向个人股东转增股本的优惠措施。

在中国，中小高新技术企业以未分配利润、盈余公积、资本公积向个人股东转增股本时，个人股东一次缴纳个人所得税确有困难的，可根据实际情况自行制定分期缴税计划，在不超过 5 个公历年度内（含）分期缴纳。其中，符合条件的中小高新技术企业指的是在中国境内注册的、实行查账征收的、经认定取得高新技术企业资格，且年销售额和资产总额均不超过 2 亿元、从业人数不超过 500 人的企业。

上述分期纳税措施虽然不能减少个人实际应缴纳的税额，但是分期纳税意味着纳税期限实质上的延长和推迟，这一方面降低了个人当期的税收负担，另一方面能够给予纳税人无偿使用剩余款项且无须支付利息的机会。

(三) 流转税方面的税收优惠政策

纵览各个代表性国家直接激励研发企业的税收优惠政策，与企业所得税相比，流转税方面的激励措施数量有限，而且形式单一。从表5.1可以直观地发现：第一，中国在流转税领域实施了两项税额式优惠措施，并不算少；第二，美国、荷兰和南非暂未实施直接与研发企业相关的流转税优惠；第三，从实行流转税优惠的国家来看，大多数国家采取了税额式优惠，且均以税额直接减免的形式出现。本书接下来将逐一分析这些流转税优惠方式及其体现形式在上述各国的实施情况及其特点。

1. 税基式优惠

在直接与研发企业相关的流转税激励措施中，特殊扣除是比较常见的税基式优惠。特殊扣除是指，除了按照流转税法规定计算的各项正常扣除之外，允许研发企业就符合条件的研发支出从流转税的税基全部或部分地予以扣除。

目前，研究涉及的各国之中，只有匈牙利实行了特殊扣除政策。在匈牙利，从事符合条件的研发活动的企业可以将其符合条件的研发费用从地方消费税的税基中全部扣除。符合条件的研发活动指的是运用纳税人自有资产和员工，且由纳税人承担风险和收益的研发活动。符合条件的研发费用包括与研发相关的工资薪金支出、耗材支出、土地购置成本、厂房和机器设备的购置成本、相关资产的折旧和摊销成本、由第三方支付给研发人员的费用以及在境外发生的研发服务支出。

2. 税率式优惠

在直接与研发企业相关的流转税激励措施之中，只有韩国实行了低税率的优惠措施。韩国为促进科技成果的转化，对于先导性技术产品或有助于技术开发的新产品，在产品进入市场的起初4年，仅按基本税率的10%缴纳消费税，第5年按照基本税率的40%缴纳消费税，第6年按照基本税率的70%纳税，第7年起按照原税率缴税。

3. 税额式优惠

纵观各国的税收政策，流转税方面的税额式优惠常以税额直接减免的形式出现。如表5.11所示，目前，中国、巴西、印度和韩国实行了流转税税额的直接减免政策。从中可以看出，中国、韩国和印度相关政策的优惠力度较大，对用于企业研发的（重要）仪器设备、机械和工具给予了关税、进口环节增值税和消费税的免税优惠，不过印度的限制条件较多。相比之下，巴西对企业进口的用于境内研发活动的仪器设备仅给予减半征收联邦消费税的优待，优惠力度较小。

表5.11 研究涉及的部分国家直接与研发企业相关的流转税税额减免的优惠政策

| 国家 | 适用税种 | 政策内容 | 限制 |
|---|---|---|---|
| 中国 | 关税、进口环节的增值税 | 对符合条件的企业及核电项目业主的重大技术装备确有必要进口的关键零部件及原材料，免征关税和进口环节增值税 | 每年对新申请企业及核电项目业主进行资格认定，每3年进行资格复核 |
| | 增值税 | 研发企业提供技术转让、技术开发和与之相关的技术咨询、技术服务，免征增值税 | 企业须持技术转让、开发的书面合同，到纳税人所在地省级科技主管部门进行资格认定 |
| 巴西 | 联邦消费税 | 企业进口的用于境内研发活动的仪器设备、机械和工具，可以减按50%缴纳联邦消费税 | 纳税人须在购买有关设备时就向税务部门提出税收优惠的申请 |

(续表)

| 国家 | 适用税种 | 政策内容 | 限制 |
|---|---|---|---|
| 印度 | 消费税 | 企业和研究机构在符合所有限制条件时，在当地采购的指定的仪器、设备、部件等，可以享受豁免消费税的优惠 | 1. 产品自安装之日起5年内不得出售或转让；<br>2. 企业和研究机构负责人须提供证明用以说明产品的必需性并保证用于研发 |
| | 关税 | 农用化学品行业因研发目的进口的特定设备或公司内部研发部门进口的特定产品，符合所有限制条件时，可享受关税豁免 | 1. 进口产品自进口之日起5年内（农用化学品行业7年内）不得出售或转让；<br>2. 进口产品的企业或机构须在科学工业研究部注册；<br>3. 研发用进口产品的价值及其对研发活动的重要性，需获有关部门认证 |
| 韩国 | 关税 | 进口国内难以生产的、用于企业研发的仪器、设备、机械和工具，可以享受关税豁免的优惠 | 纳税人须在进口有关设备时就向税务部门提出申请 |
| | 特别消费税 | 进口国内难以生产的、用于企业研发的仪器、设备、机械和工具，可以享受特别消费税豁免 | 纳税人须在进口有关设备时就向税务部门提出申请 |

（四）财产税方面的税收优惠政策

财产税在直接激励研发企业的税收优惠政策体系中扮演着辅助性的角色。目前，只有韩国实施了有关措施。韩国税法规定，企业购置的、出于研发目的使用的土地及土地附着物等不动产，自购入当年起4年内免征财产税和土地综合税。

（五）各国直接与研发企业相关的税收优惠政策总结

以上内容对各国直接与研发企业相关的税收优惠政策进行了非常详细的梳理和分析，结合表5.1可以将各国相关的政策体系总结为以下三种类型。

第一类，直接与研发企业相关的税收优惠政策丰富多样、涉及多个税种。

中国、印度、匈牙利、韩国是这种类型的代表。这些国家的激励政策遍布企业所得税、个人所得税、流转税领域，韩国还实行了财产税方面的优惠措施。这种全面丰富、形式多样的税收优惠政策体系，能够给予研发企业全方位的激励和促进。中国在个人所得税方面的激励措施有进一步完善的空间。就优惠形式而言，中国仅仅采取了分期纳税的形式，与代表性国家实施的税收抵免和税额直接减免的措施相比，优惠力度明显不足；就优惠对象而言，中国只是针对技术人员获得的股权奖励和个人股东获得的股本给予了优待，与代表性国家抵免工薪税甚至直接减免个人所得税的做法相比，优惠范围非常有限。

第二类，直接与研发企业相关的税收优惠政策多样，但均集中于所得税领域。

美国和荷兰属于这种类型。尽管这两个国家的税收激励形式多样，但均集中于企业所得税和个人所得税领域，这与两国的税制结构密切相关。美国和荷兰均以所得税作为主体税种，所得税对于企业研发活动和研发行为的影响最为明显，因此，激励企业研发的税收优惠措施全部体现于所得税领域。

第三类，直接与研发企业相关的税收优惠政策简略单一、激励不足。

巴西和南非就是这种类型。这两个国家的研发激励政策数量非常有限、形式简略单一、手段保守传统，整体优惠力度较小。这反映出这两个国家在设计税制时对于企业研发创新的激励没有给予足够的重视。

## 二、间接降低研发成本的"外围"税收优惠政策

表5.12总结了中国和代表性国家间接降低研发企业成本的税收优惠方式及其常用的体现形式，画"√"表示该国采用了这

一优惠的具体形式。从表 5.12 可以直观地看到：与代表性国家相比，中国旨在间接降低研发企业成本的"外围"税收优惠政策数量更多，形式更全，受惠主体更为广泛。在激励企业研发创新的税制体系设计中，绝大多数国家并未将间接降低研发成本的"外围"税收优惠措施纳入考虑范围。

表 5.12 研究涉及各国间接降低研发成本的"外围"税收优惠方式

| 间接降低研发成本的"外围"税收优惠政策 | | | | 中国 | 美国 | 荷兰 | 巴西 | 印度 | 匈牙利 | 南非 | 韩国 |
|---|---|---|---|---|---|---|---|---|---|---|---|
| 针对资金供给方 | 企业所得税优惠措施 | 税基式优惠 | 部分所得免税 | | | | | | | | ✓ |
| | | | 特殊扣除 | | | | | | | | ✓ |
| | | | 特别扣减 | ✓ | | | | | | | |
| | | 税率式优惠 | | | | | | | | | |
| | | 税额式优惠 | | | | | | | | | |
| | 个人所得税优惠措施 | 税基式优惠 | 特别扣减 | ✓ | | | | | | | |
| | | 税率式优惠 | | | | | | | | | |
| | | 税额式优惠 | 税收抵免 | | ✓ | | | | | | |
| 针对孵化平台 | 流转税优惠 | 税基式优惠 | 部分收入减免 | ✓ | | | | | | | |
| | | 税率式优惠 | | | | | | | | | |
| | | 税额式优惠 | | | | | | | | | |
| | 财产税优惠 | 税基式优惠 | | | | | | | | | |
| | | 税率式优惠 | | | | | | | | | |
| | | 税额式优惠 | 税额直接减免 | ✓ | | | | | | | |

本书接下来将详细分析中国与代表性国家针对研发企业的资金供给方和科技企业孵化平台分别实施的税收优惠方式。

### (一) 针对资金供给方的税收优惠政策

根据第四章的分析,针对外部资金供给方的税收优惠政策集中于企业所得税领域和个人所得税领域。

1. 企业所得税方面的税收优惠政策

在针对资金供给方的企业所得税优惠政策中,税基式优惠是最为常见的优惠方式,通常包括部分所得免税、特殊扣除和特别扣减等具体形式。

(1) 部分所得免税

在本研究涉及的各个国家之中,只有韩国针对资金供给方实行了此项税收优惠措施。在韩国,创业投资企业从被投资的种子期和初创期企业取得的红利可以免缴企业所得税;不仅如此,创投企业处置所持被投资企业的股权所得也可免缴企业所得税。

(2) 特殊扣除

特殊扣除指的是,除了按照企业所得税法规定计算的各项正常扣除之外,允许资金供给方因投资研发企业发生的损失从企业所得税的税基中全部或部分地扣除。韩国仍是唯一实行这一优惠措施的国家。在韩国,如果创业投资企业以公司形式设立,其投资于研发企业发生损失的50%可以在税前从其企业所得税的税基中扣除。

(3) 特别扣减

特别扣减是指,允许资金供给方按照其应税所得的一定比例或者固定金额直接扣减应税所得的优惠形式。

纵观代表性国家的相关政策,目前均未实施针对资金供给方的特别扣减优惠。与此不同,中国则实行了四项有关的税收优惠措施:第一项,创投企业投资未上市的中小高新技术企业按比例抵扣应纳税所得额;第二项,有限合伙制创投企业的法人合伙人投资未上市的中小高新技术企业按比例抵扣应纳税所得额;第三项，公司制创投企业投资初创科技型企业按比例抵扣应纳税所得额；第四项，有限合伙制创投企业的法人合伙人投资初创科技型企业按比例抵扣应纳税所得额。由于明确规定了符合条件的资金供给者以及符合条件的被投资企业，这些措施一方面能够防范筹划风险，另一方面确保优惠对象是那些外部融资非常困难的中小规模的未上市高新技术企业和处于种子期、初创期的科技企业。

① 针对创投企业投资未上市中小高新技术企业的优惠。

中国的相关政策规定，自 2018 年 1 月 1 日起，创业投资企业采取股权投资方式投资于未上市的中小高新技术企业 2 年（24 个月）以上的，可以按照其对中小高新技术企业投资额的 70% 在股权持有满 2 年的当年扣减其应税所得；当年不足抵扣的，可以在以后纳税年度结转抵扣。

为了防止被滥用，这项优惠措施的享受设置了若干限制条件：第一，就投资年限来看，创业投资企业投资于未上市的中小高新技术企业达到 2 年（24 个月）以上方可享受优惠；第二，就被投资企业来看，必须是按照科技部、财政部、国家税务总局《关于修订印发〈高新技术企业认定管理办法〉的通知》和《关于修订印发〈高新技术企业认定管理工作指引〉的通知》的规定，通过高新技术企业认定，同时，企业职工人数不超过 500 人，年销售（营业）额不超过 2 亿元，资产总额不超过 2 亿元的未上市的中小高新技术企业。

② 针对有限合伙制创投企业的法人合伙人投资未上市中小高新技术企业的优惠。

在中国，有限合伙制创业投资企业采取股权投资方式投资于未上市的中小高新技术企业满 2 年（24 个月）的，其法人合伙人可按照对未上市中小高新技术企业投资额的 70% 扣减该法人合伙人从该有限合伙制创业投资企业分得的应税所得，当年不足抵扣的,可以在以后纳税年度结转抵扣。

这项优惠措施的享受也有诸多限制条件:第一,就投资年限而言,规定中所称"满2年"是指2015年10月1日起,有限合伙制创业投资企业投资于未上市中小高新技术企业的实缴投资满2年,同时,法人合伙人对该有限合伙制创业投资企业的实缴出资也应满2年;第二,就被投资企业而言,必须是通过规定程序认定的高新技术企业,同时,企业职工人数不超过500人,年销售(营业)额和资产总额均不超过2亿元。

③ 针对公司制创投企业投资初创科技型企业的优惠。

中国的相关政策规定,自2018年1月1日起,公司制创业投资企业采取股权投资方式直接投资于种子期、初创期科技型企业(以下简称初创科技型企业)满2年(24个月)的,可以按照投资额的70%在股权持有满2年的当年扣减其应税所得;当年不足抵扣的,可以在以后纳税年度结转抵扣。

符合条件的创投企业,是指在中国境内(不含港、澳、台地区)注册成立、实行查账征收的居民企业或合伙创投企业,且不属于被投资初创科技型企业的发起人;投资后2年内,创业投资企业及其关联方持有被投资初创科技型企业的股权比例合计低于50%。

符合条件的初创科技型企业,是指在中国境内(不包括港、澳、台地区)注册成立、实行查账征收的居民企业;接受投资时,从业人数不超过300人,其中,具有大学本科以上学历的从业人数不低于30%;资产总额和年销售收入均不超过5000万元;接受投资时设立时间不超过5年(60个月);接受投资时以及接受投资后2年内未在境内外证券交易所上市;接受投资当年及下一纳税年度,研发费用总额占成本费用支出的比例不低于20%。

④ 针对有限合伙制创投企业的法人合伙人投资初创科技型企业的优惠。

在中国，自 2018 年 1 月 1 日起，有限合伙制创业投资企业采取股权投资方式直接投资于初创科技型企业满 2 年（24 个月）的，法人合伙人可以按照对初创科技型企业投资额的 70%扣减法人合伙人从合伙创投企业分得的应税所得；当年不足抵扣的，可以在以后纳税年度结转抵扣。

关于符合条件的创投企业和符合条件的初创科技型企业的规定，与上一税收优惠措施的规定相同。

2. 个人所得税方面的税收优惠政策

根据第四章的分析，在针对资金供给方的个人所得税优惠政策中，税基式优惠和税额式优惠是较为常用的优惠方式，前者多以特别扣减的形式出现，后者常以税收抵免的形式加以体现。

（1）税基式优惠

目前，在本研究涉及的各国之中，只有中国针对研发企业的资金供给方给予了个人所得税的特别扣减优惠，具体包括：第一项，有限合伙制创投企业的个人合伙人投资初创科技型企业按比例抵扣应纳税所得额；第二项，天使投资个人投资初创科技型企业按比例抵扣应税所得。因为明确规定了符合条件的资金供给者以及符合条件的被投资企业，这些措施一方面能够防范避税风险，另一方面确保优惠对象是处于起步阶段的、外部融资异常困难的种子期和初创期科技型企业。

① 针对有限合伙制创投企业的个人合伙人投资初创科技型企业的优惠。

在中国，自 2018 年 1 月 1 日起，有限合伙制创业投资企业采取股权投资方式直接投资于初创科技型企业满 2 年（24 个月）

的，个人合伙人可以按照对初创科技型企业投资额的70%扣减个人合伙人从合伙创投企业分得的经营所得；当年不足抵扣的，可以在以后纳税年度结转抵扣。

关于符合条件的创投企业和符合条件的初创科技型企业的规定，与针对有限合伙制创投企业的法人合伙人投资初创科技型企业的优惠的规定相同。

② 针对天使投资个人投资初创科技型企业的优惠。

中国的相关政策规定，自2018年7月1日起，天使投资个人采取股权投资方式直接投资于初创科技型企业满2年的，可以按照投资额的70%扣减转让该初创科技型企业股权取得的应税所得；当期不足抵扣的，可以在以后取得转让其股权的应税所得时结转抵扣。

符合条件的天使投资个人，必须不属于被投资初创科技型企业的发起人、雇员或其亲属（包括配偶、父母、子女、祖父母、外祖父母、孙子女、外孙子女、兄弟姐妹），且与被投资初创科技型企业不存在劳务派遣等关系；投资后2年内，本人及其亲属持有被投资初创科技型企业股权的比例合计应低于50%。

关于符合条件的初创科技型企业的规定，与上一税收优惠措施的规定相同。

(2) 税额式优惠

在本研究涉及的各国中，只有美国实施了这一优惠措施。美国针对天使投资个人的税收抵免政策由各州自主设置并实施。目前已有30个州实施过该类抵免优惠。各州对天使投资者的认定要求较为接近：资产净值超过100万美元且近2年内的年收入不少于20万美元的个人，被认定为天使投资者。各州其他方面的规定差异明显，本书以夏威夷州为例，说明天使投资者的个人所得税抵免政策。

夏威夷州对投资于高新技术企业的天使投资者给予了个人所得税的抵免优惠,采用总额抵免的方式计算抵免额,即按照纳税人当年投资额的一定比例计算抵免额。具体来看,天使投资者在投资的第1年可以将其投资额的35%用以抵免当年的个人所得税,第2年到第5年的抵免率分别为25%、20%、10%和10%。

然而,上述抵免优惠的实施附加了诸多限制。例如,被投资企业必须属于软件开发、生物技术研发相关领域,且总收入的75%来源于研发活动。此外,每个天使投资者每年的投资总额不超过200万美元,且每个投资者对同一企业在所有年度中的投资能够用于税收抵免的最高限额为200万美元,超过部分无法享受抵免优惠。这些限制条件旨在尽可能地降低企业避税和筹划的风险,确保实质性研发活动的开展,传达出明确的导向和意图。

(二)针对科技企业孵化平台的税收优惠政策

纵观本研究涉及的各国的相关政策,只有中国实施了针对科技企业孵化平台的税收优惠政策,且集中于流转税和财产税领域。

1. 流转税方面的税收优惠政策

税基式优惠是流转税中最为常用的优惠方式,往往以部分收入减免的形式出现。2019年1月1日至2021年12月31日,中国允许国家级、省级科技企业孵化器向在孵对象提供孵化服务取得的收入免缴增值税。其中,孵化服务是指为在孵对象提供的经纪代理、经营租赁、研发和技术、信息技术、鉴证咨询服务。科技企业孵化平台应当单独核算孵化服务收入。

2. 财产税方面的税收优惠政策

税基式优惠也是财产税中常被采用的优惠方式,多以税额直接减免的形式加以体现。2019年1月1日至2021年12月31日,中国对国家级、省级科技企业孵化器自用以及无偿或通过出租等方式提供给在孵对象使用的房产和土地，分别免征房产税和城镇土地使用税。

(三) 各国间接降低研发企业成本的"外围"税收优惠政策总结

以上内容对各国间接降低研发企业成本的"外围"税收优惠政策进行了梳理和分析，结合表5.12可以发现：第一，中国的政策数量更多，形式更全面，受惠主体更广泛。相反，在激励企业研发创新的税制体系设计中，绝大多数国家并未将间接降低研发成本的"外围"税收优惠措施纳入考虑范围。第二，中国针对资金供给方的优惠政策意图清晰。由于明确规定了符合条件的资金供给者以及符合条件的被投资企业，这些优惠措施一方面能够防范筹划和避税风险，另一方面可以确保优惠对象是那些外部融资非常困难的中小规模的未上市高新技术企业和处于种子期、初创期的科技企业。

### 三、从企业生命周期的视角对各国研发税收激励政策的分析

(一) 从企业生命周期的视角对代表性国家研发税收激励政策的分析

在7个代表性国家中，韩国的研发实力不容小觑。根据2013年"OECD知识经济全球论坛"发布的报告，2013年韩国的研发投入规模接近OECD成员国中的最高水平。同年，韩国公共财政研究所的数据显示，韩国当年给予的研发税收优惠约为3.5万亿韩元，占全年税收优惠总额的10.5%。这与韩国现行的全面丰富、形式多样的研发税收激励政策体系密切相关。这一点从上文的有关分析和阐释中清晰可见。

实际上，韩国是代表性国家中唯一一个能够从企业生命周期

视角出发思考和设计其研发税收激励政策的国家。表5.13详细地呈现了韩国针对生命周期各个阶段企业实行的研发税收激励措施，从中可以直观地发现，韩国针对处于种子期和初创期的企业实施了种类丰富、方式多重、形式多样的研发税收激励政策。成长期企业能够享受的税收优惠次之。

表 5.13　韩国针对生命周期各个阶段企业实行的研发税收激励措施

| 研发税收激励措施 | | | | | 企业生命周期的阶段 | | | | |
|---|---|---|---|---|---|---|---|---|---|
| | | | | | 种子期 | 初创期 | 成长期 | 成熟期 | 衰退期 |
| 直接与研发企业相关的税收优惠政策 | 企业所得税 | 针对企业研发投入的激励 | 税基式优惠 | 加速折旧 | ✓ | ✓ | ✓ | | |
| | | | | 亏损结转 | | ✓ | ✓ | ✓ | ✓ |
| | | | | 特殊扣除 | ✓ | | | | |
| | | | 税额式优惠 | 税收抵免 | 极高抵免率 | ✓ | ✓ | ✓ | | |
| | | | | | 普通抵免率 | | | | ✓ | ✓ |
| | | 针对企业研发产出的激励 | 税基式优惠 | 收入减免 | ✓ | ✓ | ✓ | | |
| | 个人所得税 | 税额式优惠 | | 税额直接减免 | 针对青年企业家 | ✓ | ✓ | | | |
| | | | | | 针对外籍科技人员 | ✓ | ✓ | ✓ | ✓ | ✓ |
| | 流转税 | 税率式优惠 | | 低税率 | ✓ | ✓ | ✓ | | |
| | | 税额式优惠 | | 税额直接减免 | ✓ | ✓ | ✓ | | |
| | 财产税 | 税额式优惠 | | 税额直接减免 | ✓ | ✓ | ✓ | | |

（续表）

| 研发税收激励措施 | | | | | | 企业生命周期的阶段 | | | | |
|---|---|---|---|---|---|---|---|---|---|---|
| | | | | | | 种子期 | 初创期 | 成长期 | 成熟期 | 衰退期 |
| 间接降低研发成本的税收优惠 | 针对资金供给方 | 企业所得税 | 税基式优惠 | 部分所得免税 | 红利减免 | √ | √ | | | |
| | | | | | 股权所得减免 | √ | √ | √ | √ | √ |
| | | | | 特殊扣除 | | √ | √ | √ | √ | √ |

韩国对处于种子期、初创期和成长期的企业给予了极具差别化的税收优待。例如，在企业所得税的研发支出抵免率方面，种子期、初创期、成长期的企业适用高达25%的总额抵免率和50%的增量抵免率，而一般情况下的总额抵免率仅为1%—3%、增量抵免率为20%；在企业所得税的特殊扣除方面，处于种子期的企业出于研发和创新的需要，可以按照企业全部收入的3%—5%提取研发准备金，这部分准备金可以从企业所得税的税基中全部扣除；不仅如此，企业所得税的加速折旧规定和知识产权盒制度也明显地有利于规模较小的种子期、初创期和成长期企业；此外，在个人所得税方面，中小型种子期及初创期企业的青年企业家，自企业成立当年起，第1年至第3年可直接减免75%的个人所得税，第4年至第5年可减免50%的个人所得税；从间接降低研发成本的“外围”优惠政策来看，创业投资企业从被投资的种子期和初创期企业取得的红利可以免缴企业所得税。

对处于起步阶段、艰难发展的种子期和初创期企业而言，上述极具差别化的税收优惠政策能够降低它们的研发成本，有利于缓解和减轻它们的压力和负担。

（二）从企业生命周期的视角对中国研发税收激励政策的分析

表5.14详细地呈现了中国针对生命周期各个阶段企业实行的研发税收优惠措施，从中可以直观地发现，中国目前实施的直接与研发企业相关的税收优惠政策相对偏向于成长期和成熟期的企业，而间接降低研发企业成本的"外围"税收优惠政策则集中于种子期和初创期企业。

表5.14 中国针对生命周期各个阶段企业实行的研发税收激励措施

| 研发税收激励措施 | | | | | 企业生命周期的阶段 | | | | |
|---|---|---|---|---|---|---|---|---|---|
| | | | | | 种子期 | 初创期 | 成长期 | 成熟期 | 衰退期 |
| 直接与研发企业相关的税收优惠政策 | 企业所得税 | 针对企业研发投入的激励 | 税基式优惠 | 加计扣除 | √ | √ | √ | √ | √ |
| | | | | 加速折旧 | | √ | √ | √ | √ |
| | | | | 亏损结转 | | √ | √ | √ | √ |
| | | | 税率式优惠 | 低税率 高新技术企业 | | | √ | √ | |
| | | | | 低税率 技术先进型服务企业 | | | √ | √ | |
| | | | 税额式优惠 | 税额直接减免 | | | √ | √ | |
| | | 针对企业研发产出的激励 | 税基式优惠 | 收入减免 | √ | √ | √ | √ | √ |
| | | | 税额式优惠 | 递延纳税 | √ | √ | √ | √ | √ |
| | 个人所得税 | | 税额式优惠 | 分期纳税 | | | √ | √ | |
| | 流转税 | | 税额式优惠 | 税额直接减免 重大技术装备进口免税 | | | √ | √ | |
| | | | | 税额直接减免 技术开发相关服务免税 | √ | √ | √ | √ | √ |

(续表)

| 研发税收激励措施 | | | | 企业生命周期的阶段 | | | |
|---|---|---|---|---|---|---|---|
| | | | | 种子期 | 初创期 | 成长期 | 成熟期 | 衰退期 |
| 间接降低成本的税收优惠政策 | 针对资金供给方 | 企业所得税 | 税基式优惠 | 特别扣减 | √ | √ | √ | |
| | | 个人所得税 | 税基式优惠 | 特别扣减 | √ | √ | √ | |
| | 针对孵化平台 | 流转税 | 税基式优惠 | 部分收入减免 | √ | √ | | |
| | | 财产税 | 税额式优惠 | 税额直接减免 | √ | √ | | |

1. 对直接与研发企业相关的税收优惠政策的分析

在企业所得税方面，税率式优惠的受益群体基本上是处于成长期和成熟期的企业，因为无论是高新技术企业的认定条件还是技术先进型服务企业的认定标准，成长期和成熟期的企业都更容易达到。

在税额式优惠方面，能够符合条件、享受相应税额减免的软件企业和集成电路企业大多需要具备很强的研发和生产能力，处于成长期和成熟期的企业相对更容易满足优惠条件。

在个人所得税方面，分期纳税的税额式优惠均以高新技术企业作为目标对象，而处于成长期和成熟期的企业符合高新技术企业认定条件的概率更大。

在流转税方面，针对进口重大技术装备的税额式优惠的享受条件也并非种子期和初创期企业能够轻易企及的，因而也倾向于成长期和成熟期的企业。

2. 对间接降低研发成本的"外围"税收优惠政策的分析

针对资金供给方的税收优惠政策对符合条件的被投资企业作出了明确的规定，因此，必须将资金投资于初创科技型企业或者未上市的中小高新技术企业才可享受此项税收优惠。根据相关政策对初创科技型企业的规定以及本书第三章对种子期和初创期的企业给出的判断标准可以发现，处于种子期和初创期的企业绝大多数属于初创科技型企业。此外，根据相关政策对未上市的中小高新技术企业的规定以及本书对种子期、初创期和成长期企业给出的判断依据可以发现，处于种子期、初创期和成长期的企业绝大多数属于未上市的中小高新技术企业。因此，针对资金供给方的税收优惠政策更倾向于种子期和初创期的企业。

针对科技企业孵化平台的税收优惠政策显然有利于种子期和初创期的企业，因为科技企业孵化平台的在孵对象往往都是处于种子期和初创期的科技型企业。

### 四、中国激励企业研发创新的重点税收优惠政策分析

通过第四章和本章的内容可以发现，直接与研发企业相关的企业所得税优惠政策是目前各国激励研发创新最为重要的税收工具。就中国而言，在现行企业所得税优惠措施之中，与企业研发创新密切相关且有关文献数量最多的政策，主要是研发费用加计扣除措施、高新技术企业税率优惠措施和技术转让所得减免措施。其中，前两项措施是针对企业研发投入采取的税收激励政策；最后一项措施则是针对企业研发产出的优惠政策。这部分内容将对上述三项重点税收优惠政策的演进发展以及现存问题进行梳理和分析。

（一）研发费用加计扣除措施

1. 研发费用加计扣除政策的演进发展

早在1996年，为了鼓励企业加大技术开发费用的投入，财政部和国家税务总局颁布了《关于促进企业技术进步有关财务税收问题的通知》（财工字［1996］41号），首次明确规定，国有、集体工业企业技术开发费增长幅度在10%以上的，可以再按照实际

发生额的50%扣减应税所得。此后,与企业研发费用扣除有关的政策不断发展和完善。图5.1详细地呈现了企业研发费用扣除政策的演进和变化。

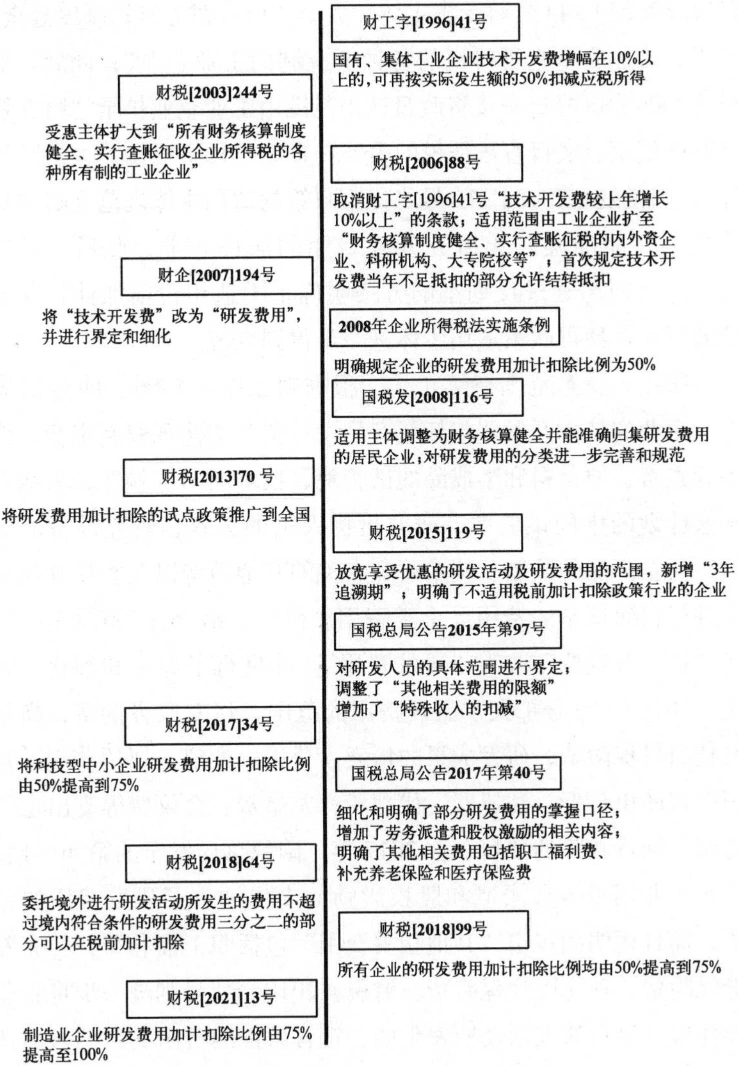

**财工字[1996]41号**
国有、集体工业企业技术开发费增幅在10%以上的,可再按实际发生额的50%扣减应税所得

**财税[2003]244号**
受惠主体扩大到"所有财务核算制度健全、实行查账征收企业所得税的各种所有制的工业企业"

**财税[2006]88号**
取消财工字[1996]41号"技术开发费较上年增长10%以上"的条款;适用范围由工业企业扩至"财务核算制度健全、实行查账征税的内外资企业、科研机构、大院校等";首次规定技术开发费当年不足抵扣的部分允许结转抵扣

**财企[2007]194号**
将"技术开发费"改为"研发费用",并进行界定和细化

**2008年企业所得税法实施条例**
明确规定企业的研发费用加计扣除比例为50%

**国税发[2008]116号**
适用主体调整为财务核算健全并能准确归集研发费用的居民企业;对研发费用的分类进一步完善和规范

**财税[2013]70号**
将研发费用加计扣除的试点政策推广到全国

**财税[2015]119号**
放宽享受优惠的研发活动及研发费用的范围,新增"3年追溯期";明确了不适用税前加计扣除政策行业的企业

**国税总局公告2015年第97号**
对研发人员的具体范围进行界定;
调整了"其他相关费用的限额";
增加了"特殊收入的扣减"

**财税[2017]34号**
将科技型中小企业研发费用加计扣除比例由50%提高到75%

**国税总局公告2017年第40号**
细化和明确了部分研发费用的掌握口径;
增加了劳务派遣和股权激励的相关内容;
明确了其他相关费用包括职工福利费、补充养老保险和医疗保险费

**财税[2018]64号**
委托境外进行研发活动所发生的费用不超过境内符合条件的研发费用三分之二的部分可以在税前加计扣除

**财税[2018]99号**
所有企业的研发费用加计扣除比例均由50%提高到75%

**财税[2021]13号**
制造业企业研发费用加计扣除比例由75%提高至100%

**图 5.1 我国研发费用加计扣除政策的演进**

我国研发费用加计扣除政策演进变化有如下四个特点。

第一，受惠主体不断增加并逐步规范。起初，财工字［1996］41号明确规定只有国有和集体工业企业才能享受加计扣除的优惠；财税［2003］244号将受惠主体扩大至"所有财务核算制度健全、实行查账征收企业所得税的各种所有制的工业企业"；此后，财税［2006］88号进一步将政策适用范围由工业企业扩至"财务核算制度健全、实行查账征税的内外资企业、科研机构、大专院校等"；国税发［2008］116号将优惠政策的适用主体规范为财务核算健全并能准确归集研究开发费用的居民企业；此后，财税［2015］119号通过反列举的方式明确了不适用税前加计扣除政策的行业，使得政策适用主体进一步得到规范。

第二，受惠范围持续扩大。根据财工字［1996］41号的规定，企业的技术开发费包括新产品设计费、工艺规程制定费、设备调整费、原材料和半成品的试验费、技术图书资料费、未纳入国家计划的中间试验费、研究机构人员的工资、研究设备的折旧、与新产品的试制、技术研究有关的其他经费以及委托其他单位进行科研试制的费用等十类费用。此后，财企［2007］194号将"技术开发费"改为"研发费用"，并进行了界定和细化。财税［2015］119号扩大了研发费用的范围，将专家咨询费、高新科技研发保险费、研发成果的检索、分析、评议、评估费用、知识产权的申请费、注册费、代理费、差旅费、会议费等支出也作为可予加计扣除的项目。在2017年，国税总局发布的第40号公告将企业用于劳务派遣和股权激励的支出纳入了研发费用的范围，而且还明确规定"其他相关费用"包括职工福利费、补充养老保险费、补充医疗保险费。财税［2018］64号则进一步将企业委托境外进行研发活动所发生的、符合条件的费用支出纳入加计扣除的范围。可见，随着企业研发活动的不断深入和研发形式的不断变化，符合受惠条件的研发费用的范围也在持续扩大。

第三，结转规定日益完善。财税［2006］88号首次规定技术开发费当年不足抵扣的部分允许在以后最多5个纳税年度结转抵扣。在此之前，不允许未使用完的扣除额进行任何结转，而且加计扣除额不得超过当年应税所得。实际上，允许企业将扣除额进行结转能够减轻企业的税收负担，缓解企业的资金压力，是国际通行的做法。财税［2015］119号进一步规定，符合研发费用加计扣除的条件而在2016年1月1日以后未及时享受该项税收优惠的，可以追溯享受并履行备案手续，追溯期限最长为3年，从而使得相关企业能够充分享受到结转优惠。

第四，扣除比例不断提高。财工字［1996］41号将加计扣除的比例确定为50%，此后数年未有调整。直至2018年，财税［2018］99号将扣除比例提高至75%。2021年又将制造业企业适用的扣除比例进一步提升至100%，与代表性国家相比，属于非常慷慨的规定。

2. 研发费用加计扣除政策的现存问题

尽管研发费用加计扣除政策日益完善，但在政策设计和执行落实过程中仍然存在一些较为突出的问题需要解决。为了探究目前研发费用加计扣除政策存在的主要问题，笔者及团队其他成员于2018年向苏州工业园区的各类企业发放350份问卷，收回104份有效问卷。此外，还对一家从事射频及微波集成电路的研发设计企业进行了深度访谈。根据上述问卷调查和深度访谈的结果，可以总结出现行研发费用加计扣除政策主要存在以下两个方面的问题。

（1）研发费用的归集相对复杂和困难

首先，研发费用的口径繁多且复杂。目前，关于研发费用的归集存在三种不同的口径，分别为会计核算口径、高新技术企业认定口径、研发费用加计扣除口径。会计核算口径是指企业在日常研发活动中使用研发费用会计科目对各类研发成本支出进行会计处理；高新技术企业认定口径指的是科技部门在高新技术企业认定工作中遵循的口径；研发费用加计扣除口径则是税务部门执行研发费用加计扣除政策时予以认可的口径。表5.15显示了高新技术企业认定口径和研发费用加计扣除口径的差别，从中可以清晰地看出，这两种口径的差异明显且琐碎。在实际操作过程中，倘若企业申请研发费用加计扣除优惠，须对会计核算口径或高新技术企业认定口径的研发费用进行烦琐调整和二次计算，被多达57%的受访企业视为妨碍其享受加计扣除政策的重要因素。研发费用归集口径复杂成为妨碍享受加计扣除优惠的最主要的原因。

表5.15 研发费用归集的不同口径及其差异

| 归集 | 高新技术企业认定口径 | 研发费用加计扣除口径 |
|---|---|---|
| 研发费用的归集 | 人员人工费用<br>（累计实际工作时间183天以上的科技人员） | 人员人工费用<br>（只包括直接从事研发活动的人员） |
| | 直接投入费用<br>（允许通过经营租赁方式租入用于研发活动的固定资产租赁费） | 直接投入费用<br>（仅允许通过经营租赁方式租入用于研发活动的仪器、设备租赁费） |
| | 折旧费用与长期待摊费用<br>（包括在用建筑物的折旧费） | 折旧费用<br>（不包括在用建筑物折旧费和长期待摊费用） |
| | 无形资产摊销费用 | 无形资产摊销费用 |
| | 设计费用 | 新产品设计费用 |
| | 装备调试费用与实验费用 | |
| | 其他费用<br>（包括通信费；不得超过研发费用的20%） | 其他费用<br>（不包括通信费；不超过研发费用的10%） |

其次，小微企业研发费用的归集存在很大困难。现实中，多数小微企业往往会计核算不够健全，无法按照政策的相关要求进行研发费用的归集和区分，因此，无法享受研发费用加计扣除的优惠。问卷调查的结果显示，企业未享受甚至未申请研发费用加计扣除优惠的原因中，自身财务管理能力弱、无法准确地归集研发费用这个因素高居榜首，超过32%的受访企业选择了这一原因，而受访企业中接近一半属于小微企业。对于会计核算较为健全的那部分小微企业而言，为了准确地归集和区分符合优惠条件的研发费用，它们需要耗费较多的人力、物力和时间去准备各项材料，对于规模小、人手少的小微企业来说，显著地增加了企业的纳税成本。如果企业在1个纳税年度内开展数项研发活动，还会涉及研发费用在不同研发项目之间的分摊，将大大增加企业财务人员的工作难度。这既不利于研发费用加计扣除优惠政策的贯彻落实，也不利于企业同时开展多项研发活动。

(2) 政策的宣讲释疑稍显粗略

第一，政策宣传的力度有所欠缺。问卷调查的结果显示，接近12%的受访企业之所以未享受甚至未申请研发费用加计扣除的优惠，是由于不了解这项政策；有40%的受访企业认为政策宣传的覆盖面不广、力度不大是影响企业享受研发费用加计扣除政策的重要因素；此外，在对问卷开放性问题的回复中，有企业提及对于加计扣除政策的熟悉程度较低、不知道申请流程以及如何操作，甚至有企业认为发生亏损的年份不需要向税务部门进行研发项目的备案，从而未能享受亏损结转的好处。

第二，政策宣讲的内容略显粗浅。有的受访企业提到，政策宣讲的内容大多只涉及政策变化情况，与网站公布的文件内容差异不大，不够细致具体。其实，企业需要更多的细节讲解甚至个性化的释疑。比如，如图5.2所示，享受研发费用加计扣除政策的基本流程包括立项、研发活动的开展、汇算清缴、汇算清缴之后四个阶段，企业在每个阶段都需要不同部门完成不同的工作，

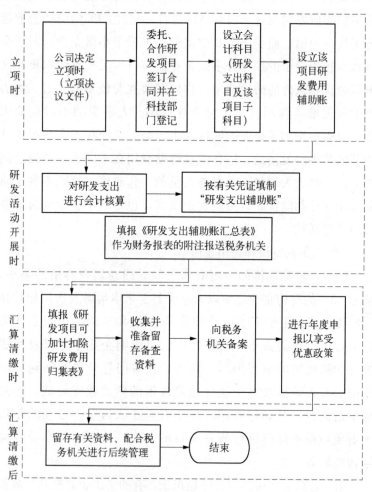

图5.2 企业享受研发费用加计扣除政策的流程图

涉及很多具体的、个性化的问题，笼统的政策宣讲很难真正解决问题，效果不彰。然而，从税务部门的角度出发，在简短的政策宣讲中覆盖到各类企业关心的所有问题，甚至当场解决企业具体的、个性化的问题，是不现实的。

第三，政策的释疑不够具体细致。在对问卷开放性问题的回答中，个别受访企业提到纳税大厅和12366纳税服务热线对于具体问题的回答略显笼统，难以提供有针对性的、个性化的服务。其实，从税务部门的角度出发，提供一对一的个性化服务确有难度。

第四，后期沟通反馈不畅。有的受访企业提到，包括研发费用加计扣除政策在内的不少税收优惠政策，在企业申请时往往有专人负责，但是审核之后如果没有通过就没有任何反馈了，审核不过的原因无从知道。可见，前期沟通相对通畅，后期反馈较为缺乏。

总结下来，关于政策宣讲和释疑方面的核心问题其实在于方式手段不够先进。目前的沟通方式和手段主要包括面对面咨询、服务热线咨询、官网咨询三种。这三种方式的共同痛点在于无法迅速且有效地解决每个企业自身存在的个性化问题。这主要是由于提供咨询服务的税务人员作为个体，往往不可能全面精准地掌握税收领域的所有理论知识和政策法规，且准确无误地运用这些知识解决各类企业个性化的具体问题。因此，以"人"提供咨询服务的传统方式越来越难满足企业日益增长的个性化要求。

（二）高新技术企业税率优惠措施

1. 高新技术企业税率优惠政策的演进发展

2008年实施的《企业所得税法》明确规定，国家需要重点扶持的高新技术企业减按15%的优惠税率征收企业所得税。此后，如图 5.3 所示，高新技术企业税率优惠政策本身没有发生非常显著的变化，最明显的变革主要来自与高新技术企业认定相关的政策和规定。

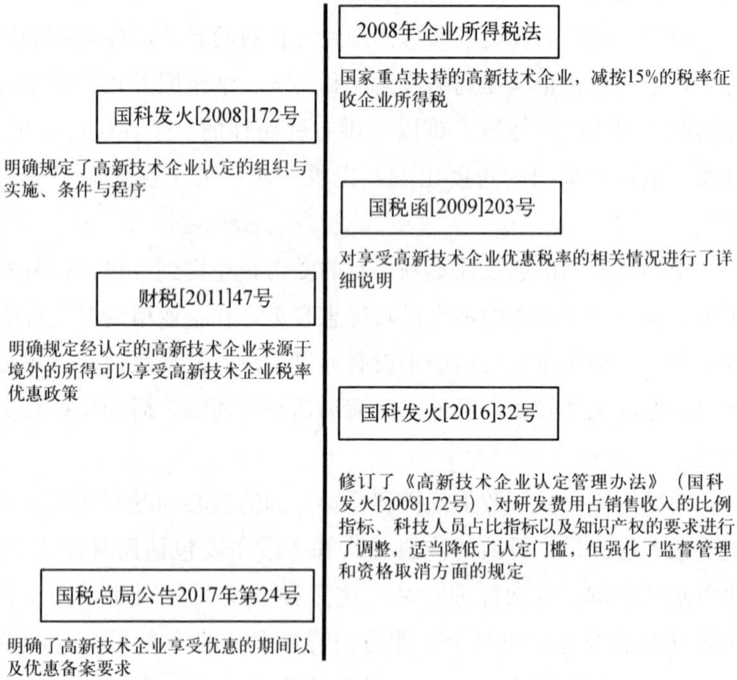

**2008年企业所得税法**
国家重点扶持的高新技术企业，减按15%的税率征收企业所得税

**国科发火[2008]172号**
明确规定了高新技术企业认定的组织与实施、条件与程序

**国税函[2009]203号**
对享受高新技术企业优惠税率的相关情况进行了详细说明

**财税[2011]47号**
明确规定经认定的高新技术企业来源于境外的所得可以享受高新技术企业税率优惠政策

**国科发火[2016]32号**
修订了《高新技术企业认定管理办法》（国科发火[2008]172号），对研发费用占销售收入的比例指标、科技人员占比指标以及知识产权的要求进行了调整，适当降低了认定门槛，但强化了监督管理和资格取消方面的规定

**国税总局公告2017年第24号**
明确了高新技术企业享受优惠的期间以及优惠备案要求

**图 5.3　高新技术企业税率优惠政策的演进**

2008 年，科技部、财政部和国家税务总局联合颁布了《高新技术企业认定管理办法》（下称 2008 年版），经过数年的实践于 2016 年进行了修订（下称 2016 年版）。此次修订适当降低了高新技术企业的认定门槛，但是明显增强了监管的力度。表 5.16 详细地呈现了 2008 年版和 2016 年版的《高新技术企业认定管理办法》的主要差异。

## 表 5.16　2008 年版和 2016 年版的《高新技术企业认定管理办法》的主要差异

| 事项 | 2008 年版 | 2016 年版 | 主要差异 |
| --- | --- | --- | --- |
| 关于注册年限的规定 | — | 企业申请认定时须注册成立 1 年以上 | 增加了注册年限的要求 |
| 关于符合条件的知识产权的规定 | 企业近 3 年内通过自主研发、受让、受赠、并购等方式，或通过 5 年以上的独占许可方式，对其主要产品（服务）的核心技术拥有自主知识产权 | 企业通过自主研发、受让、受赠、并购等方式获得对主要产品（服务）在技术上发挥核心支持作用的知识产权的所有权 | 1. 取消了"近 3 年内"的限制性条件；<br>2. 取消了"5 年以上独占许可"的获得方式 |
| 关于研发人员占比的规定 | 具有大学专科以上学历的科技人员占企业当年职工总数的 30% 以上，其中，研发人员占比 10% 以上 | 企业从事研发和相关技术创新活动的科技人员占企业当年职工总数的比例不低于 10% | 取消了大专以上学历的占比要求，只要求科技人员占比不低于 10% |
| 关于研发费用占比的规定 | 最近 1 年销售收入小于 5 000 万元的企业，企业近 3 个会计年度研发费用总额占同期销售收入总额的比例不低于 6% | 近 1 年销售收入小于 5 000 万元（含）的企业，企业近 3 个会计年度研发费用总额占同期销售收入总额的比例不低于 5% | 降低了小规模企业研发费用的占比要求，由不低于 6% 变为不低于 5% |
| 关于高新技术产品收入占比的规定 | 高新技术产品（服务）收入占企业当年总收入的 60% 以上 | 近 1 年高新技术产品（服务）收入占企业同期总收入的比例不低于 60% | 增加了时间限制 |
| 关于资格取消的规定 | 1. 申请认定过程提供虚假信息；<br>2. 有偷、骗税等行为；<br>3. 发生重大安全、质量事故；<br>4. 有环境等违法、违规行为，受到有关部门的处罚；<br>5. 被取消高新技术企业资格的企业，5 年内不受理其认定申请 | 1. 在申请认定过程中存在严重的弄虚作假行为；<br>2. 发生重大安全、重大质量事故或有严重环境违法行为；<br>3. 未按期报告与认定条件有关重大变化情况，或累计 2 年未填报年度发展情况报表 | 1. 删除了"被取消高新技术企业资格的企业，在 5 年内不再受理其申请"的规定；<br>2. 增加了"未按期报告与认定条件有关重大变化情况或累计 2 年未填报年度发展情况报表"取消资格的规定 |

(续表)

| 事项 | 2008年版 | 2016年版 | 主要差异 |
| --- | --- | --- | --- |
| 关于申请提交材料的规定 | 1. 高新技术企业认定申请书；<br>2. 营业执照副本、税务登记证；<br>3. 知识产权证书（独占许可合同）、生产批文，新产品或新技术证明（查新）材料、产品质量检验报告、省级以上科技计划立项证明，以及其他相关证明材料；<br>4. 企业职工人数、学历结构及研发人员占比的说明；<br>5. 经具有资质的中介机构鉴证的企业近3个会计年度研究开发费用情况表；<br>6. 经具有资质的中介机构鉴证的企业近3个会计年度的财务报表以及技术性收入的情况表 | 1. 高新技术企业认定申请书；<br>2. 证明企业依法成立的相关注册登记证件；<br>3. 知识产权相关材料、科研项目立项证明、科技成果转化等相关材料；<br>4. 企业高新技术产品（服务）的关键技术和技术指标、生产批文、认证认可和相关资质证书、产品质量检验报告等相关材料；<br>5. 企业职工和科技人员情况说明材料；<br>6. 经具有资质的中介机构出具的企业近3个会计年度研发费用和近1个会计年度高新技术产品收入专项审计或鉴证报告，并附研发活动说明材料；<br>7. 经具有资质的中介机构鉴证的企业近3个会计年度的财务会计报告；<br>8. 近3个会计年度企业所得税年度纳税申报表 | 1. 增加了近1个会计年度高新技术产品收入专项审计或鉴证报告，并附研发活动说明材料；<br>2. 增加了近3个会计年度企业所得税年度纳税申报表 |
| 关于监督管理的规定 | 高新技术企业经营业务、生产技术活动等发生重大变化（如并购、重组、转业等）的，应在15日内向认定管理机构报告 | 1. 建立随机抽查和重点检查机制，加强监督检查 | 1. 建立了随机抽查和重点检查机制<br>2. 发生重大变化的报告期限由15日延长到3个月 |

(续表)

| 事项 | 2008年版 | 2016年版 | 主要差异 |
|---|---|---|---|
| 关于监督管理的规定 | 高新技术企业经营业务、生产技术活动等发生重大变化（如并购、重组、转业等）的，应在15日内向认定管理机构报告 | 2. 高新技术企业发生更名或与认定条件有关的重大变化应在3个月内报告<br>3. 跨认定机构管理区域整体迁移的高新技术企业，在其高新技术企业资格有效期内完成迁移的，其资格继续有效；部分搬迁的，则由迁入地认定机构重新认定 | 3. 新增了关于高新技术企业迁移的管理规定 |

**2. 高新技术企业税率优惠政策的现存问题**

现行高新技术企业税率优惠政策的问题均与高新技术企业的认定及其管理有关。具体而言，《高新技术企业认定管理办法》在认定指标和后续监管方面仍有改善空间。

（1）认定条件不能非常有效地促进实质性研发活动的开展

2016年版的《高新技术企业认定管理办法》适当降低了高新技术企业的认定标准。然而，作为一项典型的选择性激励政策，认定条件的降低不利于促进企业开展实质性的研发活动，相反会导致更多的政策迎合式的研发投入行为。例如，关于符合条件的知识产权的规定取消了原来"近3年内"获得知识产权的限制性条件，实质上无法充分凸显高新技术企业的"新"颖程度，不利于激励企业进行持续的研发和创新。事实上，2008年版的《高新技术企业认定管理办法》本身就缺乏结果导向型技术成果的新颖性要求。在没有新颖性要求的情况下，税收激励可能会激励模仿而非创新[①]。

---

[①] 胡凯、吴清：《R&D税收激励、知识产权保护与企业的专利产出》，《财经研究》2018年第4期。

又比如，关于研发费用占比的规定有可能无法真正激励企业持续增加研发投入。因为此项指标已经达标并且已经享受15%优惠税率的企业可能仅仅维持甚至降低既有的研发投入水平；而尚未享受到税率优惠的企业则可能为了获得高新技术企业的资格，人为地、有目的地增加研发投入，其实并未开展实质性的研发活动，从而造成了社会资源的浪费。

（2）后续的监督和管理难以有效落地和实施

高新技术企业的资格认定由企业所在省份的认定机构负责，不排除极个别省份将本省高新技术企业的数量及其增长作为政绩，从而在资格审核过程中出现"放水"现象。为了预防这种情况，2016年版的《高新技术企业认定管理办法》专门增加了相关规定，不仅建立了随机抽查和重点检查机制，还特别强调了对存在问题的认定机构提出整改意见并限期改正，问题严重的给予通报批评，逾期不改的暂停其认定管理工作。然而，实践中对于逾期不改的认定机构很难真正地、完全地暂停其认定管理工作，因而与后续监管相关的规定实则威慑力有限。

（三）技术转让所得减免措施

1. 技术转让所得减免政策的演进发展

自2008年版《企业所得税法》和《企业所得税法实施条例》规定符合条件的技术转让所得可从企业所得税税基中全部或减半扣减以来，技术转让所得减免政策不断发展完善。图5.4呈现了技术转让所得减免相关政策的演进和变化。

根据图5.4可以总结出技术转让所得减免政策发展变化的三个特点。

第一，符合优惠条件的技术转让的范围不断扩大。财税〔2010〕111号明确规定，居民企业转让其拥有技术的所有权或5年以上（含5年）全球独占许可使用权时才可享受税收优待。实际上，5

## 第五章　中国与代表性国家激励企业研发创新的税收优惠政策体系

```
┌─────────────────────────┐
│ 2008年中华人民共和国企业所得税法实施条例 │
├─────────────────────────┤
│ 规定技术转让所得不超过500万元的部分,免征企业 │
│ 所得税;超过500万元的部分,减半征收企业所得税 │
└─────────────────────────┘

┌──────────────┐
│ 国税函[2009]212号 │
├──────────────┤
│ 对享受优惠的技术转让应符合的条件、│
│ 技术转让所得的计算方法予以明确;明 │
│ 确规定不属于与技术转让项目密不可分 │
│ 的技术咨询、技术服务、技术培训等收 │
│ 入,不得作为技术转让收入 │
└──────────────┘

┌─────────────────────────┐
│ 财税[2010]111号 │
├─────────────────────────┤
│ 对技术转让的范围界定为居民企业转让其拥有技术 │
│ 的所有权或5年以上(含5年)全球独占许可使用权 │
│ 的行为 │
└─────────────────────────┘

┌──────────────────┐
│ 国税总局公告2013年第62号 │
├──────────────────┤
│ 对能够计入技术转让收入的技术咨询、│
│ 技术服务、技术培训收入的概念和需要 │
│ 满足的条件予以明确 │
└──────────────────┘

┌─────────────────────────┐
│ 财税[2015]116号 │
├─────────────────────────┤
│ 规定自2015年10月1日起,全国范围内的居民企业 │
│ 转让5年以上非独占许可使用权取得的技术转让所 │
│ 得,可以享受技术转让所得减免优惠 │
└─────────────────────────┘

┌──────────────────┐
│ 国税总局公告2015年第82号 │
├──────────────────┤
│ 规定企业转让符合条件的5年以上非独占 │
│ 许可使用权的技术,限于其拥有所有权 │
│ 的技术;对相关的技术转让所得的计算 │
│ 方法加以明确 │
└──────────────────┘

┌─────────────────────────┐
│ 财税[2020]61号 │
├─────────────────────────┤
│ 自2020年1月1日起,在中关村国家自主创新示范 │
│ 区特定区域内注册的居民企业,符合条件的技术 │
│ 转让所得免征额由500万元提至2000万元 │
└─────────────────────────┘
```

**图 5.4　技术转让所得减免政策的演进**

年以上（含 5 年）全球独占许可使用权的门槛很高，多数企业无法企及。为了让更多的企业能够享受此项优惠，国税总局于 2015 年发布了第 82 号公告，扩大了符合条件的技术转让的范围，取消了"全球独占"的限制性条件，允许 5 年以上非独占许可使用权享受同等税收优待。

第二，关于技术转让收入的规定日益具体，有利于此项税收优惠政策的落实。按照国税函［2009］212 号的相关规定，不属于与技术转让项目密不可分的技术咨询、技术服务、技术培训等收入，不能够作为技术转让收入。然而，该文件对于"密不可分"并未有任何解释说明或判断标准。2013年国税总局在第62号公告中明确给出了可以计入技术转让收入的技术咨询、技术服务、技术培训收入的概念定义和需要满足的具体条件，从而有利于这些优惠政策的落地与实施。

第三，试点区域的技术转让所得减免额大幅提升。财税〔2020〕61号的规定将在中关村国家自主创新示范区特定区域注册的居民企业的技术转让所得免征额由500万元大幅提升至2 000万元，在很大程度上降低了这一试点区域技术转让的税收成本，释放出后续在更大范围内提高技术转让所得减免额的信号。

2. 技术转让所得减免政策的现存问题

尽管技术转让所得减免政策不断发展完善，但在政策设计和制定方面仍存在较为突出的问题。

(1) 政策优惠范围略显狭窄

2015年，国税总局发布的第82号公告采用正列举的方式明确罗列了5种能够享受技术转让所得减免优惠的技术成果，具体包括专利（含国防专利）、计算机软件著作权、集成电路布图设计专有权、植物新品种权、生物医药新品种。此外，还规定财政部和国家税务总局确定的其他技术也可享受同等的税收优待，然而，直到目前为止，财政部和国税总局仍未明确"其他技术"的具体内容，导致除上述5种技术成果以外的许多技术转让能否享受税收优惠无法可依，不同地区税务部门的执行标准不尽相同，给纳税人带来很大的不确定性。

尽管与多数代表性国家的知识产权盒制度相比，中国的技术转让所得减免政策的优惠范围已然较大，然而，无论是从不同位阶法律规定的衔接出发，还是从技术交易的实践出发，将技术秘密和专利申请权排除在技术转让所得减免优惠范围之外都是一个不容忽视的问题。

① 从不同位阶法律规定衔接的角度出发。

中国的法律体系由不同法律效力位阶的立法性文件构成，具体包括宪法、法律、行政法规、地方性法规、自治条例、单行条例、部门规章和地方政府规章。图5.5按照法律效力位阶的高低呈现了上述立法性文件之间的关系。

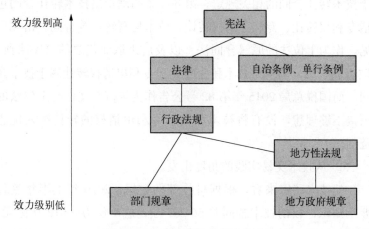

图5.5 立法性文件之间的关系

除了各种立法性文件之外，各级行政机关还制定了数量庞大的规范性文件。我国的税收法律制度渊源中，除了法律和暂行条例之外，占绝对数量的是由财政部和国税总局制定的税收规范性文件[①]。确定技术转让所得减免优惠范围的国税总局2015年第82号公告就属于此类规范性文件。

企业能否享受技术转让所得减免优惠须以技术合同的认定作

---

① 张爱民：《中国境内技术转让企业所得税优惠制度研究》，上海交通大学2018届法律硕士专业学位论文。

为前提条件，技术合同的认定依据为科技部发布的《技术合同认定规则》（国科发政字［2001］253号），而《技术合同认定规则》的制定依据主要为原《合同法》。

原《合同法》第342条明确规定，技术转让合同包括专利权转让、专利申请权转让、技术秘密转让、专利实施许可合同。自2021年1月1日起，《合同法》废止，相关内容纳入《民法典》（"合同"编）。《民法典》（"合同"编）基本延续了《合同法》关于技术转让合同的相关规定，第863条明确指出技术转让合同包括专利权转让、专利申请权转让、技术秘密转让等合同。由此可见，作为上位法的原《合同法》以及后来取而代之的《民法典》（"合同"编）均承认技术秘密转让和专利申请权转让属于技术合同。而国税总局2015年第82号公告作为规范性文件与上位法的衔接不够理想，没有将技术秘密和专利申请权的转让纳入优惠范围。

② 从技术交易实践的角度出发。

就技术秘密来看，根据科技部的数据，2020年上半年签订涉及知识产权的技术合同共56 287项，成交额为3 612.0亿元。其中，技术秘密合同28 686项，成交额为1 686.0亿元；计算机软件合同16 836项，成交额为623.3亿元；专利技术合同8 155项，成交额为1 054.0亿元。从合同数量来看，技术秘密合同的占比高达51%，占据了半壁江山；从成交额来看，技术秘密合同的占比接近47%。技术秘密转让是技术扩散和技术成果转化的重要途径，在技术交易市场中的表现也最为活跃，但却并未纳入技术转让所得减免的优惠范围。

就专利申请权来看，技术转让是出让方和受让方双方合意的结果，作为一个理性的受让方，其在购买技术时通常会对技术的价值进行评估，如果一项技术申请没有潜在价值，受让方也无购买的必要。通常情况下，专利申请基本上是相关领域比较新颖的技术方案，如若专利申请权转让无法享受税收优待，有可能在一定程度上抑制专利申请权的转让，从而不利于新技术的扩散和实施[①]。

(2) 非独占许可使用权的持有年限设置过长

根据财税［2015］116 号的规定，自 2015 年 10 月 1 日起，全国范围内的居民企业转让 5 年以上非独占许可使用权取得的技术转让所得，可以享受技术转让所得减免优惠。相关部门并未对"5 年以上"的年限设定进行解释说明。事实上，在企业的技术交易中，转让的许可使用权往往很难满足这一限制条件，致使此项税收优惠措施的实施效果不尽人意。

---

① 张爱民：《中国境内技术转让企业所得税优惠制度研究》，上海交通大学 2018 届法律硕士专业学位论文。

# 第六章
# 企业有效税负对中国科技型中小企业研发投入的影响效应研究

本章将选取在新三板挂牌的科技型中小企业作为研究样本,建立面板数据随机效应模型,运用多元回归的方法定量研究企业有效税负对科技型中小企业研发投入的影响效应。接着,将从企业所处行业和所在地区两个角度进行分样本的异质性回归分析。随后,将从企业生命周期的视角出发研究不同阶段企业的有效税负对其研发投入的影响方向和程度。最后,将运用替换指标的方法进行稳健性检验以验证实证结果的可靠性。

## 一、研究样本与数据来源

本章按照2017年《科技型中小企业评价办法》对于科技型中小企业的界定,选择2017—2019年连续3年被评定为科技型中小企业并在新三板挂牌的企业作为研究对象,最终确定样本总数为514个①。在确定样本企业的过程中,笔者按照以下标准进行了剔除:(1)考虑到数据的一般性,剔除具有退市风险的ST公司;(2)考虑到数据的连续性,剔除3年年报不完整的企业;(3)考虑到实证结果的准确性,剔除存在指标数据为零、为负或

---

① 由于2017年的评定工作建立在2016年相关数据的基础之上,以此类推,本章研究涉及的年份实际上是2016年、2017年和2018年。

无法确定的企业。

本章的原始数据来源于样本企业的年度报告[①],通过手工收集的方式获得,部分指标的数据经过进一步计算得到。

## 二、变量定义与模型构建

(一) 变量定义

笔者通过对诸多相关研究的细致梳理,区分出影响企业研发投入的内驱变量和外驱变量。其中,内驱变量指的是企业能够自己控制或影响的因素,外驱变量则指企业无法施加控制或进行干预的因素。具体而言,影响科技型中小企业研发经费投入的内驱变量主要包括企业的研发团队、盈利能力、管理体系和企业家精神四个变量,外驱变量则主要涉及市场需求、市场结构、融资约束和政策牵引四个变量。需要注意的是,税收政策是一项重要的公共政策,因而作为外驱变量对企业的研发投入产生牵引作用。除了税收数据之外,绝大多数外驱因素的操作变量缺乏相应的实证数据,因此,本章仅分析上述四个内驱变量以及税收对企业研发经费投入的影响效应。

本章拟建立面板数据模型,运用多元回归的方法探究上述各个因素与科技型中小企业研发投入的相关关系,从中剖析企业税负与研发投入之间的负相关是否显著,以验证研究假设 1。基于本章的研究目标并参考已有相关文献的变量设定,本章的变量设置详见表 6.1。

1. 被解释变量

被解释变量设置为企业的研发投入 (RDIN),为了全面完整地反映企业研发投入的总体规模,本书综合考虑了研发支出的费

---

[①] 样本企业的年度报告来源于全国中小企业股份转让系统,http://www.neeq.com.cn。

用化支出和资本化支出,因而采用企业研发费用和开发支出的合计数加以表示。

表6.1 变量设置

| 变量类型 | 变量名称(符号) | 变量定义 |
| --- | --- | --- |
| 被解释变量 | 研发投入(RDIN) | 企业研发费用与开发支出的合计数 |
| 解释变量 | 有效税负率(ETBR) | (企业所得税+财产税+类税缴费)/营业收入 |
| 控制变量 | 净资产收益率(ROE) | 企业年末净利润总额/企业年末所有者权益 |
| | 研发团队规模(RDTE) | 企业年末研发人员数/企业年末员工总数 |
| | 企业内部激励制度(IIME) | 高管层持股比例 |
| | 企业家创新精神(ENIS) | 董事长的年龄 |
| | 行业(INDU) | 对行业设置制造业(INDU1)和信息技术服务业(INDU2)两个虚拟变量。INDU1=1表示制造业,否则,INDU1=0;INDU2=1表示信息技术服务业,否则,INDU2=0 |
| | 地域(AREA) | 对地区设置一个虚拟变量,AREA=1表示注册于东部地区,否则,AREA=0 |

2. 解释变量

解释变量设置为企业的有效税负。有效税负衡量的是企业本身承担的所得税、财产税以及股东承担的与企业行为相关的个人所得税之和占营业收入的比重(Devereux and Griffith,1999)。然而,考虑到中国科技型中小企业大多需要缴纳类税性质的费用和社保费用，本书将样本企业承担的企业所得税、财产税、政府性基金缴费、行政事业性缴费和社保缴费均视为"税收"的组成部分[①]，且将政府性基金缴费、行政事业性缴费和社保缴费等类税性质的费用统称为类税缴费。此外，因为缺乏相关数据信息，股东承担的与企业行为相关的个人所得税不予考虑。因此，本书中企业有效税负的计算公式为：

有效税负率 =（企业所得税 + 财产税 + 类税缴费）/ 营业收入

(6-1)

根据第二章提出的研究假设 1，企业的有效税负越轻、税收成本越低，意味着企业的资本使用成本越小、企业可用于研发的资金就越多。

3. 控制变量

控制变量包括企业的净资产收益率（ROE）、研发团队规模（RDTE）、企业内部激励制度（IIME）、企业家创新精神（ENIS）、样本企业所处行业（INDU）和所处地区（AREA）。

企业的净资产收益率是指净利润总额与所有者权益的比值，可以在很大程度上反映出企业的盈利能力。通常情况下，企业的净资产收益率越高、盈利能力越强，可供企业投资于研发创新的经费也就越多。

研发团队规模通过企业年末研发人员数与企业年末员工总数的比值来反映。企业研发团队的规模越大、研发人员的数量越多，花费的人力成本就越高。由于人力成本是研发投入的重要组成部分，因此研发投入相应越大。

---

[①] 财产税主要考虑的是房产税；类税缴费包括教育费附加、残疾人就业保障金、水利建设基金、河道费、堤围费、排污费、文化建设基金、价格调节基金、污水处理费、绿化费、环保费、土地流转金等。

企业内部激励制度可以通过高管层持股比例加以反映。如若高管层持股比例较高、内部激励到位，研发参与者（特别是高管）的积极性将得到极大的调动，会想方设法地降低成本，研发资金的使用效率很可能提高，研发投入很可能减少。当然，如若高管层持股比例较高，高管层也有可能为了短期内提高企业的经营绩效以促进股价上涨，只注重短期行为，忽视企业的长期发展，从而不注重企业的研发创新。这两种原因都可能导致高管层持股比例与企业研发投入呈现负相关。具体是何种原因导致企业研发投入的减少，需要后续的经验研究加以判断。

企业家创新精神以董事长的年龄加以反映。一方面，董事长的年龄越大，顾虑越多，创新精神越加减退，从而研发投入越小，即董事长的年龄与企业研发投入之间呈现负相关的关系；另一方面，董事长的年龄越大，行业和人生经验越加丰富、思考问题更加周全，制定的创新计划越加可靠，风险承担能力越强，因此，研发投入很可能越大，也就是董事长的年龄与企业研发投入之间呈现正相关的关系。

行业通过设置制造业和信息技术服务业这两个虚拟变量来表示，因为新三板上市公司九成以上属于制造业和信息技术服务业。一般认为后者的技术更迭速度更快、研发要求更高，因此，从事信息技术服务的企业研发投入相对更多。

地区也通过设置虚拟变量加以表示。我国地区的划分主要有地理区域划分和经济区域划分两种方式。其中，后者是研究宏微观经济的重要基础。我国的经济区域通常划分为东部地区、东北部地区、中部地区和西部地区。相较于其他区域，东部地区经济发达，企业聚集，资源汇聚，竞争更为充分，企业拥有更强的技术创新动力，整体研发创新优势更为明显。因此，本书将企业所处地区简化为东部地区和非东部地区，且根据企业年报中的公司地址确定其所在省份进而确定其所属的经济区域。

(二) 模型构建

在构建模型时，为了降低数据的波动幅度，提高数据的平稳性，对研发投入和有效税负率进行自然对数化处理。这样做并不会使数据的性质和相关关系发生改变，反而可以削弱变量间的多重共线性，消除模型的异方差性，使得估计结果更加可靠。

基于以上考虑及所选变量，为考察企业有效税负对科技型中小企业研发投入的影响效应，也就是为了验证研究假设1，本书构建的面板数据模型 (6-1) 为：

$$\ln RDIN_{i,t} = \beta_0 + \beta_1 \ln ETBR_{i,t} + \beta_2 ROE_{i,t} + \beta_3 RDTE_{i,t} \\ + \beta_4 IIME_{i,t} + \beta_5 ENIS_{i,t} + \beta_6 INDU1_i \\ + \beta_7 INDU2_i + \beta_8 AREA_i + \varepsilon_{i,t} \qquad (6-1)$$

模型 (6-1) 中，$RDIN_{i,t}$ 表示企业 i 在第 t 年的研发投入，$ETBR_{i,t}$ 表示企业 i 在第 t 年的有效税负率，$ROE_{i,t}$ 表示企业 i 在第 t 年的净资产收益率，$RDTE_{i,t}$ 表示企业 i 在第 t 年研发团队的规模，$IIME_{i,t}$ 表示企业 i 在第 t 年的高管层持股比例，$ENIS_{i,t}$ 表示企业 i 在第 t 年时其董事长的年龄，$INDU1_i$ 和 $INDU2_i$ 表示企业 i 所属的行业，$AREA_i$ 表示企业 i 所属的地区，$\varepsilon$ 是随机扰动项。i = 1, 2, 3, …, 514；t = 2016, 2017, 2018。

该模型研究了企业有效税负率对科技型中小企业研发投入的影响。模型参数 $\beta_0$ 为常数项，$\beta_1$ 是企业有效税负率与其研发投入的相关系数，$\beta_2$ 到 $\beta_8$ 为控制变量的系数。其中，若 $\beta_1$ 显著为负，则说明企业的有效税负率与其研发投入负相关，意味着有效税负率越低,则企业的研发投入越大,也就是研究假设1得到了验证。

此外,为了反映处于生命周期不同阶段企业的有效税负率对其研发投入的影响有何差别,笔者按照综合指标法将总样本划分为种子期、初创期、成长期、成熟期和衰退期5个子样本,运用模型(6-1)分别进行回归分析。

### 三、描述性统计分析

本部分运用Stata15对各变量的样本数据进行整体和分组的描述性统计分析,从而了解数据的大致特征,以便发现数据缺失和异常等情况并采取相应的处理措施。

(一)整体样本描述性统计分析

表6.2呈现了整体样本的描述性统计结果,以反映整体样本各个变量的大致特征,从中可以看出:(1)样本企业研发投入的最大值为5 542.977 0万元,最小值为1.733 5万元,均值为566.761 0万元,标准差为477.209 7,可见样本数据的离散程度很大,说明样本企业的研发投入水平存在很大差异。(2)样本企业有效税负率的最大值为24.58%,最小值为0.24%,均值为5.58%,标准差为0.029 1,可见样本数据的离散程度较大,样本企业的有效税负率差异较大。(3)通过比较标准差和平均值不难发现,样本企业的净资产收益率和研发团队规模也存在较大的差别,数据的离散程度较大。样本企业的净资产收益率的最大值为79.48%、最小值仅为0.02%;样本企业中,研发人员占员工总数的比重最高可达90.63%,最低仅为2.85%。(4)样本企业的高管持股比例差异不大,数据较为平稳,持股比率的均值为66.47%。(5)董事长之间的年龄差异更小,样本数据非常平稳,平均年龄约为49岁。

表 6.2　整体样本描述性统计结果

| 变量 | 单位 | 最大值 | 最小值 | 平均值 | 标准差 |
|---|---|---|---|---|---|
| RDIN | 万元 | 5 542.977 0 | 1.733 5 | 566.761 0 | 477.209 7 |
| ETBR | / | 0.245 8 | 0.002 4 | 0.055 8 | 0.029 1 |
| ROE | / | 0.794 8 | 0.000 2 | 0.141 4 | 0.102 8 |
| RDTE | / | 0.906 3 | 0.028 5 | 0.307 8 | 0.215 4 |
| IIME | / | 1.000 0 | 0.004 0 | 0.664 7 | 0.260 2 |
| ENIS | 岁 | 78.000 0 | 29.000 0 | 48.946 0 | 7.351 9 |

(二) 分行业和地区描述性统计分析

行业和地区是模型（6-1）中的两个控制变量，为了了解变量数据在不同行业或不同地区的数据特征，本部分将样本分别按照行业和地区划分之后，再对各变量数据取均值进行分析。表 6.3 呈现了分地区和行业样本均值的描述性统计结果。

表 6.3　分地区和行业样本均值描述性统计结果

| 变量 | 单位 | 行业 | | 地区 | |
|---|---|---|---|---|---|
| | | 制造业 | 信息技术服务业 | 东部 | 非东部 |
| RDIN | 万元 | 521.633 3 | 741.034 6 | 611.787 9 | 488.036 5 |
| ETBR | / | 0.053 2 | 0.062 0 | 0.054 4 | 0.058 3 |
| ROE | / | 0.130 1 | 0.167 9 | 0.148 8 | 0.128 6 |
| RDTE | / | 0.204 2 | 0.532 5 | 0.301 9 | 0.318 1 |
| IIME | / | 0.669 3 | 0.668 2 | 0.674 5 | 0.647 4 |
| ENIS | 岁 | 50.153 1 | 46.490 8 | 49.228 8 | 48.451 6 |

从表6.3的分行业描述性统计结果可以发现：(1) 相比于制造业的样本企业，信息技术服务业样本企业的平均研发投入明显更高，约为制造业的1.42倍；(2) 信息技术服务业样本企业的平均有效税负率为6.2%，而制造业样本企业的这一数字更小，仅为5.32%，说明信息技术服务业样本企业的平均税负更高；(3) 信息技术服务业样本企业的平均净资产收益率高于制造业样本企业，前者为16.79%，后者为13.01%，说明信息技术服务业样本企业的盈利能力相对更高一些；(4) 信息技术服务业样本企业研发人员占比远远高于制造业样本企业，高出了33个百分点；(5) 两个行业的高管持股比例非常接近，制造业的数字略高；(6) 信息技术服务业样本企业的董事长明显更加年轻，其董事长年龄的均值约为46.5岁，制造业样本企业董事长年龄的均值为50岁。

从表6.3的分地区描述性统计结果可以发现：(1) 东部地区样本企业研发投入的平均水平明显高于非东部地区样本企业，前者是后者的1.25倍；(2) 东部地区样本企业的平均有效税负率略低于非东部地区样本企业，前者为5.44%，后者为5.83%；(3) 东部地区样本企业的平均净资产收益率高于非东部地区样本企业，两者相差2个百分点；(4) 较之于非东部地区的样本企业，东部地区样本企业研发人员的占比略低；(5) 平均而言，东部地区样本企业高管持股比例更高一些，比非东部地区样本企业的这一数据高了2个百分点；(6) 两个地区样本企业董事长年龄的均值相差不是很大。

(三) 分生命周期描述性统计分析

本部分将样本企业按照综合指标法划分生命周期各个阶段之后，再对各个变量数据取均值进行分析，结果如表6.4所示。从中不难发现：(1) 在研发投入方面，成熟期样本企业的研发投入最高，成长期的平均投入水平次之，种子期的平均投入金额最低；(2) 在有效税负率方面，生命周期各个阶段样本企业的平均有效税负率相差不大,然而,从样本数据来看,在企业各方面条件最为艰难的种子期承担的有效税负最高,各方面条件相对较好的成长期有效税负水平最低;(3)在净资产收益率方面,初创期样本企业的平均净资产收益率最高,衰退期的这一数据最低;(4)在研发人员与员工总数的比重方面,衰退期样本企业的均值最高,而种子期和初创期样本企业的数据最低;(5)在高管持股比例方面,成长期样本企业的平均比例最低,种子期样本企业因为拥有更强的激励管理层的意愿而导致这一数字最高;(6)在董事长年龄方面,处于成熟期和衰退期的样本企业的董事长更为年长,而种子期、初创期和成长期的样本企业的董事长更为年轻。

表 6.4　生命周期各个阶段样本均值描述性统计结果

| 变量 | 单位 | 按照综合指标法划分的生命周期各个阶段 | | | | |
| --- | --- | --- | --- | --- | --- | --- |
| | | 种子期 | 初创期 | 成长期 | 成熟期 | 衰退期 |
| RDIN | 万元 | 440.2685 | 478.2800 | 569.5222 | 605.7777 | 557.5427 |
| ETBR | / | 0.0594 | 0.0536 | 0.0522 | 0.0552 | 0.0588 |
| ROE | / | 0.1562 | 0.1723 | 0.1598 | 0.1494 | 0.1127 |
| RDTE | / | 0.2709 | 0.2742 | 0.3027 | 0.3095 | 0.3200 |
| IIME | / | 0.7292 | 0.6836 | 0.6325 | 0.6905 | 0.6547 |
| ENIS | 岁 | 47.1600 | 47.0625 | 47.5833 | 49.9814 | 49.5292 |

### 四、模型回归结果及分析

**(一) 整体样本回归分析**

为了估测企业有效税负对科技型中小企业研发投入的影响效应,本节将利用 Stata15 对模型参数进行估计。在对面板数据模型进行回归分析之前,需要对模型回归的方式作出选择。面板数据模型分为固定效应模型和随机效应模型,样本企业仅占到科技型中小企业总体的一小部分,并且由于企业的研发投入水平还受到一些不可观测因素的影响,因而模型中所选变量的影响效应具有一定的随机性。此外,根据 Hausman 检验的结果,模型存在随机效应,因此,本章将采用随机效应模型进行实证分析研究。具体回归估计结果如表 6.5 所示。

表 6.5 企业有效税负对科技型中小企业研发投入影响的回归结果

| 变量 | 回归系数 | 标准差 |
| --- | --- | --- |
| $lnETBR_{i,t}$ | $-0.299^{***}$ | 0.060 4 |
| $ROE_{i,t}$ | $0.754^{***}$ | 0.260 |
| $RDTE_{i,t}$ | $0.994^{***}$ | 0.232 |
| $IIME_{i,t}$ | $-0.351^{**}$ | 0.155 |
| $ENIS_{i,t}$ | $-0.020^{***}$ | 0.005 6 |
| $INDU1_i$ | 控制 | 控制 |
| $INDU2_i$ | 控制 | 控制 |
| $AREA_i$ | 控制 | 控制 |
| _cons | $12.65^{***}$ | 0.406 |

注:***、**、* 分别表示 1%、5%、10% 水平上具有统计显著性。

从表 6.5 的结果可以发现:(1) 有效税负率的回归系数为负,且在 1% 的水平上显著,表明企业的有效税负率与科技型中小企业研发投入的负相关关系非常显著,这意味着企业有效税负的降低对科技型中小企业的研发投入具有非常显著的促进作用,在其他条件不变的情况下,样本企业有效税负率每下降 1%,企业的研发投入可以平均增加 0.299%,因此,研究假设 1 得到了验证;(2) 企业的净资产收益率和研发团队规模对科技型中小企业研发投入的影响系数均为正，且均在1%的水平上显著，说明企业盈利能力的增强和研发人员占比的提高对科技型中小企业的研发投入均具有非常显著的促进作用，其中，研发团队规模的影响更大，在其他条件不变的情况下，样本企业研发人员的占比每提高1个百分点，企业的研发投入平均增长0.994%；(3)高管层持股比例的回归系数为负，且在5%的水平上显著，说明高管持股比例的提高会使得研发投入的资金出现减少；(4)董事长年龄对科技型中小企业研发投入的影响系数在1%的水平上显著为负，意味着企业家的年龄越小，越倾向于增加企业的研发经费投入。

(二) 分行业的样本回归分析

为了进一步分析不同行业企业的有效税负对其研发投入的影响，该部分对行业设置了制造业和信息技术服务业两个变量，也运用模型(6-1)进行回归，分析结果如表6.6所示。

表6.6 企业有效税负对企业研发投入影响的分行业回归结果

| 变量 | 制造业 | | 信息技术服务业 | |
| --- | --- | --- | --- | --- |
| | 回归系数 | 标准差 | 回归系数 | 标准差 |
| $lnETBR_{i,t}$ | -0.314*** | 0.064 | -0.315*** | 0.117 |
| $ROE_{i,t}$ | 0.828*** | 0.280 | 0.572 | 0.415 |
| $RDTE_{i,t}$ | 1.186*** | 0.318 | 1.027*** | 0.384 |
| $IIME_{i,t}$ | -0.445*** | 0.163 | -0.211 | 0.365 |
| $ENIS_{i,t}$ | -0.0168*** | 0.006 | -0.0628*** | 0.016 |
| $AREA_i$ | 控制 | 控制 | 控制 | 控制 |
| _cons | 13.26*** | 0.382 | 11.14*** | 0.980 |

注：***、**、*分别表示1%、5%、10%水平上具有统计显著性。

根据表 6.6 的回归结果可以发现：（1）无论是制造业还是信息技术服务业的科技型中小企业，其有效税负对其研发投入的影响系数均在 1% 的水平上显著为负。这说明企业有效税负的降低对两个行业科技型中小企业的研发投入具有显著的促进作用；（2）从回归系数的大小来看，企业有效税负对两个行业科技型中小企业研发投入的影响程度相差无几。具体而言，在其他条件不变的情况下，样本企业有效税负率每下降 1%，制造业企业的研发投入平均增加 0.314%，信息技术服务业企业的研发投入平均增长 0.315%，均高于整体样本的这一数据；（3）需要注意的是，就制造业的样本企业而言，所有解释变量和控制变量对其研发投入的影响系数都非常显著。信息技术服务业的情况却有所不同，净资产收益率和高管持股比例这两个控制变量的影响并不显著。究其原因，信息技术服务业的技术更迭非常迅速，行业中的企业必须始终保持研发创新的状态，因此，不论企业短期内盈利是多还是少，不管企业的高管持股比例是高还是低，都要保持足够多的研发投入才可能有创新产出。

（三）分地区的样本回归分析

为了研究不同地区企业的有效税负对其研发投入的影响，本部分内容对地区设置了东部地区和非东部地区这两个虚拟变量，同样运用模型（6-1）进行回归，分析结果如表 6.7 所示。

表 6.7 企业有效税负对企业研发投入影响的分地区回归结果

| 变量 | 东部地区 | | 非东部地区 | |
|---|---|---|---|---|
| | 回归系数 | 标准差 | 回归系数 | 标准差 |
| $lnETBR_{i,t}$ | -0.371*** | 0.0696 | -0.237** | 0.106 |
| $ROE_{i,t}$ | 0.847*** | 0.262 | 0.742 | 0.522 |

(续表)

| 变量 | 东部地区 | | 非东部地区 | |
|---|---|---|---|---|
| | 回归系数 | 标准差 | 回归系数 | 标准差 |
| $RDTE_{i,t}$ | 1.181*** | 0.255 | 0.690 | 0.470 |
| $IIME_{i,t}$ | −0.274** | 0.205 | −0.376 | 0.249 |
| $ENIS_{i,t}$ | −0.0313*** | 0.0074 | −0.0179* | 0.0092 |
| $INDU1_i$ | 控制 | 控制 | 控制 | 控制 |
| $INDU2_i$ | 控制 | 控制 | 控制 | 控制 |
| _cons | 12.06*** | 0.517 | 13.00** | 0.697 |

注：***、**、* 分别表示1%、5%、10%水平上具有统计显著性。

从表6.7的回归结果能够看出：(1) 不论样本企业在东部地区还是在其他地区，其有效税负对研发投入的影响系数均显著为负，分别在1%和5%的水平上具有统计显著性。这说明企业有效税负的降低对上述地区科技型中小企业的研发投入具有显著的促进作用。(2) 通过对比东部地区与其他地区回归系数的大小可以发现，企业有效税负对研发投入的影响在东部地区更大。具体而言，在其他条件不变的情况下，样本企业有效税负率每下降1%，东部地区企业的研发投入平均增加0.371%，非东部地区企业的研发投入平均增加0.237%。(3) 就东部地区的样本企业而言，解释变量和控制变量对其研发投入的影响系数都较为显著。然而，非东部地区的情况却不尽相同，净资产收益率、研发人员占比以及高管持股比例这三个控制变量的影响并不显著。

净资产收益率的影响不显著，这意味在现有数据条件下非东部地区样本企业盈利能力的变化不会对其研发投入产生有规律的影响。一种可能的情况是，不管企业的盈利水平是提升还是降低都不会增加研发投入，技术更迭缓慢的行业或者其他原因导致研发意愿不高的企业会出现这种情况；另一种可能的情况是，无论企业的盈利水平是提升还是降低都不会减少研发投入，技术迭代迅速的行业或者其他原因导致研发压力巨大的企业会出现此种情况。这里具体属于上述哪种情况，还需要更进一步的实证分析。研发人员占比对企业研发投入的影响出现统计不显著，表明在现有数据条件下非东部地区样本企业研发人员与总员工比值的增减变化不会对其研发投入产生有规律的影响。这意味着非东部地区样本企业研发投入的增减变化与机器设备、办公厂房等固定资产或其他物质要素的变化关联更大。这很可能与非东部地区难以留住研发人才的困难有关。高管持股比例的影响不显著，说明在现有数据条件下非东部地区的样本企业中，无论高管持股比例是上升还是下降都不会对企业的研发投入产生有规律的影响。一种可能的情况是，无论企业高管持股的比例是上升还是下降都不会增加研发投入，技术更迭缓慢的行业或者内部激励机制的设计未充分考虑研发的企业会出现这种情况；另一种可能的情况是，不管企业高管持股的比例是上升还是下降都不会减少研发投入，技术迭代迅速的行业或者考核高管的制度设计充分关注研发的企业会出现此种情况。这里具体属于上述哪种情况，还需要通过后续的实证分析加以验证。

（四）分生命周期阶段的样本回归分析

按照综合指标法对企业所处的生命周期阶段进行划分，并分别将处于种子期、初创期、成长期、成熟期和衰退期的科技型中小企业作为子样本，通过前文所述模型（6-1）进行回归分析，以研究处于生命周期各个阶段的企业的有效税负对其研发投入的影响，回归结果如表6.8所示。

表 6.8 企业有效税负对其研发投入影响的分生命周期阶段回归结果

| 变量 | 按照综合指标法划分的生命周期各个阶段 | | | | |
|---|---|---|---|---|---|
| | 种子期 | 初创期 | 成长期 | 成熟期 | 衰退期 |
| $lnETBR_{i,t}$ | -0.541<br>(0.404) | -0.357*<br>(0.315) | -0.253***<br>(0.092 2) | -0.201**<br>(0.084 6) | -0.090 2<br>(0.068 0) |
| $ROE_{i,t}$ | 0.951<br>(0.906) | 1.310<br>(1.073) | 1.903***<br>(0.452) | 1.170***<br>(0.385) | 0.213<br>(0.309) |
| $RDTE_{i,t}$ | 1.368<br>(2.323) | 1.835**<br>(0.846) | 0.771**<br>(0.353) | 1.089***<br>(0.308) | 0.785***<br>(0.303) |
| $IIME_{i,t}$ | -0.457<br>(1.490) | -1.007<br>(0.635) | -0.237*<br>(0.240) | -0.239*<br>(0.208) | -0.552***<br>(0.176) |
| $ENIS_{i,t}$ | -0.011 4<br>(0.052 8) | -0.025 1<br>(0.017 9) | -0.022 2**<br>(0.008 9) | -0.013 6*<br>(0.007 4) | -0.010 7*<br>(0.006 4) |
| $INDU1_i$ | 控制 | 控制 | 控制 | 控制 | 控制 |
| $INDU2_i$ | 控制 | 控制 | 控制 | 控制 | 控制 |
| $AREA_i$ | 控制 | 控制 | 控制 | 控制 | 控制 |
| _cons | 12.27*<br>(2.810) | 11.60**<br>(1.603) | 12.53***<br>(0.614) | 13.22***<br>(0.569) | 14.11***<br>(0.466) |

注：括号里的值为标准差。***、**、*表示1%、5%、10%水平上具有统计显著性。

从表6.8的回归结果可以发现：

（1）处于种子期的样本企业，解释变量和控制变量对其研发投入的影响均不显著。这是由于种子期的科技型中小企业恰如其名，处于萌发阶段，人手短缺，往往一人身兼数职，产品单一，甚至尚未完成产品开发，内部管理制度欠缺，盈利的可能性微乎其微，资金周转大多非常困难，必须全员动员、迎难而上、倾尽全力地进行产品的研发,因此,包括税收负担在内的众多因素对其研发投入的增减变化很难产生有规律的影响。这意味着,那些对于未来前景有信心的种子期的企业,即使短期内面临各种困难,也不会改变继续研发的决定;那些屡次失败或丧失信心的种子期的企业,即使短期内面临的条件有所改善,也很可能放弃后续的研发。

(2) 处于初创期的样本企业,首先,有效税负对其研发投入的影响系数在10%的水平上显著为负,这说明企业有效税负的降低对这一阶段科技型中小企业的研发投入具有较为显著的促进作用。在其他条件不变的情况下,样本企业的有效税负率每下降1%,则企业的研发投入可以平均增加0.357%,影响程度在所有阶段之中是最大的。其次,研发团队的规模对这一阶段科技型中小企业研发投入的影响系数在5%的水平上显著为正,说明企业研发人员数量的增多对其研发投入具有显著的促进作用。具体而言,在其他条件不变的情况下,初创期样本企业的研发人员的占比每提高1个百分点,则企业的研发投入平均增长1.835%,影响程度在所有阶段是最大的。熬过了种子期的初创期企业往往只有主导产品或单一产品系列,急需扩大研发团队规模以完善产品结构,因此,研发团队的影响凸显。总体来看,就处于初创期的样本企业而言,只有企业有效税负和研发团队规模这两个变量的影响是显著的。

(3) 处于成长期的样本企业,首先,有效税负对其研发投入的影响系数在1%的水平上显著为负,这说明企业有效税负的降低对这一阶段科技型中小企业的研发投入具有非常显著的促进作用。在其他条件不变的情况下,样本企业有效税负率每下降1%,则企业的研发投入可以平均增加0.253%,影响程度在所有阶段之中排名第二。其次,企业的净资产收益率和研发团队规模对这一阶段的科技型中小企业研发投入的影响系数均为正,且分别是在1%和5%的水平上显著,说明企业盈利能力的增强和研发人员数量的增多对这一阶段的科技型中小企业的研发投入均具有显著的促进作用。最后,高管层持股比例和董事长年龄的回归系数分别在10%和5%的水平上显著为负。这说明高管持股比例的提升会导致研发经费投入出现下降。此外,董事长的年龄越小,越具有创新精神,从而越倾向于增加企业的研发投入。总体来看,就处于成长期的样本企业而言,解释变量和控制变量对其研发投入的影响规律与整体样本回归时基本相同。

(4)处于成熟期的样本企业,首先,有效税负对其研发投入的影响系数在5%的水平上显著为负,且在其他条件不变的情况下,样本企业有效税负率每下降1%,则企业的研发投入可以平均增加0.201%。其次,企业的净资产收益率和研发团队规模对这一阶段科技型中小企业研发投入的影响系数也均为正,且都是在1%的水平上显著。最后,高管层持股比例和董事长年龄的回归系数均在10%的水平上显著为负。总体来看,就处于成熟期的样本企业而言,解释变量和控制变量对其研发投入的影响规律与处于成长期的样本企业的影响规律非常类似,两个阶段的具体差异主要体现为有效税负对企业研发投入的影响程度在成熟期略有下降,而研发团队规模对企业研发投入的影响程度在成熟期则大大提升了。

(5)处于衰退期的样本企业,第一,企业有效税负和盈利能力对其研发投入的影响均不显著。这可能是,处于衰退期的企业往往出现产品的竞争优势严重下降甚至完全消失的现象,企业负债增加,研发态度和行为消极。因此,企业的税收负担和盈利水平无法对其研发投入产生有规律的影响。丧失信心的衰退期的企业,即使短期内面临的条件有所改善,也很可能放弃后续的研发。第二，研发团队规模对这一阶段的科技型中小企业研发投入的影响系数为正，且在1%的水平上显著。这意味着，衰退期企业研发投入的增减变化主要来自研发团队规模的变化。第三，衰退期样本企业高管层持股比例的回归系数在1%的水平上显著为负，且影响程度也很大。出现这一现象的原因有可能是处于衰退期企业的高管更注重短期行为，因此，企业不会把资金用于研发创新或者其他有利于企业长期发展的领域。第四，董事长年龄对这一阶段的科技型中小企业研发投入的影响系数在10%的水平上显著为负。

### 五、稳健性检验

为了验证实证结果的可靠性，增强研究结果的可信度，很多研究会采用变更计量方式、替换指标、重新归类等方法进行稳健性检验。本章选择替换指标的方法，将企业有效税负率的分母替换为营业成本，用$ETBR'_{i,t}$表示，然后运用模型（6-1）对整体样本再次进行回归分析，结果详见表6.9。

表6.9 企业有效税负对科技型中小企业研发投入影响的稳健性检验结果

| 变量 | 回归系数 | 标准差 |
| --- | --- | --- |
| $lnETBR'_{i,t}$ | -0.0920*** | 0.0342 |
| $ROE_{i,t}$ | 0.3292* | 0.269 |
| $RDTE_{i,t}$ | 0.9631*** | 0.230 |
| $IIME_{i,t}$ | -0.2820* | 0.154 |
| $ENIS_{i,t}$ | -0.0168*** | 0.0055 |
| $INDU1_j$ | 控制 | 控制 |

(续表)

| 变量 | 回归系数 | 标准差 |
|---|---|---|
| INDU2$_i$ | 控制 | 控制 |
| AREA$_i$ | 控制 | 控制 |
| _cons | 13.97*** | 0.347 |

注：***、**、* 分别表示 1%、5%、10% 水平上具有统计显著性。

根据表 6.9 的回归结果可知：(1) 有效税负率（ETBR′）的回归系数仍然在 1% 的水平上显著为负，这意味着企业有效税负的降低依然对科技型中小企业的研发投入具有显著的促进作用。(2) 包括企业净资产收益率、研发团队规模、高管层持股比例、董事长年龄在内的所有控制变量对企业研发投入的影响方向均未发生变化，而且均具有较高的统计显著性。由此可见，稳健性检验的回归结果与上文的研究结论一致。

## 六、本章的研究结论

本章按照我国 2017 年颁布的《科技型中小企业评价办法》对科技型中小企业的界定，选择 2017—2019 年连续 3 年被评定为科技型中小企业并在新三板挂牌的企业作为研究样本，建立面板数据模型进行多元回归分析，研究企业有效税负对我国科技型中小企业研发投入的影响效应，得出了下列结论。

第一，根据描述性统计结果可知，生命周期各个阶段样本企业的平均有效税负率相差不大。从样本数据来看，种子期的有效税负率最高，平均为 5.94%；成长期的有效税负率最低，约为 5.22%。

第二，对整体样本进行回归的结果显示如下。

(1) 企业有效税负的降低对科技型中小企业的研发投入具有

显著的促进作用。企业有效税负率的回归系数为负，且在1%的水平上显著。在其他条件不变的情况下，样本企业的有效税负率每下降1%，则企业的研发投入可以平均增加0.299%。因此，研究假设1得到了验证。

（2）企业盈利能力的增强和研发人员数量的增多对科技型中小企业的研发投入均具有显著的正向影响。此外，董事长年龄越小，可能越具有创新精神，从而越倾向于增加企业的研发投入。

（3）样本企业的高管持股比例越高，企业用于研发的经费投入就越少。这可能是由于内部激励到位，促使高管想方设法地提高研发资金的使用效率，研发投入进而减少；也可能是高管为了短期内提高企业的经营绩效以促使股价上涨，而忽视企业的长期发展、不注重研发创新导致的。具体是何种原因导致企业研发投入的减少，需要后续的经验研究加以判断。

第三，对分行业的样本进行回归的结果显示如下。

（1）企业有效税负的降低对制造业和信息技术服务业这两个行业科技型中小企业的研发投入均具有显著的促进作用，且影响程度均高于整体样本的这一数据。

（2）就制造业的样本企业而言，所有控制变量对其研发投入的影响系数都非常显著。

（3）就信息技术服务业样本企业来看，净资产收益率和高管持股比例这两个控制变量的影响并不显著。这可能是由于信息技术服务业的技术更迭非常迅速，行业中的企业必须始终保持研发创新的状态，因此，不论企业短期内盈利是多还是少、不管企业的高管持股比例是高还是低，都要保持足够多的研发投入才可能有创新产出。

第四，对分地区的样本进行回归的结果显示如下。

（1）不论样本企业在东部地区还是在非东部地区，企业有效税负的降低均对科技型中小企业的研发投入具有显著的促进作用，但对东部地区样本企业的影响更大。

（2）就东部地区的样本企业而言，所有控制变量对其研发投入的影响系数都较为显著。

（3）非东部地区的情况却不尽相同，净资产收益率、研发团队规模以及高管持股比例这三个控制变量的影响并不显著。

第五，对分生命周期阶段的样本进行回归的结果显示如下。

（1）样本企业有效税负对其研发投入的影响在初创期、成长期和成熟期阶段均显著为负，且影响程度逐渐减小。而企业有效税负在种子期和衰退期这两个阶段对研发投入的影响并不显著，因此，研究假设5得到验证。

（2）就处于种子期的样本企业而言，解释变量和控制变量对其研发投入的影响均不显著。这是因为处于萌发阶段的种子期企业必须全员动员，迎难而上，倾尽全力地进行产品的研究和开发，因此，包括企业所得税优惠在内的众多因素对其研发投入很难产生有规律、实质性的影响。

（3）对处于初创期的样本企业来说，只有企业有效税负和研发团队规模这两个变量的影响是显著的。企业有效税负的降低和研发人员数量的增多对这一阶段科技型中小企业的研发投入具有较为显著的提升作用。研发团队的影响之所以在这一阶段凸显，可能是由于熬过了种子期的初创期企业往往只有主导产品或单一产品系列，急需扩大研发团队规模以完善产品结构。

（4）就处于成长期的样本企业而言，解释变量和控制变量对其研发投入的影响规律与整体样本回归时基本相同。

（5）对处于成熟期的样本企业来说，解释变量和控制变量对其研发投入的影响规律与处于成长期的样本企业的影响规律非常类似，两个阶段的具体差异主要体现为有效税负对企业研发投入的影响程度在成熟期略有下降,而研发团队规模对企业研发投入的影响程度在成熟期则大大提升了。

(6)就处于衰退期的样本企业而言,企业有效税负和盈利能力对企业研发投入的影响均不显著,这可能是由于处于衰退期的企业往往出现产品的竞争优势严重下降甚至完全消失的现象,企业负债增加,研发态度和行为消极。因此,企业的税收负担和盈利水平无法对其研发投入产生有规律的影响。此外,研发团队规模对这一阶段科技型中小企业研发投入的影响系数为正,且影响程度不小,意味着企业研发投入的增减变化主要来自研发团队规模的变化。有意思的是,衰退期样本企业高管层持股比例的回归系数在1%的水平上显著为负,且影响程度也很大。出现这一现象的原因有可能是处于衰退期企业的高管更注重短期行为,因此,企业不会把资金用于研发创新或者其他有利于企业长期发展的领域。

# 第七章
# 企业所得税优惠对中国科技型中小企业研发投入的影响效应研究

本章仍将选择2017—2019年连续3年被评定为科技型中小企业并在新三板挂牌的企业作为研究样本，建立面板数据随机效应模型，运用多元回归的方法分析企业所得税中研发费用加计扣除优惠和高新技术企业税率优惠这两项措施对企业研发投入的影响效应。接着，从企业所处行业和所在地区两个视角进行分样本的异质性回归分析。随后，从企业生命周期的视角出发研究上述两项税收优惠措施分别对不同阶段企业研发投入的影响方向和程度。最后，将采用倾向评分匹配法进行稳健性检验以验证实证结果的可靠性。

## 一、研究样本与数据来源

本章仍然按照2017年颁布的《科技型中小企业评价办法》对科技型中小企业的界定，选择2017—2019年连续3年被评定为科技型中小企业并在新三板挂牌的企业作为研究对象，最终确定样本总数为501个[①]。在确定样本企业的过程中，本书按照以下标准进行了剔除：（1）考虑到数据的一般性，剔除具有退市风

---

① 由于2017年的评定工作建立在2016年相关数据的基础之上，以此类推，本章研究涉及的年份因此为2016年、2017年和2018年。

险的 ST 公司；(2) 考虑到数据的连续性，剔除 3 年年报不完整的企业；(3) 考虑到实证结果的准确性，剔除存在指标数据为零、为负或无法确定的企业，剔除享受两项税收优惠的情况不确定的企业。

本章原始数据来源于样本企业的年度报告[①]，通过手工收集的方式获得，部分指标的数据经过进一步计算得到。

## 二、变量定义与模型构建

### (一) 变量定义

与第六章的原因相同，本章仍将分析企业研发团队、盈利能力、管理体系和企业家精神这四个内驱变量以及税收优惠这一外驱变量对企业研发经费投入的影响效应。正如第二章公式 (2-5) 和公式 (2-7) 的结果所示，给予企业税收优惠能够降低企业的资本使用成本，从而有利于促进企业增加研发经费投入。本章将选取我国旨在激励企业研发创新的两项企业所得税优惠政策——研发费用加计扣除的税基优惠措施和高新技术企业的税率优惠措施，定量分析它们对科技型中小企业研发经费投入的影响效应，以验证研究假设 2a 和 2b。

本章拟建立面板数据模型，运用多元回归的方法探究企业研发费用加计扣除的税基优惠措施、高新技术企业的税率优惠措施以及上述四个内驱变量与科技型中小企业研发经费投入的相关关系及其程度。基于本章的研究目标并参考已有相关文献的变量设定，本章的变量设置详见表 7.1。

---

[①] 样本企业的年度报告来源于全国中小企业股份转让系统，http://www.neeq.com.cn。

表 7.1 变量设置

| 变量类型 | 变量名称（符号） | 变量定义 |
| --- | --- | --- |
| 被解释变量 | 研发投入（RDIN） | 企业研发费用与开发支出的合计数 |
| 解释变量 | 加计扣除优惠额（ADDE） | 加计扣除金额×25% |
| | 高新税率优惠额（HNTR） | 应纳税所得额×(25% - 适用税率) |
| 控制变量 | 净资产收益率（ROE） | 企业年末净利润总额/企业年末所有者权益 |
| | 研发团队规模（RDTE） | 企业年末研发人员数/企业年末员工总数 |
| | 企业内部激励制度（IIME） | 高管层持股比例 |
| | 企业家创新精神（ENIS） | 董事长的年龄 |
| | 行业（INDU） | 对行业设置制造业（INDU1）和信息技术服务业（INDU2）两个虚拟变量；INDU1 = 1 表示制造业，否则，INDU1 = 0；INDU2 = 1 表示信息技术服务业，否则，INDU2 = 0 |
| | 地域（AREA） | 对地区设置一个虚拟变量，AREA = 1 表示注册于东部地区，否则 AREA = 0 |

1. 被解释变量

被解释变量设置为企业的研发投入（RDIN），为了全面完整地反映企业研发投入的总体规模，本书综合考虑了研发支出的费用化支出和资本化支出，因而采用了企业研发费用和开发支出的合计数加以表示。

2. 解释变量

解释变量设置为加计扣除优惠额（ADDE）和高新税率优惠额（HNTR）。

加计扣除优惠额用来衡量企业在适用标准税率的情况下因享

受研发费用加计扣除所节约的企业所得税税额,以"研发费用加计扣除金额×25%"算得。其中,研发费用加计扣除金额=研发费用加计扣除影响额/适用税率。根据第二章提出的研究假设2a,研发费用加计扣除优惠为样本企业节约的企业所得税税额越多,企业的研发资本投入就越多。

高新税率优惠额用来反映企业因享受高新技术企业优惠税率所节约的企业所得税税额,以"应纳税所得额×(25%－适用税率)"算得。其中,应纳税所得额=当期所得税费用/适用税率,当适用税率=15%时,则可反映因享受税率优惠所节约的企业所得税税额。之所以这样设置,是为了使加计扣除优惠额和高新税率优惠额这两个解释变量的回归系数具有可比性,即都反映相应优惠方式节约1个单位的税额对研发投入的影响。根据第二章提出的研究假设2b,高新技术企业优惠税率为样本企业节约的企业所得税税额越多,企业的研发投入就越多。

3. 控制变量

控制变量包括企业的净资产收益率(ROE)、研发团队规模(RDTE)、企业内部激励制度(IIME)、企业家创新精神(ENIS)、样本企业所处行业(INDU)和所处地区(AREA)。

企业的净资产收益率(净利润总额与所有者权益的比值)可以在很大程度上反映出企业的盈利能力。通常情况下,企业的净资产收益率越高、盈利能力越强,可供企业投资于研发创新的经费也就越多。

研发团队规模通过企业年末研发人员数与企业年末员工总数的比值来反映。企业研发团队的规模越大、研发人员的数量越多,花费的人力成本就越高。由于人力成本是研发投入的重要组成部分,因此研发投入相应越大。

企业内部激励制度可以通过高管层持股比例加以反映。如若高管层持股比例较高、内部激励到位，研发参与者（特别是高管）的积极性将得到极大调动，会想方设法地降低成本，研发资金的使用效率很可能提高，研发投入很可能减少。当然，如若高管层持股比例较高，高管层也有可能为了短期内提高企业的经营绩效以促进股价上涨，只注重短期行为，忽视企业的长期发展，从而不注重企业的研发创新。这两种原因都可能导致高管层持股比例与企业研发投入呈现负相关。具体是何种原因导致了企业研发投入的减少，需要后续的经验研究加以判断。

企业家创新精神以董事长的年龄加以反映。一方面，董事长的年龄越大，顾虑越多，创新精神越加减退，所以研发投入越少，即董事长的年龄与企业研发投入之间呈现负相关的关系。另一方面，董事长的年龄越大，行业和人生经验越加丰富，思考问题更加周全，则制定的创新计划越加可靠，风险承担能力越强，因此研发投入很可能越大，也就是董事长的年龄与企业研发投入之间呈现正相关的关系。

行业通过设置制造业和信息技术服务业这两个虚拟变量来表示，因为新三板上市公司九成以上属于制造业和信息技术服务业。一般认为后者的技术更迭速度更快、研发要求更高，因此，从事信息技术服务的企业的研发投入相对更多。

地区也通过设置虚拟变量加以表示。我国地区的划分主要有地理区域划分和经济区域划分两种方式。其中，后者是研究宏微观经济的重要基础。我国的经济区域通常划分为东部地区、东北部地区、中部地区和西部地区。相较于其他区域，东部地区的经济发达，企业聚集，资源汇聚，竞争更为充分、企业拥有更强的技术创新动力，整体研发创新优势更为明显。因此，本书将企业所处地区简化为东部地区和非东部地区，且根据企业年报中的公司地址确定其所在省份进而确定其所属的经济区域。

(二) 模型构建

在构建模型时，为了降低数据的波动幅度，提高数据的平稳性，对研发投入、加计扣除优惠额和高新税率优惠额进行自然对数化处理。这样做并不会使数据的性质和相关关系发生改变，反而可以削弱变量间的多重共线性，消除模型的异方差性，使估计结果更加可靠。同时，企业的研发投入金额往往受到上一年税收优惠的影响，因此，对解释变量和控制变量选择滞后一期的数据进行回归。

基于以上考虑及所选变量，为考察研发费用加计扣除优惠和高新技术企业税率优惠对科技型中小企业研发投入的影响效应，也就是为了验证研究假设 2a 和 2b，本书构建的面板数据模型（7-1）为：

$$\ln RDIN_{i,t} = \beta_0 + \beta_1 \ln ADDE_{i,t-1} + \beta_2 \ln HNTR_{i,t-1} + \beta_3 ROE_{i,t-1} \\ + \beta_4 RDTE_{i,t-1} + \beta_5 IIME_{i,t-1} + \beta_6 ENIS_{i,t-1} \\ + \beta_7 INDU1_i + \beta_8 INDU2_i + \beta_9 AREA_i + \varepsilon_{i,t} \quad (7-1)$$

模型（7-1）中，$RDIN_{i,t}$ 表示企业 i 在第 t 年的研发经费投入，$ADDE_{i,t-1}$ 表示企业 i 在第 t-1 年享受研发费用加计扣除节约的企业所得税税额，$HNTR_{i,t-1}$ 表示企业 i 在第 t-1 年享受税率优惠节约的企业所得税税额，$ROE_{i,t-1}$ 表示企业 i 在第 t-1 年的净资产收益率，$RDTE_{i,t-1}$ 表示企业 i 在第 t-1 年研发团队的规模，$IIME_{i,t-1}$ 表示企业 i 在第 t-1 年的高管层持股比例，$ENIS_{i,t-1}$ 表示企业 i 在第 t-1 年时其董事长的年龄，$INDU1_i$ 和 $INDU2_i$ 表示企业 i 所属行业，$AREA_i$ 表示企业 i 所属地区，$\varepsilon$ 是随机扰动项。i=1, 2, 3, …, 501; t=2016, 2017, 2018。

该模型研究了企业所得税优惠对科技型中小企业研发投入的影响。模型参数 $\beta_0$ 为常数项，$\beta_1$ 表示企业享受的研发费用加计扣除这项税收优惠对其研发投入的影响，$\beta_2$ 表示企业享受的高新技术企业税率优惠对其研发投入的影响，$\beta_3$—$\beta_9$ 为控制变量的系数。其中，若 $\beta_1$ 显著为正，则说明企业研发费用加计扣除能够促进企业增加研发投入，即研究假设 2a 得到了验证；若 $\beta_2$ 显著为正，则表明高新技术企业税率优惠能够促进企业增加技术创新研发投入，研究假设 2b 得到验证。$\beta_1$ 和 $\beta_2$ 的数值大小可以反映相应的影响程度。

此外，为了反映处于生命周期不同阶段企业的企业所得税优惠对其研发投入的影响有何差别，本书按照综合指标法将总样本划分为种子期、初创期、成长期、成熟期和衰退期这 5 个子样本，运用模型（7-1）分别进行回归分析。

### 三、描述性统计分析

#### （一）整体样本描述性统计分析

表 7.2 呈现了整体样本的描述性统计结果，以反映整体样本各个变量的大致特征，从中可以看出：(1) 样本企业研发投入的最大值为 5 492.760 1 万元，最小值为 1.923 1 万元，均值为 609.810 6 万元，标准差为 507.071 8。通过比较标准差和平均值不难发现，样本数据的离散程度很大，说明样本企业的研发投入水平存在很大差异。(2) 研发费用加计扣除优惠为样本企业节约的税额最大值为 515.114 2 万元，最小值为 2.137 8 万元，均值为 85.619 9 万元，标准差为 68.119 9，样本数据的离散程度也很大，样本企业享受的加计扣除优惠额差别也很大。(3) 高新技术企业优惠税率为样本企业节约的所得税税额最大值为 1 707.252 0 万元，最小值为 0.089 1 万元，均值为 102.924 1 万元，标准差为 125.255 4，这表明样本数据的离散程度非常大，高新技术企业优惠税率为样本企业节约的所得税税额差异十分巨大。(4) 通过比较标准差和平均值不难发现，样本企业的净资产收益率和研

发团队规模也存在较大的差别，数据的离散程度较大。(5)样本企业的高管层持股比例差异不大，数据较为平稳。(6)董事长之间的年龄差异更小，样本数据非常平稳。

表 7.2 整体样本描述性统计结果

| 变量 | 单位 | 最大值 | 最小值 | 平均值 | 标准差 |
| --- | --- | --- | --- | --- | --- |
| RDIN | 万元 | 5 492.760 1 | 1.923 1 | 609.810 6 | 507.071 8 |
| ADDE | 万元 | 515.114 2 | 2.137 8 | 85.619 9 | 68.119 9 |
| HNTR | 万元 | 1 707.252 0 | 0.089 1 | 102.924 1 | 125.255 4 |
| ROE | / | 0.596 8 | 0.000 5 | 0.151 2 | 0.099 3 |
| RDTE | / | 0.906 3 | 0.028 7 | 0.307 8 | 0.215 1 |
| IIME | / | 1.000 0 | 0.004 0 | 0.659 8 | 0.257 2 |
| ENIS | 岁 | 75.000 0 | 30.000 0 | 49.791 7 | 7.225 6 |

(二)分行业和地区描述性统计分析

行业和地区是模型（7-1）中的两个控制变量，为了了解变量数据在不同行业或不同地区的数据特征，本部分将样本分别按照行业和地区划分之后，再对各变量数据取均值进行分析。表7.3呈现了分地区和行业样本均值的描述性统计结果。

表 7.3 分地区和行业样本均值的描述性统计结果

| 变量 | 单位 | 行业 | | 地区 | |
| --- | --- | --- | --- | --- | --- |
| | | 制造业 | 信息技术服务业 | 东部 | 非东部 |
| RDIN | 万元 | 564.123 4 | 785.548 8 | 646.261 2 | 538.759 5 |
| ADDE | 万元 | 81.292 2 | 99.888 2 | 87.477 5 | 81.999 0 |

(续表)

| 变量 | 单位 | 行业 | | 地区 | |
|---|---|---|---|---|---|
| | | 制造业 | 信息技术服务业 | 东部 | 非东部 |
| HNTR | 万元 | 100.045 0 | 97.243 3 | 108.355 6 | 92.337 0 |
| ROE | / | 0.139 9 | 0.179 0 | 0.157 4 | 0.139 1 |
| RDTE | / | 0.208 9 | 0.535 9 | 0.313 2 | 0.297 3 |
| IIME | / | 0.661 2 | 0.672 4 | 0.664 2 | 0.651 0 |
| ENIS | 岁 | 51.080 5 | 47.106 4 | 49.760 4 | 49.852 8 |

从表7.3的分行业的描述性统计结果可以发现：(1) 相比于制造业的样本企业，信息技术服务业样本企业的平均研发投入明显更高，约为制造业的1.39倍；(2) 研发费用加计扣除优惠为信息技术服务业样本企业节约的税额更多，均值达到99.888 2万元，而制造业样本企业的这一数字更小，仅为81.292 2万元。这说明平均而言信息技术服务业样本企业从研发费用加计扣除措施中受益更多；(3) 高新技术企业优惠税率为两个行业样本企业节约的税额相差不大；(4) 信息技术服务业样本企业的平均净资产收益率高于制造业样本企业，说明信息技术服务业样本企业的盈利能力相对更强；(5) 信息技术服务业样本企业研发人员占比远远高于制造业样本企业，高出33个百分点以上；(6) 两个行业的高管层持股比例非常接近；(7) 信息技术服务业样本企业的董事长明显更为年轻，其董事长年龄的均值约为47岁，制造业样本企业董事长年龄的均值为51岁。

从表7.3的分地区描述性统计结果可以发现：(1) 东部地区样本企业研发投入的平均水平明显高于非东部地区样本企业，前者约为后者的1.2倍；(2) 研发费用加计扣除优惠为东部地区样本企业节约的税额略多,平均达到 87.477 5 万元,非东部地区样本企业的这个数字更小,仅为 81.999 0 万元,这说明平均而言,东部地区样本企业从研发费用加计扣除措施中受益更多一些;(3) 高新技术企业优惠税率为东部地区样本企业节约的税额更多,约为非东部地区的 1.17 倍;(4) 东部地区样本企业的平均净资产收益率、研发人员占比和高管层持股比例均略高于非东部地区的样本企业,两个地区样本企业的指标差距都在 2 个百分点以内;(5) 两个地区样本企业董事长年龄的均值相差无几。

(三) 分生命周期描述性统计分析

本部分将样本企业按照综合指标法划分生命周期各个阶段之后,再对各个变量数据取均值进行分析,结果如表 7.4 所示。从表 7.4 可以看出:(1) 在研发投入方面,成长期样本企业的研发投入最高,成熟期的平均投入水平次之,衰退期排在第三且与成熟期的水平差距不大,种子期的平均金额最低;(2) 在研发费用加计扣除优惠为样本企业节约的税额方面,成熟期的金额最多,成长期的次之,衰退期和初创期的金额非常接近,种子期的情况最差,平均仅为 61.161 7 万元,与其他各个阶段样本企业的差距很大;(3) 在高新技术企业优惠税率为样本企业节约的税额方面,各个阶段的情况与研发费用加计扣除政策的整体规律基本相同,成熟期的最多,种子期的则大幅减少,由此可见,平均而言,成熟期样本企业从上述两项企业所得税优惠中受益最多,成长期样本企业次之,种子期样本企业受益最小;(4) 在净资产收益率方面,初创期样本企业的平均净资产收益率最高,衰退期的这一数据最低;(5) 在研发人员与员工总数的比重方面,成长期样本企业的均值最高,种子期样本企业的数据最低;(6) 在高管层持股比例方面,成长期样本企业的平均比例最低,种子期样本企业因为拥有更强的激励管理层的意愿而导致这一数字最高;(7) 在董事长年龄方面,处于成熟期和衰退期的样本企业的董事长更为年长,而种子期、初创期和成长期的样本企业的董事长更为年轻。

表 7.4 按综合指标法划分的生命周期各个阶段样本均值描述性统计结果

| 变量 | 单位 | 按照综合指标法划分的生命周期各个阶段 | | | | |
|---|---|---|---|---|---|---|
| | | 种子期 | 初创期 | 成长期 | 成熟期 | 衰退期 |
| RDIN | 万元 | 462.3960 | 516.5535 | 645.6380 | 618.4273 | 609.3462 |
| ADDE | 万元 | 61.1617 | 82.5678 | 85.3461 | 90.2189 | 83.5819 |
| HNTR | 万元 | 60.0183 | 98.0167 | 107.4486 | 122.4595 | 82.9564 |
| ROE | / | 0.1428 | 0.1854 | 0.1727 | 0.1585 | 0.1203 |
| RDTE | / | 0.2777 | 0.3073 | 0.3249 | 0.3105 | 0.2951 |
| IIME | / | 0.7222 | 0.6933 | 0.6106 | 0.6944 | 0.6458 |
| ENIS | 岁 | 48.4142 | 48.6383 | 47.8963 | 50.8173 | 50.2979 |

## 四、模型回归结果及分析

### (一) 整体样本回归分析

为了估测企业所得税优惠对我国科技型中小企业研发投入的影响效应,本节将利用 Stata15 对模型参数进行估计。根据 Hausman 检验的结果,模型存在随机效应,因此,本章将采用随机效应模型进行实证分析研究。具体回归估计结果如表 7.5 所示。

表 7.5 企业所得税优惠对科技型中小企业研发投入影响的回归结果

| 变量 | 回归系数 | 标准差 |
|---|---|---|
| $lnADDE_{i,t-1}$ | 0.4910*** | 0.0557 |
| $lnHNTR_{i,t-1}$ | 0.0835* | 0.0409 |

(续表)

| 变量 | 回归系数 | 标准差 |
|---|---|---|
| $ROE_{i,t-1}$ | 0.685 0* | 0.476 1 |
| $RDTE_{i,t-1}$ | 0.793 5* | 0.282 3 |
| $IIME_{i,t-1}$ | -0.016 1* | 0.173 2 |
| $ENIS_{i,t-1}$ | -0.019 8** | 0.006 2 |
| $INDU1_i$ | 控制 | 控制 |
| $INDU2_i$ | 控制 | 控制 |
| $AREA_i$ | 控制 | 控制 |
| _cons | 8.490 1*** | 0.829 0 |

注：\*\*\*、\*\*、\* 分别表示1%、5%、10%水平上具有统计显著性。

从表7.5的结果可以发现：(1)加计扣除优惠额的回归系数为正，且在1%的水平上显著，表明样本企业因享受研发费用加计扣除所节约的企业所得税税额与企业的研发费用投入显著正相关，这意味着研发费用加计扣除措施能够非常显著地促进企业研发投入的增加，在其他条件不变的情况下，研发费用加计扣除优惠使样本企业的企业所得税税额每节约1%，则样本企业的研发投入可以平均增加0.491%，因此，研究假设2a得到了验证；(2)高新税率优惠额的回归系数也为正，且在10%的水平上显著，表明样本企业因享受高新技术企业优惠税率所节约的企业所得税税额与企业研发投入的正相关关系较为显著，这说明高新技术企业低税率措施能够较为显著地促进企业研发资本投入的增加，在其他条件不变的情况下，高新技术企业税率优惠使样本企业的企业所得税税额每节约1%，则样本企业的研发投入可以平均增加0.083 5%，所以，研究假设2b也得到了验证；(3)对比研发费用加计扣除和高新技术企业优惠税率这两项优惠措施的整体回归结果可以发现,无论是从影响程度的角度出发还是从显著性水平的角度出发,研发费用加计扣除都是效果更好的优惠措施;(4)企业的净资产收益率和研发团队规模对科技型中小企业研发投入的影响系数均为正,且均在10%的水平上显著;(5)高管层持股比例和董事长的年龄对科技型中小企业研发投入的影响系数分别在10%和5%的水平上显著为负。

(二)分行业的样本回归分析

为了进一步分析不同行业企业所享受的企业所得税优惠对其研发投入的影响,该部分对行业设置了制造业和信息技术服务业两个变量,也运用模型(7-1)进行回归,分析结果如表7.6所示。

表7.6 企业所得税优惠对企业研发投入影响的分行业回归结果

| 变量 | 制造业 | | 信息技术服务业 | |
| --- | --- | --- | --- | --- |
| | 回归系数 | 标准差 | 回归系数 | 标准差 |
| $\ln ADDE_{i,t-1}$ | 0.445*** | 0.0497 | 0.566*** | 0.0942 |
| $\ln HNTR_{i,t-1}$ | 0.141*** | 0.0413 | 0.187** | 0.0444 |
| $ROE_{i,t-1}$ | 0.7201** | 0.437 | 0.6129 | 0.811 |
| $RDTE_{i,t-1}$ | 0.823** | 0.313 | 0.693* | 0.436 |
| $IIME_{i,t-1}$ | -0.0465* | 0.156 | -0.1059 | 0.435 |
| $ENIS_{i,t-1}$ | -0.0071* | 0.0053 | -0.0405** | 0.0174 |
| $AREA_i$ | 控制 | 控制 | 控制 | 控制 |
| _cons | 7.974*** | 0.788 | 10.81*** | 1.290 |

注:***、**、* 分别表示1%、5%、10%水平上具有统计显著性。

根据表7.6的回归结果可以发现：（1）无论是制造业还是信息技术服务业的样本企业，企业因享受研发费用加计扣除所节约的企业所得税税额与企业的研发费用投入均在1%的水平上显著正相关。这说明研发费用加计扣除措施能够非常显著地促进这两个行业的企业增加研发经费投入。通过对比制造业和信息技术服务业回归系数的大小可以发现，研发费用加计扣除优惠对信息技术服务业样本企业的研发投入影响程度更大。（2）两个行业样本企业因享受高新技术企业优惠税率所节约的企业所得税税额对企业研发费用投入的影响系数均显著为正，分别在1%和5%的水平上具有统计显著性。这意味着高新技术企业低税率措施能够显著地促进制造业和信息技术服务业这两个行业样本企业研发资本投入的增加。从回归系数的大小来看，信息技术服务业样本企业受到的影响依然更大。（3）对比研发费用加计扣除和高新技术企业优惠税率这两项优惠措施的分行业样本回归结果也可以发现，无论是从影响程度的角度出发还是从显著性水平的角度出发，研发费用加计扣除都是效果更好的优惠措施。（4）需要注意的是，就制造业的样本企业而言，所有解释变量和控制变量对其研发投入的影响系数都是显著的。信息技术服务业的情况却不尽相同，净资产收益率和高管持股比例这两个控制变量的影响并不显著。这可能是因为信息技术服务业的技术更迭非常迅速，行业中的企业必须始终保持研发创新的状态，因此，不论企业短期内盈利是多还是少，不管企业的高管层持股比例是高还是低，都要保持足够多的研发投入才可能有创新产出。

（三）分地区的样本回归分析

为了研究不同地区企业所享受的企业所得税优惠对其研发投入的影响效应，本部分内容对地区设置了东部地区和非东部地区这个虚拟变量,同样运用模型(7-1)进行回归,分析结果如表7.7所示。

表7.7 企业所得税优惠对企业研发投入影响的分地区回归结果

| 变　量 | 东部地区 | | 非东部地区 | |
|---|---|---|---|---|
|  | 回归系数 | 标准差 | 回归系数 | 标准差 |
| $lnADDE_{i,t-1}$ | 0.519*** | 0.040 8 | 0.327*** | 0.137 |
| $lnHNTR_{i,t-1}$ | 0.084 7*** | 0.032 0 | 0.050 2 | 0.106 |
| $ROE_{i,t-1}$ | 0.715 3* | 0.345 | 0.106 8 | 1.787 |
| $RDTE_{i,t-1}$ | 0.901 5** | 0.233 | 0.649 1 | 0.895 |
| $IIME_{i,t-1}$ | -0.064 5* | 0.168 | -0.005 9 | 0.425 |
| $ENIS_{i,t-1}$ | -0.017 3** | 0.005 8 | -0.028 7* | 0.016 9 |
| $INDU1_i$ | 控制 | 控制 | 控制 | 控制 |
| $INDU2_i$ | 控制 | 控制 | 控制 | 控制 |
| _cons | 8.979*** | 0.683 | 11.350*** | 1.855 |

注:***、**、*分别表示1%、5%、10%水平上具有统计显著性。

从表7.7的回归结果能够看出:(1)不论样本企业在东部地区还是在其他地区,企业因享受研发费用加计扣除所节约的企业所得税税额与企业的研发投入均在1%的水平上显著正相关。这表明研发费用加计扣除优惠措施能够非常显著地促进上述地区的企业增加研发经费投入。通过对比回归系数的大小可以发现,研发费用加计扣除优惠对东部地区样本企业的研发投入影响程度明显更大。(2)东部地区样本企业因享受高新技术企业优惠税率所节约的企业所得税税额对企业研发费用投入的影响系数在1%的水平上显著为正,而高新技术企业低税率这项优惠措施对非东部地区的影响并不显著。究其原因,这可能是由于现行高新技术企业的认定条件无法非常有效地促进实质性研发活动的开展。比如,关于研发费用占比的规定可能无法真正激励企业持续地增加研发投入。因为此项指标已经达标并且已经享受15%优惠税率的企业可能仅仅维持甚至降低既有的研发投入水平;尚未享受到税率优惠的企业则可能为了获得高新技术企业的资格,人为地、有目的地增加研发投入,其实并未开展实质性的研发活动,从而造成社会资源的浪费。相比于东部地区,非东部地区的整体研发创新氛围略有逊色,因此,位于非东部地区且已被评定为高新技术企业的样本企业更有可能维持甚至降低既有的研发投入水平。在这种情况下,高新技术企业优惠税率政策对非东部地区样本企业的激励作用和影响就不显著了。(3)相比之下,研发费用加计扣除优惠政策的有效性更强。(4)需要注意的是,就东部地区的样本企业而言,解释变量和控制变量对其研发投入的影响系数都较为显著。然而,非东部地区的情况却有云泥之别,净资产收益率、研发人员占比以及高管层持股比例这三个控制变量的影响均不显著。

净资产收益率的影响不显著,这意味着在现有数据条件下非东部地区样本企业盈利能力的变化不会对其研发投入产生有规律的影响。一种可能的情况是,不管企业的盈利水平是提升还是降低都不会增加研发投入,技术更迭缓慢的行业或者其他原因导致研发意愿不高的企业会出现这种情况;另一种可能的情况是,无论企业的盈利水平是提升还是降低都不会减少研发投入,技术迭代迅速的行业或者其他原因导致研发压力巨大的企业会出现此种情况。这里具体属于上述哪种情况,还需要进一步的实证分析加以判断。研发人员占比对企业研发投入的影响也表现出统计的不显著性,说明在现有数据条件下,非东部地区样本企业研发人员与总员工比值的增减变化不会对其研发投入产生有规律的影响。这意味着非东部地区样本企业研发投入的增减变化与机器设备、办公厂房等固定资产或其他物质要素的变化关联更大。这很可能与非东部地区难以留住研发人才的困难有关。高管层持股比例的影响也不显著，说明在现有数据条件下，非东部地区的样本企业无论高管持股比例上升还是下降都不会对企业的研发投入产生有规律的影响。一种可能的情况是，无论企业高管层持股的比例是上升还是下降都不会增加研发投入，技术更迭缓慢的行业或者内部激励机制的设计未充分考虑研发的企业会出现这种情况；另一种可能的情况是，不管企业高管层持股的比例是上升还是下降都不会减少研发投入，技术迭代迅速的行业或者考核高管的制度设计充分关注研发的企业会出现此种情况。这里具体属于上述哪种情况还需要通过后续的实证分析加以判断。

（四）分生命周期阶段的样本回归分析

这部分按照综合指标法对企业所处的生命周期阶段进行划分，并分别将处于种子期、初创期、成长期、成熟期和衰退期的科技型中小企业作为子样本，通过前文所述模型（7-1）进行回归分析，以研究处于生命周期各个阶段的企业所享受的企业所得税优惠对其研发经费投入的影响效应，回归结果如表7.8所示。

表7.8 企业所得税优惠对其研发投入影响的
分生命周期阶段回归结果

| 变量 | 按照综合指标法划分的生命周期各个阶段 | | | | |
| --- | --- | --- | --- | --- | --- |
| | 种子期 | 初创期 | 成长期 | 成熟期 | 衰退期 |
| $\ln ADDE_{i,t-1}$ | 0.097<br>(0.811) | 0.105<br>(0.925) | 0.570***<br>(0.093 7) | 0.507***<br>(0.102) | 0.510***<br>(0.076 6) |
| $\ln HNTR_{i,t-1}$ | 0.029<br>(0.061 5) | 0.072<br>(0.911) | 0.110***<br>(0.033 0) | 0.255***<br>(0.096 4) | 0.219***<br>(0.079 8) |

(续表)

| 变量 | 按照综合指标法划分的生命周期各个阶段 | | | | |
|---|---|---|---|---|---|
| | 种子期 | 初创期 | 成长期 | 成熟期 | 衰退期 |
| $ROE_{i,t-1}$ | 0.106<br>(0.776) | 0.221<br>(7.173) | 1.371**<br>(0.656) | 1.913**<br>(0.942) | 0.712<br>(0.941) |
| $RDTE_{i,t-1}$ | 0.403<br>(0.562) | 1.127*<br>(4.732) | 0.731*<br>(0.528) | 0.816*<br>(0.486) | 1.012**<br>(0.512) |
| $IIME_{i,t-1}$ | -0.0029<br>(0.511) | -0.0060<br>(4.828) | -0.0690*<br>(0.433) | -0.0358*<br>(0.319) | -0.0082*<br>(0.231) |
| $ENIS_{i,t-1}$ | -0.0024<br>(0.032) | -0.0442<br>(0.153) | -0.02300**<br>(0.0242) | -0.0216*<br>(0.0111) | -0.0011<br>(0.00731) |
| $INDU1_i$ | 控制 | 控制 | 控制 | 控制 | 控制 |
| $INDU2_i$ | 控制 | 控制 | 控制 | 控制 | 控制 |
| $AREA_i$ | 控制 | 控制 | 控制 | 控制 | 控制 |
| _cons | 8.853<br>(1.998) | 10.24<br>(12.16) | 9.786***<br>(1.238) | 5.654***<br>(1.819) | 5.904***<br>(1.486) |

注：括号里的值为标准差。***、**、* 表示 1%、5%、10% 水平上具有统计显著性。

从表 7.8 的回归结果可以发现：

（1）处于种子期的样本企业，解释变量和控制变量对其研发投入的影响均不显著。这可能是由于种子期的科技型中小企业正如其名，处于萌芽阶段，人手短缺，往往一人身兼数职，产品单一甚至尚未完成产品开发，内部管理制度欠缺，盈利的可能性微乎其微，资金周转大多非常困难，必须全员动员，迎难而上，倾尽所有地进行产品研发。这个时期的企业就好像即将破土而出的小芽，必须拼尽全力才有可能生发。因此，包括企业所得税优惠在内的众多因素对其研发投入的增减变化很难产生有规律的影响。这意味着，那些对于未来前景有信心的种子期的企业，即使短期内面临各种困难也不会改变继续研发的决定；那些屡次失败或丧失信心的种子期的企业，即使短期内面临的条件有所改善也很可能会放弃后续的研究和开发。

（2）处于初创期的样本企业，首先，研发费用加计扣除优惠和高新技术企业税率优惠这两项措施对其研发投入的影响均不显著。这意味着，不论初创期的样本企业能否享受研发费用加计扣除优惠以及是否被认定为高新技术企业，都不会对其研发投入产生有规律的影响。究其原因，这可能是因为科技型中小企业的产品都是技术密集型产品，行业或领域内的技术更新往往较快，初创期的科技型中小企业处于起步阶段，要想在行业或领域内生存甚至有所发展，必须不断地进行研究开发和产品创新。因此，初创期科技型中小企业的研发意愿不会受到上述两项企业所得税优惠政策的显著影响。其次，研发团队的规模对这一阶段科技型中小企业研发投入的影响系数在10%的水平上显著为正，说明企业研发人员数量的增多对其研发投入具有较为显著的促进作用。具体来看，在其他条件不变的情况下，初创期样本企业研发人员的占比每提高1个百分点，则企业的研发投入平均增长1.127%，影响程度在所有阶段是最大的。这可能是由于熬过了种子期的初创期企业往往完成主导产品或单一产品系列，急需扩大研发团队规模来完善产品结构，因此，研发团队的影响凸显。总体来看，就处于初创期的样本企业而言，只有研发团队规模这个变量的影响是显著的。

（3）处于成长期的样本企业，首先，因享受研发费用加计扣除所节约的企业所得税税额对其研发费用投入的影响系数显著为正，且在1%的水平上具有统计显著性。这表明研发费用加计扣除优惠措施能够极为显著地促进成长期样本企业增加研发经费投入。其次，这一阶段的样本企业因享受高新技术企业优惠税率所节约的企业所得税税额对其研发费用投入的影响系数也在1%的水平上显著为正,这说明高新技术企业税率优惠措施也能够非常显著地促进成长期科技型中小企业增加研发投入。最后,对比两项企业所得税优惠措施的回归系数也能发现,研发费用加计扣除措施的影响程度明显更大。总体来看,就处于成长期的样本企业而言,解释变量和控制变量对其研发投入的影响规律与整体样本回归时基本相同。

（4）处于成熟期的样本企业,研发费用加计扣除优惠和高新技术企业税率优惠这两项措施对其研发投入的影响系数均在1%的水平上显著为正。此外,对比两项优惠的回归系数依然能够发现,研发费用加计扣除措施的影响程度明显更大。总体来看,解释变量和控制变量对这一阶段企业研发投入的影响规律与处于成长期的样本企业的影响规律非常类似,两个阶段的具体差异主要体现为高新技术企业税率优惠和企业盈利能力这两个变量对企业研发投入的影响程度在成熟期明显增大。

（5）处于衰退期的样本企业,首先,研发费用加计扣除优惠和高新技术企业税率优惠这两项措施对其研发投入的影响系数均在1%的水平上显著为正,表明这些税收激励措施能够极为显著地促进衰退期样本企业研发投入的增加。而且,同其他阶段的回归系数相比能够看出,这两项税收优惠的影响程度都非常大。这意味着,衰退期样本企业增加研发投入的动机很可能在于维持高新技术企业的资格或是通过享受加计扣除优惠来达到少缴企业所得税的目的,而非开展实质性研发。当然,这个推测需要后续的相关实证研究加以检验。其次,研发团队规模对这一阶段科技型中小企业研发投入的影响显著为正,且影响程度非常大。这意味着,衰退期企业研发投入的增减变化主要来自研发团队规模的变化。

### 五、稳健性检验

本章选择变更数据分析的方法,运用倾向评分匹配法（简称PSM）再次估测两项企业所得税优惠对我国科技型中小企业研发投入的影响效应。

本章的研究有可能存在自选择偏误，而倾向评分匹配法能够很好地克服这种自选择性。想要研究企业所得税优惠措施对企业的研发投入是否真正具有作用，需要回答这样一个反事实问题：如果样本企业没有享受该项企业所得税优惠，则其研发投入是否会有明显差异？假如能够验证未享税收优惠的企业其研发投入增长更为缓慢，甚至出现下降，就可以充分说明企业所得税优惠对科技型中小企业研发投入能够产生真正的影响，或者说具有净效应。倾向评分匹配法恰恰可以解决这个问题。虽然不可能同时观测到同一样本企业享受优惠（受到优惠措施干预）与未享受优惠（未受到优惠措施干预）这两种情况，但可以运用倾向评分匹配法将特征相似的干预组（享受企业所得税优惠组）与未干预组（未享受企业所得税优惠组）进行匹配，从而分析企业所得税优惠措施的净效应。

运用倾向评分匹配法分析企业所得税优惠措施对企业研发投入净效应的思路如下：第一步，对变量进行设置并采用Logit模型对企业享受税收优惠措施的倾向进行打分；第二步，根据第一步的得分情况进行匹配，将干预组与未干预组捆绑对比；第三步，根据匹配结果求出企业所得税优惠措施的净效应。

#### （一）变量设置

倾向评分匹配法涉及三种变量：结果变量、处理变量和协变量。基于本部分的研究目标并参考已有相关文献的变量设定，具体的变量设置详见表 7.9。

表7.9 变量设置

| 变量类型 | 变量名称（符号） | 变量定义 |
|---|---|---|
| 结果变量 | 企业研发投入（RDIN） | 企业研发费用与开发支出的合计数 |
| 处理变量 | 加计扣除优惠额（ADDE） | 设定为虚拟变量，将加计扣除优惠额小于或等于零的设为0，代表未享受加计扣除优惠；大于零的设为1，代表享受加计扣除优惠 |
| 处理变量 | 高新税率优惠额（HNTR） | 设定为虚拟变量，将高新税率优惠额小于或等于零的设为0，代表未享受高新税率优惠；大于零的设为1，代表享受高新税率优惠 |
| 协变量 | 净资产收益率（ROE） | 企业年末净利润总额/企业年末所有者权益 |
| 协变量 | 企业规模（SIZE） | 企业年末资产总额 |
| 协变量 | 研发团队规模（RDTE） | 企业年末研发人员数/企业年末员工总数 |
| 协变量 | 企业内部的激励制度（IIME） | 高管层持股比例 |
| 协变量 | 企业家创新精神（ENIS） | 董事长的年龄 |
| 协变量 | 行业（INDU） | 对行业设置制造业（INDU1）和信息技术服务业（INDU2）两个虚拟变量；INDU1=1表示制造业，否则，INDU1=0；INDU2=1表示信息技术服务业，否则，INDU2=0 |
| 协变量 | 地域（AREA） | 对地区设置一个虚拟变量，AREA=1表示注册于东部地区，否则，AREA=0 |

（二）匹配情况

在分析研发费用加计扣除优惠措施的净效应时，绝大多数变量的标准化偏差在匹配之后出现了明显缩小的情况，如图7.1所示，这表示匹配效果良好。而在估测高新技术企业税率优惠措施的净效应时，部分变量的标准化偏差在匹配之后没有发生明显的缩小，如图7.2所示，匹配效果一般，这可能是由于样本选择范围偏窄所导致的。

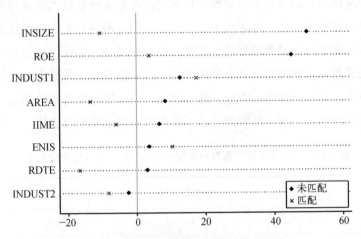

**图 7.1 加计扣除优惠配对前后的偏误率**

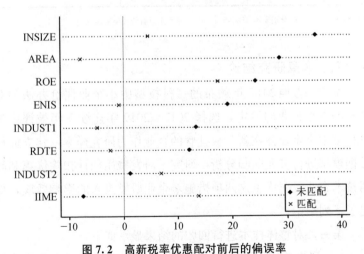

**图 7.2 高新税率优惠配对前后的偏误率**

(三) 企业所得税优惠的净效应结果

考虑到样本的容量，笔者采用一对一匹配、允许并列、可以放回的方法分析企业所得税优惠对科技型中小企业研发投入的净效应,结果如表 7.10 所示。从表 7.10 可以发现,研发费用加计扣除优惠和高新技术企业税率优惠对样本企业研发投入的处理效应分别在 1% 和 10% 的水平上显著,说明这两项企业所得税优惠措施能够较为显著地促进企业研发投入的增加。此外,通过对比处理效应系数可知,研发费用加计扣除优惠的效应明显大于高新技术企业税率优惠的效应。综上所述,稳健性检验的结论与前文的研究结论一致,从侧面反映了此前的回归结果相对稳健。

表 7.10　企业所得税优惠对科技型中小企业研发投入的净效应结果

| 处理变量 | 处理效应系数 | 标准差 |
| --- | --- | --- |
| ADDE | 0.536*** | 0.208 |
| HNTR | 0.0732* | 0.203 |

注:***、**、* 分别表示 1%、5%、10% 水平上具有统计显著性。

## 六、本章研究结论

本章仍按照 2017 年颁布的《科技型中小企业评价办法》对科技型中小企业的界定,选择 2017—2019 年连续 3 年被评定为科技型中小企业并在新三板挂牌的企业作为研究样本,建立面板数据模型进行多元回归分析,研究了研发费用加计扣除优惠和高新技术企业税率优惠这两项措施对企业研发投入的影响效应,得出了下列结论。

第一,对整体样本进行回归的结果显示如下。

(1)研发费用加计扣除优惠能够非常显著地促进企业研发投入的增加。在其他条件不变的情况下,研发费用加计扣除优惠使得样本企业的企业所得税税额每节约 1%,则样本企业的研发经

## 第七章 企业所得税优惠对中国科技型中小企业研发投入的影响效应研究

费投入可以平均增加 0.491%。因此，研究假设 2a 得到了验证。

（2）高新技术企业低税率优惠能够较为显著地促进企业研发资本投入的增加。在其他条件不变的情况下，高新技术企业税率优惠使样本企业的企业所得税税额每节约 1%，则样本企业的研发经费投入可以平均增加 0.083 5%。所以，研究假设 2b 也得到了验证。

（3）无论是从影响程度的角度出发还是从统计显著性的角度出发，研发费用加计扣除优惠都是效果更好的优惠措施。

第二，对分行业的样本进行回归的结果显示如下。

（1）无论是制造业还是信息技术服务业的样本企业，研发费用加计扣除优惠和高新技术企业税率优惠均能非常显著地促进企业增加研发投入。

（2）这两项税收优惠措施对信息技术服务业样本企业的影响程度更大。

第三，对分地区的样本进行回归的结果显示如下。

（1）不论样本企业在东部地区还是在其他地区，研发费用加计扣除优惠均能非常显著地促进企业研发投入的增加。相比之下，这项措施对东部地区样本企业的影响程度明显更大。

（2）高新技术企业税率优惠仅对东部地区的样本企业产生了显著影响，对其他地区样本企业的影响并不显著。这可能是由于现行高新技术企业的认定条件无法非常有效地促进实质性研发活动的开展。比如，关于研发费用占比的规定可能无法真正激励企业持续地增加研发投入。因为此项指标已经达标并且已经享受 15%优惠税率的企业可能仅仅维持甚至降低既有的研发投入水平；而尚未享受到税率优惠的企业则可能为了获得高新技术企业的资格，人为地、有目的地增加研发投入，其实并未开展实质性的研发活动。相比于东部地区，非东部地区的整体研发创新氛围略有逊色，因此，位于非东部地区且已被评定为高新技术企业的样本企业更有可能维持甚至降低既有的研发投入水平。在这种情况下，高新技术企业优惠税率政策对非东部地区样本企业的激励作用和影响就不显著了。

第四，对分生命周期阶段的样本进行回归的结果显示如下。

（1）研发费用加计扣除优惠对成长期、成熟期和衰退期的样本企业的研发投入均具有非常显著的正向影响。其中，对成长期企业的影响程度最大、衰退期企业次之，对成熟期企业的影响程度最小。处于种子期和初创期这两个阶段的样本企业，研发费用加计扣除优惠措施对其研发投入的影响并不显著。因此，研究假设6a得到了验证。

（2）高新技术企业税率优惠也对成长期、成熟期和衰退期样本企业的研发投入具有极为显著的正向影响。其中，对成熟期企业的影响程度最大、衰退期企业次之，对成长期企业的影响程度最小。高新技术企业税率优惠对种子期和初创期企业研发投入的影响均不显著。因此，研究假设6b得到了验证。

（3）就处于种子期的样本企业而言，解释变量和控制变量对其研发投入的影响均不显著。这是因为处于萌发阶段的种子期企业必须全员动员，倾尽全力地进行产品研究和开发，因此，包括企业所得税优惠在内的众多因素对其研发投入很难产生有规律的、实质性的影响。

（4）对处于初创期的样本企业来说，仅研发团队规模这个变量的影响是显著的，这可能是由于熬过了种子期的初创期企业往往完成主导产品或单一产品系列，急需扩大研发团队规模来完善产品结构，因此，研发团队的影响凸显。两项企业所得税优惠措施的影响均不显著，则可能是由于科技型中小企业的产品都是技术密集型产品，行业或领域内的技术更新往往较快，初创期的科技型中小企业处于起步阶段,要想在行业或领域内生存甚至有所发展,必须不断地进行研究开发和产品创新。

(5) 就处于成长期的样本企业而言,解释变量和控制变量对其研发投入的影响规律与整体样本回归时基本相同。

(6) 对处于成熟期的样本企业来说,解释变量和控制变量对其研发投入的影响规律与处于成长期的样本企业的影响规律非常类似,两个阶段的具体差异主要体现为高新技术企业税率优惠和企业盈利能力这两个变量对企业研发投入的影响程度在成熟期明显增大。

(7) 就处于衰退期的样本企业而言,两项企业所得税优惠措施的影响均极为显著,且影响程度很大。这说明衰退期样本企业增加研发投入的动机很可能在于维持高新技术企业的资格或是通过享受加计扣除优惠来达到少缴企业所得税的目的,而非开展实质性研究。研发团队规模对这一阶段科技型中小企业研发投入的影响系数为正,且影响程度很大,这意味着衰退期企业研发投入的变化也在很大程度上来自研发团队规模的变化。

# 第八章
# 企业有效税负对中国科技型中小企业专利产出的间接影响效应研究[①]

本章依然选择 2017—2019 年连续 3 年被评定为科技型中小企业并在新三板挂牌的企业作为研究样本,首先,通过中介效应检验判断企业的研发投入是否为企业税收负担影响专利产出的中介变量。如果企业的研发投入确是中介变量,则将建立面板数据模型,运用多元回归的方法衡量由于企业税负变化所导致的研发投入变化对专利产出的间接影响方向和程度。其次,仍从企业所处行业和所在地区两个角度进行分样本的异质性回归分析,从企业生命周期的视角出发分析不同阶段企业的有效税负对其专利产出的间接影响效应。最后,运用替换指标的方法进行稳健性检验以验证实证结果的可靠性。

**一、研究样本与数据来源**

本章仍然按照 2017 年颁布的《科技型中小企业评价办法》对科技型中小企业的界定,选择 2017—2019 年连续 3 年被评定为科技型中小企业并在新三板挂牌的企业作为研究对象,最终确

---

[①] 根据第二章的概念界定,本书将企业的研发产出具体化为企业的专利产出。

定样本总数为 510 个①。在确定样本企业的过程中，本书按照以下标准进行了剔除：(1) 考虑到数据的一般性，剔除具有退市风险的 ST 公司；(2) 考虑到数据的连续性，剔除 3 年年报不完整的企业；(3) 考虑到实证结果的准确性，剔除存在指标数据为零、为负或者无法确定的企业。

本章的原始数据来源于样本企业的年度报告②，通过手工收集的方式获得，部分指标的数据经过进一步计算得到。样本企业国内专利申请数量通过国家知识产权局官方网站的"专利检索及分析系统"获得。

## 二、企业研发投入的中介效应检验

根据 Jorgenson 的理论和 Griliches-Jaffe 专利生产函数，本书在第二章提出了研究假设 3：企业的研发投入是企业税负影响其研发产出的中介变量。从经验研究的角度来看，一些学者也把企业的研发投入作为企业税收负担影响专利产出的中间媒介加以分析（胡凯等，2018；全庆文，2018）。因此，本部分内容将通过实证数据对企业研发投入的中介效应进行检验。

### （一）中介效应及其检验方法

中介效应最初来自心理学领域的研究，指的是变量 X 对变量 Y 的影响通过变量 M 加以实现，即有 X→M→Y。其中，变量 M 被称为中介变量，在变量 X 和变量 Y 之间充当中介角色，发挥中间媒介的作用。

笔者参考 Baron 和 Kenny（1986）、温忠麟等（2004）、杨伟

---

① 由于 2017 年的评定工作建立在 2016 年相关数据的基础之上，以此类推，本章研究涉及的年份因此为 2016 年、2017 年和 2018 年。
② 样本企业的年度报告来源于全国中小企业股份转让系统，http://www.neeq.com.cn。

明等（2020）的方法，运用因果逐步法来检验企业的研发投入是否是企业税收负担影响专利产出的中介变量。根据中介效应检验的程序，全部满足以下四个条件时存在中介效应：

其一，检验解释变量 X 对被解释变量 Y 的作用，要求回归系数不为 0 且显著；

其二，检验解释变量 X 对中介变量 M 的作用，要求回归系数不为 0 且显著；

其三，检验中介变量 M 对被解释变量 Y 的作用，要求回归系数不为 0 且显著；

其四，将解释变量 X 与中介变量 M 纳入同一方程，检验它们对被解释变量 Y 的作用，要求回归系数不显著或虽然显著但数值依次减小。如果回归系数不显著，表明存在完全中介效应，即解释变量 X 完全通过中介变量 M 对被解释变量 Y 产生影响；如果回归系数显著但数值依次减小，则表明存在部分中介效应，中介变量 M 仅仅起到部分传导作用[①]。

（二）变量设置和模型构建

笔者通过对诸多相关研究的细致梳理和分析，选取了能够同时影响企业研发投入和专利产出的因素作为控制变量，对变量的详细设定如表 8.1 所示。

表 8.1 变量设置

| 变量类型 | 变量名称（符号） | 变 量 定 义 |
| --- | --- | --- |
| 被解释变量 | 企业专利产出（ENPA） | 企业国内专利申请数量 |
| 中介变量 | 企业研发投入（RDIN） | 企业研发费用与开发支出的合计数 |

---

① 温忠麟等：《中介效应检验程序及其应用》，《心理学报》2004 年第 5 期。

(续表)

| 变量类型 | 变量名称（符号） | 变量定义 |
|---|---|---|
| 解释变量 | 有效税负率（ETBR） | （企业所得税＋财产税＋类税缴费）/营业收入 |
| 控制变量 | 企业盈利能力（ROE） | 企业年末净利润总额/企业年末所有者权益 |
| | 研发团队规模（RDTE） | 企业年末研发人员数/企业年末员工总数 |
| | 企业内部激励制度（IIME） | 高管层持股比例 |
| | 企业家创新精神（ENIS） | 董事长的年龄 |
| | 行业（INDU） | 对行业设置制造业（INDU1）和信息技术服务业（INDU2）两个虚拟变量；INDU1＝1表示制造业，否则，INDU1＝0；INDU2＝1表示信息技术服务业，否则，INDU2＝0 |
| | 地域（AREA） | 对地区设置一个虚拟变量，AREA＝1表示注册于东部地区，否则，AREA＝0 |

构建模型时，为了降低数据的波动幅度，提高数据的平稳性，对企业的专利产出、研发投入和有效税负率进行自然对数化处理。

根据上述中介效应检验的程序和条件，第六章构建的模型（6-1）的回归结果满足了第二个条件，为了验证其他三个条件，分别构建面板数据模型（8-1）、模型（8-2）和模型（8-3）为：

$$\ln ENPA_{i,t} = \beta_0 + \beta_1 \ln ETBR_{i,t} + \beta_2 ROE_{i,t} + \beta_3 RDTE_{i,t}$$
$$+ \beta_4 IIME_{i,t} + \beta_5 ENIS_{i,t} + \beta_6 INDU1_i$$
$$+ \beta_7 INDU2_i + \beta_8 AREA_i + \varepsilon_{i,t} \quad (8\text{-}1)$$

$$\ln ENPA_{i,t} = \beta_0 + \beta_1 \ln RDIN_{i,t} + \beta_2 ROE_{i,t} + \beta_3 RDTE_{i,t}$$
$$+ \beta_4 IIME_{i,t} + \beta_5 ENIS_{i,t} + \beta_6 INDU1_i$$

$$+ \beta_7 \text{INDU2}_i + \beta_8 \text{AREA}_i + \varepsilon_{i,t} \qquad (8\text{-}2)$$

$$\ln\text{ENPA}_{i,t} = \beta_0 + \beta_1 \ln\text{ETBR}_{i,t} + \beta_2 \ln\text{RDIN}_{i,t} + \beta_3 \text{ROE}_{i,t}$$
$$+ \beta_4 \text{RDTE}_{i,t} + \beta_5 \text{IIME}_{i,t} + \beta_6 \text{ENIS}_{i,t}$$
$$+ \beta_7 \text{INDU1}_i + \beta_8 \text{INDU2}_i + \beta_9 \text{AREA}_i + \varepsilon_{i,t}$$
$$(8\text{-}3)$$

上述三个模型中，$\text{ENPA}_{i,t}$表示企业 i 在第 t 年的专利产出，$\text{RDIN}_{i,t}$表示企业 i 在第 t 年的研发投入，$\text{ETBR}_{i,t}$表示企业 i 在第 t 年有效税负率，$\text{ROE}_{i,t}$表示企业 i 在第 t 年的净资产收益率，$\text{RDTE}_{i,t}$表示企业 i 在第 t 年研发团队的规模，$\text{IIME}_{i,t}$表示企业 i 在第 t 年的高管层持股比例，$\text{ENIS}_{i,t}$表示企业 i 在第 t 年时其董事长的年龄，$\text{INDU1}_i$和$\text{INDU2}_i$表示企业 i 所属行业，$\text{AREA}_i$表示企业 i 所属地区，ε是随机扰动项。i＝1，2，3，…，510；t＝2016，2017，2018。

模型（8-1）反映了企业有效税负对专利产出的直接影响。模型参数$\beta_0$为常数项，$\beta_1$是企业有效税负率与其专利产出的直接相关系数，$\beta_2$到$\beta_8$为控制变量的系数，ε是随机扰动项。其中，若$\beta_1$不为 0 且显著，则第一个条件得到满足。

模型（8-2）分析了企业研发投入对专利产出的影响。模型参数$\beta_0$为常数项，$\beta_1$是企业研发投入与其专利产出的相关系数，$\beta_2$—$\beta_8$为控制变量的系数，ε是随机扰动项。其中，若$\beta_1$不为 0 且显著，则第三个条件得到满足。

模型（8-3）研究了企业有效税负率、研发投入对专利产出的影响。模型参数$\beta_0$为常数项，$\beta_1$是企业有效税负率与其专利产出的相关系数，$\beta_2$是企业研发投入与其专利产出的相关系数，$\beta_3$—$\beta_9$为控制变量的系数，ε仍是随机扰动项。其中，若$\beta_1$和$\beta_2$均不显著或虽然显著但数值依次减小，则第四个条件得到满足。

## (三) 中介效应检验结果

运用 Stata15 对模型（8-1）、模型（8-2）和模型（8-3）进行回归，结果如表 8.2 所示。根据表 8.2，模型（8-1）的回归结果表明，企业的有效税负对其专利产出的影响系数（$\beta_1$）不为 0 且在 10% 的水平下显著。因此，判断中介效应存在与否的第一个条件得到满足。模型（8-2）的回归结果表明，企业研发投入对专利产出的影响系数（$\beta_1$）也不为 0 且在 10% 的水平下显著，因此，判断中介效应是否存在的第三个条件得到满足。模型（8-3）的回归结果显示，企业有效税负对其专利产出的影响系数（$\beta_1$）和企业研发投入对其专利产出的影响系数（$\beta_2$）均不显著，因此，判断中介效应是否存在的第四个条件也得到了满足，而且还说明企业研发投入起到了完全中介的作用。

综上所述，判断中介效应是否存在的四个条件全部满足，企业的研发投入的确是企业税收负担影响专利产出的中介变量，而且存在完全中介效应。所以，研究假设 3 得到了验证。这意味着企业有效税负对其专利产出的影响完全是通过企业的研发投入实现的。因此，不能直接估测样本企业有效税负对其专利产出的影响，而要分析由于企业税负变化导致的研发投入变化对专利产出的间接影响。

表 8.2　企业有效税负对科技型中小企业专利产出影响的中介效应检验结果

| 变量 | 模型（8-1） | | 模型（8-2） | | 模型（8-3） | |
|---|---|---|---|---|---|---|
| | 回归系数 | 标准差 | 回归系数 | 标准差 | 回归系数 | 标准差 |
| $lnETBR_{i,t}$ | -0.247* | 0.130 | | | -0.0460 | 0.0793 |
| $lnRDIN_{i,t}$ | | | 0.0802* | 0.0561 | 0.0841 | 0.0565 |

(续表)

| 变量 | 模型（8-1） | | 模型（8-2） | | 模型（8-3） | |
|---|---|---|---|---|---|---|
| | 回归系数 | 标准差 | 回归系数 | 标准差 | 回归系数 | 标准差 |
| $ROE_{i,t}$ | 1.603** | 0.714 | 0.829** | 0.382 | 0.786** | 0.390 |
| $RDTE_{i,t}$ | 0.023* | 0.519 | 0.473* | 0.285 | 0.501 | 0.288 |
| $IIME_{i,t}$ | 0.0126 | 0.274 | 0.0613 | 0.164 | 0.0595 | 0.163 |
| $ENIS_{i,t}$ | -0.019** | 0.0091 | -0.0015 | 0.0063 | -0.0039 | 0.0064 |
| $INDU1_i$ | 控制 | 控制 | 控制 | | 控制 | |
| $INDU2_i$ | 控制 | 控制 | 控制 | | 控制 | |
| $AREA_i$ | 控制 | 控制 | 控制 | | 控制 | |
| _cons | 3.538*** | 0.774 | 0.220 | 0.870 | 0.346 | 0.898 |

注：***、**、* 分别表示 1%、5%、10% 水平上具有统计显著性。

## 三、企业有效税负对科技型中小企业专利产出的间接影响研究

### （一）变量定义

笔者通过对诸多相关研究的细致梳理，总结出影响科技型中小企业研发产出的内驱变量主要包括企业的研发费用、研发团队、技术吸收能力、管理体系、企业规模和企业家精神六个变量，外驱变量则主要涉及市场需求、市场结构、技术推力和知识产权保护制度四个变量。由于绝大多数外驱因素的操作变量缺乏相应的实证数据，因此，仅分析上述六个内驱变量对企业专利产出的影响效应。此外，由上述中介效应检验的结果可知，企业有效税负对其专利产出的影响是通过企业研发投入这个中介变量加以实现的，因此，笔者将以企业有效税负率和研发投入的交叉项

衡量由于企业税负变化所导致的研发投入变化对专利产出的间接影响。

这部分的分析仍将建立面板数据模型，运用多元回归的方法探究上述各个因素与科技型中小企业专利产出的相关关系，着重剖析企业有效税负对专利产出的间接影响效应，以检验研究假设4。基于具体的研究目标并参考已有相关文献的变量设定，这一部分实证分析的变量设置详见表8.3。

表8.3 变量设置

| 变量类型 | 变量名称（符号） | 变 量 定 义 |
| --- | --- | --- |
| 被解释变量 | 企业专利产出（ENPA） | 企业国内专利申请数量 |
| 解释变量 | 有效税负率＊研发投入（ETBR＊RDIN） | 企业有效税负率和研发投入的交叉项 |
| 控制变量 | 企业研发投入（RDIN） | 企业研发费用与开发支出的合计数 |
| | 企业规模（SIZE） | 企业年末资产总额 |
| | 研发团队规模（RDTE） | 企业年末研发人员数/企业年末员工总数 |
| | 技术吸收能力（TEAC） | 企业年末无形资产总额 |
| | 企业内部激励制度（IIME） | 高管层持股比例 |
| | 企业家创新精神（ENIS） | 董事长的年龄 |
| | 行业（INDU） | 对行业设置制造业（INDU1）和信息技术服务业（INDU2）两个虚拟变量；INDU1＝1表示制造业，否则INDU1＝0；INDU2＝1表示信息技术服务业，否则，INDU2＝0 |
| | 地域（AREA） | 对地区设置一个虚拟变量，AREA＝1表示注册于东部地区，否则，AREA＝0 |

1. 被解释变量

被解释变量设置为企业的专利产出（ENPA），以企业每年在国内申请的专利数量加以衡量。企业的研发产出种类繁多，选择专利产出的原因主要在于数据的易得性、可比性和高度标准化。而且，与新产品销售等研发产出相比，专利申请在时间上更接近所进行的研发项目（Czarnitzki 和 Hussinger，2004）。此外，本书之所以选择专利申请量而非专利授权量作为被解释变量，是由于从专利申请到专利授权的时间间隔较长且专利授权存在较大的不确定性，因此，专利授权量并不是一个度量研发产出的有效指标（吴清等，2012）。相比之下，申请专利时缴纳的专利申请费具有创新甄别效应，即只有当专利申请有可能被批准并有利可图时，专利申请人才愿意发生该项费用支出，因而专利申请量能够较好地刻画研发产出（胡凯等，2018）。

2. 解释变量

解释变量设置为企业有效税负率和研发投入的交叉项（ETBR * RDIN），用来衡量由于企业税负变化所导致的研发投入变化对专利产出的间接影响。根据第二章提出的研究假设 4，企业有效税负降低导致用于研发的资金投入增加，因而有可能间接地增加企业的专利申请数量。

3. 控制变量

控制变量包括企业研发投入、企业规模、研发团队规模、技术吸收能力、企业内部激励制度、企业家创新精神、样本企业所处行业和所处地区。

企业的研发经费投入以企业研发费用与开发支出的合计数加以衡量，从而全面完整地反映企业研发投入的总体规模。研发经费是企业创新不可或缺的基石与前提条件，企业用于研究开发的资金投入充足，才有可能形成专利产出。一般情况下，企业的研发投入越多，专利产出有可能越多。

企业规模以企业年末资产总额加以衡量。一些学者认为，大企业是技术创新的主体，因为大企业的资源优势和垄断地位使其具有雄厚的资金优势和较强的风险抵御能力（Schumpete，1942；Scherer，1965；Hamberg，1966；Comanor，1967；Kumar 等，1996；周黎安等，2005）。更多学者发现，小企业在资本强度和发展成本较低的行业更具有创新产出优势，更擅长从事产品创新、破坏性技术创新和突破原有技术范式的、非定向性技术创新（Schere，1984；Levin，1985；Utterback，1994；Rothwell 和 Dodgson，1994；Christensen，1997；Freeman 等，1997；安同良等，2006；高良谋等人，2009）。

研发团队规模通过企业年末研发人员数与企业年末员工总数的比值来反映。一般情况下，企业研发团队的规模越大、研发人员数量越多，研发能力就有可能越强，企业的专利产出就有可能越多。

技术吸收能力以企业年末无形资产总额加以衡量。通常情况下，企业的技术吸收能力越强，技术知识的吸收效率就越高，技术知识的转移成本就越低，技术创新能力的提升就越快，企业的专利产出数量可能就越多。

企业内部激励制度可以通过高管层持股比例加以反映。如若高管层持股比例较高、内部激励到位，研发参与者（特别是高管层）的积极性将得到极大地调动，因此会努力促成专利产出的增加，即高管层持股比例和企业专利产出呈现正相关的关系[①]。另一

---

[①] 如果本章实证回归的结果能够表明高管层持股比例与专利产出显著正相关，就可以说明第六章在研究企业有效税负对科技型中小企业研发投入的影响效应时，该章模型（6-1）中高管层持股比例与企业研发投入呈现负相关关系的原因是由于高管层尽力提高研发资金的使用效率所导致的，而非高管层追求短期行为、忽视企业研发造成的。

种观点认为，如若高管层持股比例较高，高管层有可能为了短期内提高企业的经营绩效以促进股价上涨，仅仅注重短期行为，从而忽视企业长期的研发创新，即高管层持股比例和企业专利产出呈现负相关的关系。

企业家创新精神以董事长的年龄加以反映。一般情况下，董事长的年龄越大、顾虑越多，创新精神越加减退，因此，研发产出很可能越少，即董事长的年龄和企业专利产出呈现负相关的关系。

行业通过设置制造业和信息技术服务业这两个虚拟变量表示，因为新三板上市公司九成以上属于制造业和信息技术服务业。一般认为后者的技术更迭速度更快、研发要求更高，因此从事信息技术服务的企业专利产出相对更多。

地区也通过设置虚拟变量加以表示。我国地区的划分主要有地理区域划分和经济区域划分两种方式。其中，后者是研究宏微观经济的重要基础。我国的经济区域通常划分为东部地区、东北部地区、中部地区和西部地区。相较于其他区域，东部地区经济发达，企业聚集，资源汇聚，竞争更为充分、企业拥有更强的技术创新动力，整体研发创新优势更为明显。因此，本书将企业所处地区简化为东部地区和非东部地区，且根据企业年报中的公司地址确定其所在省份进而确定其所属的经济区域。

(二) 模型构建

在构建模型时，对专利产出、研发投入、有效税负、企业规模和技术吸收能力均进行自然对数化处理，以削弱变量之间的多重共线性，消除模型的异方差性，使得估计结果更加可靠。考虑到企业专利产出的周期往往较长，因此，对解释变量和控制变量选择滞后一期的数据进行回归。

基于以上考虑及所选变量，为考察企业有效税负对科技型中小企业专利产出的间接影响效应，即为了验证研究假设 4，本书构建的面板数据模型（8-4）为：

$$\begin{aligned}
\ln ENPA_{i,t} = &\beta_0 + \beta_1(\ln ETBR * \ln RDIN)_{i,t-1} + \beta_2 \ln RDIN_{i,t-1} \\
& + \beta_3 \ln SIZE_{i,t-1} + \beta_4 RDTE_{i,t-1} + \beta_5 \ln TEAC_{i,t-1} \\
& + \beta_6 IIME_{i,t-1} + \beta_7 ENIS_{i,t-1} + \beta_8 INDU1_i \\
& + \beta_9 INDU2_i + \beta_{10} AREA_i + \varepsilon_{i,t}
\end{aligned} \quad (8-4)$$

模型（8-4）中，$ENPA_{i,t}$ 表示企业 i 在第 t 年的专利产出，$(ETBR * RDIN)_{i,t-1}$ 表示企业 i 在第 t-1 年因企业税负降低导致的研发投入增加而对专利产出产生的间接影响，$RDIN_{i,t-1}$ 表示企业 i 在第 t-1 年的研发投入，$SIZE_{i,t-1}$ 表示企业 i 在第 t-1 年的企业规模，$RDTE_{i,t-1}$ 表示企业 i 在第 t-1 年研发团队的规模，$TEAC_{i,t-1}$ 表示企业 i 在第 t-1 年的技术吸收能力，$IIME_{i,t-1}$ 表示企业 i 在第 t-1 年的高管层持股比例，$ENIS_{i,t-1}$ 表示企业 i 在第 t-1 年时其董事长的年龄，$INDU1_i$ 和 $INDU2_i$ 表示企业 i 所属行业，$AREA_i$ 表示企业 i 所属地区，$\varepsilon$ 是随机扰动项。i = 1，2，3，…，510；t = 2016，2017，2018。

该模型研究了企业有效税负对我国科技型中小企业专利产出的间接影响。模型参数 $\beta_0$ 为常数项，$\beta_1$ 是由于企业税负变化所导致的研发投入变化对专利产出的间接影响系数，$\beta_2$—$\beta_{10}$ 为控制变量的系数。其中，若 $\beta_1$ 显著为正，则说明企业的有效税负降低，用于研发的资金投入相应增加，因而间接增加了企业的专利申请数量，也就是研究假设 4 得到了验证。

此外，为了反映处于生命周期不同阶段企业的有效税负对其专利产出的间接影响有何差别，本书按照综合指标法将总样本划分为种子期、初创期、成长期、成熟期和衰退期 5 个子样本，用模型（8-4）分别进行回归分析。

(三) 描述性统计分析

1. 整体样本描述性统计分析

表8.4呈现了整体样本的描述性统计结果，以反映整体样本各个变量的大致特征，从中可以看出：（1）样本企业专利产出的最大值为103件，最小值仅为1件，均值约为10件，标准差为12.2504，通过比较标准差和平均值，不难发现样本数据的离散程度非常大，说明样本企业的专利产出水平存在很大的差异；(2) 样本企业有效税负率和研发投入交叉项的最大值为42.7896万元，这意味着样本企业中由于有效税负降低而增加的研发投入的最大值是42.7896万元。这一变量的最小值为1.2801万元，均值为18.1275万元，标准差为4.2202，样本数据较为平稳，差异不大；(3) 通过比较标准差和平均值也可发现，样本企业的研发投入、企业规模和研发团队规模也存在较大的差别，数据的离散程度较大；(4) 通过比较标准差和平均值能够发现，样本企业的技术吸收能力差异极其悬殊。以企业年末无形资产总额衡量时的最大值高达9711.2683万元，而最小值仅仅为0.0124万元；(5) 样本企业的高管层持股比例的差异不大，数据较为平稳；(6) 董事长之间的年龄差异则更小，样本数据非常平稳。

表8.4 整体样本描述性统计结果

| 变量 | 单位 | 最大值 | 最小值 | 平均值 | 标准差 |
| --- | --- | --- | --- | --- | --- |
| ENPA | 件 | 103.0000 | 1.0000 | 9.9948 | 12.2504 |
| ETBR * RDIN | 万元 | 42.7896 | 1.2801 | 18.1275 | 4.2202 |
| RDIN | 万元 | 5542.9770 | 1.7335 | 546.7333 | 451.3396 |

(续表)

| 变量 | 单位 | 最大值 | 最小值 | 平均值 | 标准差 |
|---|---|---|---|---|---|
| SIZE | 万元 | 58 126.210 3 | 758.533 4 | 11 189.425 3 | 7 578.376 5 |
| RDTE | / | 0.861 9 | 0.028 5 | 0.265 5 | 0.180 2 |
| TEAC | 万元 | 9 711.268 3 | 0.012 4 | 610.516 7 | 938.983 7 |
| IIME | / | 1.000 0 | 0.005 0 | 0.664 4 | 0.264 9 |
| ENIS | 岁 | 78.000 0 | 29.000 0 | 49.412 6 | 7.578 7 |

2. 分行业和地区描述性统计分析

为了进一步了解变量数据在不同行业或不同地区的数据特征，本部分将样本分别按照行业和地区划分之后，再对各变量数据取均值进行分析。表 8.5 呈现了分地区和行业样本均值的描述性统计结果。

表 8.5 分地区和行业样本均值描述性统计结果

| 变量 | 单位 | 行业 | | 地区 | |
|---|---|---|---|---|---|
| | | 制造业 | 信息技术服务业 | 东部 | 非东部 |
| ENPA | 件 | 11.053 9 | 5.574 7 | 9.027 0 | 11.781 1 |
| ETBR * RDIN | 万元 | 18.298 7 | 18.170 2 | 18.392 4 | 17.706 7 |
| RDIN | 万元 | 515.369 8 | 717.912 3 | 583.914 2 | 487.788 8 |
| SIZE | 万元 | 11 624.431 1 | 9 164.456 7 | 11 222.172 7 | 11 172.077 9 |
| RDTE | / | 0.203 5 | 0.486 2 | 0.259 0 | 0.277 5 |
| TEAC | 万元 | 751.681 5 | 249.647 6 | 557.277 6 | 698.620 1 |

(续表)

| 变量 | 单位 | 行业 | | 地 区 | |
|---|---|---|---|---|---|
| | | 制造业 | 信息技术服务业 | 东 部 | 非东部 |
| IIME | / | 0.671 5 | 0.648 1 | 0.677 9 | 0.639 4 |
| ENIS | 岁 | 49.974 2 | 47.655 2 | 49.735 8 | 48.815 9 |

从表8.5的分行业描述性统计结果可以发现：（1）与制造业样本企业平均申请11件专利相比，信息技术服务业样本企业的专利产出平均仅为5.5件。虽然看似制造业样本企业申请的专利数量更多，但是由于此处并未将专利的类型细分为发明、实用新型、外观设计进行统计，因此，有可能出现申请专利"量多质低"的现象，即制造业样本企业申请的多为实用新型和外观设计等科技含量不高、创新质量较低的专利；（2）两个行业由于有效税负降低而平均增加的研发投入相差无几；（3）相比之下，信息技术服务业样本企业的平均研发投入明显更多，约为制造业样本企业的1.4倍；（4）制造业样本企业的平均规模更大，这是由于后者更多属于轻资产的企业；（5）平均而言，制造业样本企业的无形资产总额远大于技术服务业样本企业的这一数据。这只是"量"方面的体现。由于没有按照无形资产类别进行细分统计，因此无法反映"质"方面的差异；（6）信息技术服务业样本企业研发人员平均占比远远高于制造业样本企业，高出28个百分点以上；（7）两个行业的高管层持股比例非常接近；（8）信息技术服务业样本企业的董事长明显更加年轻。

从表8.5的分地区描述性统计结果可以发现：（1）东部地区样本企业专利产出的平均数量小于非东部地区样本企业，申请数量平均少了2件以上。这在一定程度上能够反映出非东部地区近年来专利产出能力的增强。然而,另一方面,因为并未将专利的类型细分为发明、实用新型、外观设计进行统计,因而无法反映不同地区间专利申请"质"方面的差异;(2)东部地区样本企业由于有效税负降低而平均增加的研发投入略高于非东部地区的样本企业;(3)东部地区样本企业的平均研发投入和企业规模均高于非东部地区样本企业的数据。这在一定程度上可以体现出东部地区的样本企业发展得更为成熟;(4)较之于非东部地区的样本企业,东部地区样本企业研发人员的占比略低;(5)平均而言,非东部地区样本企业的无形资产总额明显高于东部地区样本企业的这一数字。同样地,这只是"量"方面的体现。由于没有按照无形资产类别进行细分统计,因此无法反映"质"方面的差异;(6)东部地区样本企业高管层的持股比例更高一些,比非东部地区样本企业的这一数据高了3.8个百分点;(7)非东部地区样本企业的董事长更加年轻。

3. 分生命周期描述性统计分析

本部分按照综合指标法将样本企业划分生命周期各个阶段之后,再对各个变量数据取均值进行分析,结果如表8.6所示。从表8.6不难发现:(1)在专利产出方面,成长期样本企业的专利申请数量最多,均值约为11件,成熟期和初创期的平均申请数量次之,种子期的数量最少;(2)样本企业由于有效税负降低而平均增加的研发投入,成长期最多,成熟期次之,种子期仍是最少的;(3)在平均研发投入、企业规模方面,成熟期的都居于榜首,种子期的位于最后;(4)在研发人员与员工总数的比重方面,成熟期的仍排在首位,种子期的依旧排在最后;(5)在技术吸收能力方面,平均而言,成长期的无形资产总额最多,衰退期的次之,种子期的仍是最少的。当然,这同样只是"量"方面的体现。由于没有按照无形资产类别进行细分统计,因此无法反映

"质"方面的差异;(6)在高管层的持股比例方面,衰退期样本企业的平均比例最低,种子期样本企业因为拥有更强的激励管理层的意愿而导致这一数字最高;(7)在董事长的年龄方面,处于成熟期和衰退期的样本企业董事长更为年长,而种子期、初创期和成长期的样本企业董事长更为年轻。

表 8.6 按综合指标法划分的生命周期各个阶段样本均值描述性统计结果

| 变量 | 单位 | 按照综合指标法划分的生命周期各个阶段 | | | | |
|---|---|---|---|---|---|---|
| | | 种子期 | 初创期 | 成长期 | 成熟期 | 衰退期 |
| ENPA | 件 | 7.888 9 | 9.489 8 | 11.135 7 | 9.537 6 | 9.177 8 |
| ETBR*RDIN | 万元 | 16.932 3 | 17.851 2 | 18.654 8 | 18.390 7 | 17.762 0 |
| RDIN | 万元 | 423.432 6 | 487.505 1 | 559.825 6 | 582.554 2 | 532.709 3 |
| SIZE | 万元 | 8 668.610 5 | 10 797.391 0 | 11 883.020 7 | 11 891.983 4 | 10 521.733 1 |
| RDTE | / | 0.260 0 | 0.261 2 | 0.262 4 | 0.272 2 | 0.264 3 |
| TEAC | 万元 | 551.468 7 | 552.663 2 | 658.332 1 | 569.219 9 | 641.217 5 |
| IIME | / | 0.746 6 | 0.701 2 | 0.663 0 | 0.680 0 | 0.633 0 |
| ENIS | 岁 | 47.333 3 | 46.938 8 | 47.564 3 | 50.935 5 | 49.983 3 |

(四)模型回归结果及分析

1. 整体样本回归分析

为了估测企业有效税负对我国科技型中小企业专利产出的间接影响效应,本节仍将利用 Stata15 对模型参数进行估计。根据 Hausman 检验的结果,模型存在随机效应,因此,本章将采用随机效应模型进行实证分析研究。具体回归估计结果如表 8.7 所示。

## 表8.7 企业有效税负对科技型中小企业专利产出间接影响的回归结果

| 变　量 | 回归系数 | 标准差 |
|---|---|---|
| $(lnETBR*lnRDIN)_{i,t-1}$ | 0.003 3 | 0.006 1 |
| $lnRDIN_{i,t-1}$ | 0.168*** | 0.084 3 |
| $lnSIZE_{i,t-1}$ | -0.025 1 | 0.102 |
| $RDTE_{i,t-1}$ | 0.171*** | 0.358 |
| $lnTEAC_{i,t-1}$ | 0.026 0** | 0.027 5 |
| $IIME_{i,t-1}$ | 0.083* | 0.206 |
| $ENIS_{i,t-1}$ | -0.003 2* | 0.007 3 |
| $INDU1_i$ | 控制 | 控制 |
| $INDU2_i$ | 控制 | 控制 |
| $AREA_i$ | 控制 | 控制 |
| _cons | 0.114*** | 1.568 |

注：****、***、**、* 分别表示在1%、5%、10%、15%的水平上具有统计显著性。

从表8.7的结果可以发现，样本企业有效税负率和研发投入交叉项的回归系数为正，但即使在15%的水平上也不显著。这意味着在现有数据条件下企业有效税负的变化不会对其专利申请数量产生有规律的间接影响。因此，研究假设4未能得到验证。

2. 分行业的样本回归分析

为了进一步分析不同行业企业的有效税负对其专利产出的间接影响，该部分对"行业"设置了制造业和信息技术服务业两个变量，也运用模型（8-4）进行回归，分析结果如表8.8所示，从中可以发现，两个行业样本企业有效税负率和研发投入交叉项的回归系数均为正且相差不多，但仍不显著。这表明制造业和信息技术服务业企业有效税负的变化都不会对其专利申请数量产生有规律的、明显的影响。

表 8.8　企业有效税负对企业专利产出间接影响的分行业回归结果

| 变量 | 制造业 | | 信息技术服务业 | |
| --- | --- | --- | --- | --- |
| | 回归系数 | 标准差 | 回归系数 | 标准差 |
| $(lnETBR * lnRDIN)_{i, t-1}$ | 0.008 8 | 0.008 0 | 0.009 9 | 0.010 3 |
| $lnRDIN_{i, t-1}$ | 0.160*** | 0.125 | 0.086*** | 0.128 |
| $lnSIZE_{i, t-1}$ | 0.010 1 | 0.158 | -0.152* | 0.154 |
| $RDTE_{i, t-1}$ | 0.047 8*** | 0.627 | 0.304*** | 0.471 |
| $lnTEAC_{i, t-1}$ | 0.031 5* | 0.043 3 | 0.039 6*** | 0.040 3 |
| $IIME_{i, t-1}$ | 0.047 5* | 0.258 | 0.151 | 0.444 |
| $ENIS_{i, t-1}$ | -0.007 4* | 0.008 7 | -0.013 9 | 0.015 8 |
| $AREA_i$ | 控制 | 控制 | 控制 | 控制 |
| _cons | 0.722**** | 2.037 | 3.866*** | 2.838 |

注：****、***、**、* 分别表示在 1%、5%、10%、15% 的水平上具有统计显著性。

3. 分地区的样本回归分析

为了研究不同地区企业的有效税负对其专利产出的间接影响，本部分内容对地区设置了东部地区和非东部地区这两个虚拟变量，同样运用模型（8-4）进行回归，分析结果如表 8.9 所示，从中能够看出，无论是东部地区还是其他地区，样本企业有效税负率和研发投入交叉项的回归系数均为正且不显著，表明企业有效税负的变化都不会对上述地区企业专利申请的数量产生有规律的、实质性的影响。

表8.9 企业有效税负对企业专利产出间接影响的分地区回归结果

| 变量 | 东部地区 | | 非东部地区 | |
|---|---|---|---|---|
| | 回归系数 | 标准差 | 回归系数 | 标准差 |
| $(lnETBR * lnRDIN)_{i,t-1}$ | 0.002 0 | 0.007 9 | 0.006 4 | 0.009 7 |
| $lnRDIN_{i,t-1}$ | 0.147*** | 0.107 | 0.202** | 0.138 |
| $lnSIZE_{i,t-1}$ | 0.091 8 | 0.128 | -0.197 | 0.169 |
| $RDTE_{i,t-1}$ | 0.068 4*** | 0.430 | 0.495 | 0.671 |
| $lnTEAC_{i,t-1}$ | 0.033 6** | 0.035 9 | 0.011 4 | 0.044 4 |
| $IIME_{i,t-1}$ | 0.070 0* | 0.255 | 0.107 | 0.348 |
| $ENIS_{i,t-1}$ | -0.006 1* | 0.010 4 | -0.001 6 | 0.010 9 |
| $INDU1_i$ | 控制 | 控制 | 控制 | 控制 |
| $INDU2_i$ | 控制 | 控制 | 控制 | 控制 |
| _cons | 2.074*** | 1.931 | 3.505** | 2.703 |

注：****、***、**、* 分别表示在1%、5%、10%、15%的水平上具有统计显著性。

**4. 分生命周期阶段的样本回归分析**

本部分按照综合指标法对企业所处生命周期阶段进行划分，并分别将处于种子期、初创期、成长期、成熟期和衰退期的科技型中小企业作为子样本，通过前文所述模型（8-4）进行回归分析，以研究处于生命周期各个阶段的企业的有效税负对其专利产出的间接影响，回归结果如表8.10所示。从表8.10不难发现，生命周期各个阶段样本企业有效税负率和研发投入交叉项的回归系数均为正但不显著，表明企业有效税负的变化不会对各个阶段企业专利申请的数量产生有规律的影响。

表8.10 企业有效税负对其专利产出间接影响的
分生命周期阶段回归结果

| 变量 | 按照综合指标法划分的生命周期各个阶段 | | | | |
|---|---|---|---|---|---|
| | 种子期 | 初创期 | 成长期 | 成熟期 | 衰退期 |
| $(lnETBR*lnRDIN)_{i,t-1}$ | 0.0096<br>(0.0302) | 0.0112<br>(0.042) | 0.0020<br>(0.0121) | 0.0040<br>(0.0102) | 0.0009<br>(0.0091) |
| $lnRDIN_{i,t-1}$ | 0.401*<br>(0.304) | 0.120**<br>(0.621) | 0.144***<br>(0.157) | 0.103***<br>(0.142) | 0.123*<br>(0.136) |
| $lnSIZE_{i,t-1}$ | −0.750<br>(0.527) | −0.227<br>(0.815) | −0.276<br>(0.178) | 0.150<br>(0.167) | 0.090<br>(0.168) |
| $RDTE_{i,t-1}$ | 2.420***<br>(2.018) | 0.175***<br>(2.368) | 0.102**<br>(0.629) | 0.108**<br>(0.597) | 0.499<br>(0.601) |
| $lnTEAC_{i,t-1}$ | 0.0187<br>(0.141) | 0.136*<br>(0.179) | 0.0277**<br>(0.0503) | 0.0105**<br>(0.0519) | 0.0277<br>(0.0394) |
| $IIME_{i,t-1}$ | 0.263<br>(0.945) | 0.255<br>(1.367) | 0.533**<br>(0.414) | 0.0825*<br>(0.352) | 0.016*<br>(0.288) |
| $ENIS_{i,t-1}$ | −0.0155<br>(0.258) | −0.0077<br>(0.0350) | −0.0057*<br>(0.0137) | −0.0042*<br>(0.0132) | −0.0009*<br>(0.0104) |
| $INDU1_i$ | 控制 | 控制 | 控制 | 控制 | 控制 |
| $INDU2_i$ | 控制 | 控制 | 控制 | 控制 | 控制 |
| $AREA_i$ | 控制 | 控制 | 控制 | 控制 | 控制 |
| _cons | 20.01**<br>(12.13) | 8.396**<br>(8.709) | 4.959****<br>(3.003) | 4.925****<br>(2.561) | 1.169**<br>(2.356) |

注：括号里的值为标准差。****、***、**、*表示在1%、5%、10%、15%的水平上具有统计显著性。

(五) 小结

运用模型（8-4）研究企业有效税负对其专利产出的间接

影响效应时,无论是对整体样本进行回归分析,还是对分行业、分地区、分生命周期阶段的样本进行回归分析,得到的结果均为样本企业有效税负率和研发投入交叉项的回归系数为正但不显著,也就是研究假设4未能得到验证。造成回归系数不显著的原因很可能是模型(8-4)的设定遗漏了关键变量。影响科技型中小企业研发产出的因素包括内驱变量和外驱变量,而模型(8-4)仅考虑了内驱变量的影响效应。实际上,外驱变量特别是外驱变量中的知识产权保护制度,是影响企业专利申请的非常重要的关键因素。不少学者都指出了这一点(Teece,1986;Kingston,1990;North,1991;Yang等,2001;董静,2003;董雪兵,2006;Nolan,2008;Segerstrom,2010;文豪,2010;Czarnitzki等,2011;张建忠等,2011;罗勇等,2011;陈莉平等,2011;柴江艺,2012;董钰,2012;蒙大斌,2014;许培源等,2014;张娜等,2015;刘昌年,2015),还有一些国内学者通过经验研究对此加以证实(李伟,2011;周茜等,2014;吴磊,2016;胡凯,2018)。

因此,笔者将把知识产权保护制度这一关键外驱变量添加到模型当中,重新研究企业有效税负对其专利产出的间接影响效应。

## 四、考虑知识产权保护水平后的回归分析

### (一)变量定义与模型构建

笔者将知识产权保护制度这一关键外驱变量作为新增控制变量添加到模型中,重新分析企业有效税负对专利产出的间接影响效应,再次检验研究假设4。基于研究目标并参考已有相关文献的变量设定,这一部分实证分析的变量设置详见表8.11。

表 8.11 变量设置

| 变量类型 | 变量名称（符号） | 变量定义 |
| --- | --- | --- |
| 被解释变量 | 企业专利产出（ENPA） | 企业国内专利申请数量 |
| 解释变量 | 有效税负率*研发投入（ETBR * RDIN） | 企业有效税负率和研发投入的交叉项 |
| 控制变量 | 知识产权保护水平（ITPP） | 知识产权保护指数 |
| | 企业研发投入（RDIN） | 企业研发费用与开发支出的合计数 |
| | 企业规模（SIZE） | 企业年末资产总额 |
| | 研发团队规模（RDTE） | 企业年末研发人员数/企业年末员工总数 |
| | 技术吸收能力（TEAC） | 企业年末无形资产总额 |
| | 企业内部的激励制度（IIME） | 高管层持股比例 |
| | 企业家创新精神（ENIS） | 董事长的年龄 |
| | 行业（INDU） | 对行业设置制造业（INDU1）和信息技术服务业（INDU2）两个虚拟变量；INDU1=1表示制造业，否则，INDU1=0；INDU2=1表示信息技术服务业，否则，INDU2=0 |
| | 地域（AREA） | 对地区设置一个虚拟变量，AREA=1表示注册于东部地区，否则，AREA=0 |

新增控制变量知识产权保护水平（ITPP）以中国各省市企业经营环境指数中的"知识产权、技术、品牌保护"指数加以量化，这个指数越大，表示知识产权保护水平越高[①]。对处于技术前沿的厂商而言，研发创新面临的重大风险是创新成果能否得到有效的知识产权保护，否则，各种显性或隐性侵权行为无法得到

---

① 相关数据来源于皮书数据库，https://www.pishu.com.cn。

有效救济将使这一要求无从实施（胡凯，2018）。因此，一般而言，知识产权保护制度越完善、保护水平越高，企业就越有意愿从事研发创新，专利产出就可能越多。

其他变量的定义如前所述，不再赘述。在构建新模型时，仍对专利产出、研发投入、有效税负、企业规模和技术吸收能力进行自然对数化处理，仍对解释变量和控制变量选择滞后一期的数据进行回归。基于以上考虑及所选变量，为再次考察企业有效税负对我国科技型中小企业专利产出的间接影响效应，本书构建的面板数据模型（8-5）为：

$$\begin{aligned}\ln ENPA_{i,t} = &\beta_0 + \beta_1(\ln ETBR * \ln RDIN)_{i,t-1} + \beta_2 ITPP_{i,t-1} \\ &+ \beta_3 \ln RDIN_{i,t-1} + \beta_4 \ln SIZE_{i,t-1} + \beta_5 RDTE_{i,t-1} \\ &+ \beta_6 \ln TEAC_{i,t-1} + \beta_7 IIME_{i,t-1} + \beta_8 ENIS_{i,t-1} \\ &+ \beta_9 INDU1_i + \beta_{10} INDU2_i + \beta_{11} AREA_i + \varepsilon_{i,t}\end{aligned}$$

(8-5)

模型（8-5）中，$ITPP_{i,t-1}$ 表示企业 i 在第 t-1 年所处省市的知识产权保护水平，其他变量的含义与模型（8-4）相同。该模型研究了在考虑知识产权保护水平的情况下企业有效税负对科技型中小企业专利产出的间接影响。模型参数 $\beta_0$ 为常数项，$\beta_1$ 是由于企业税负变化所导致的研发投入变化对专利产出的间接影响系数，$\beta_2$—$\beta_{11}$ 为控制变量的系数。其中，若 $\beta_1$ 显著为正，就意味着企业的有效税负降低，用于研发的资金投入相应增加，因而间接地增加了企业的专利申请数量，即研究假设4得到了验证。

此外，为了反映处于生命周期不同阶段企业的有效税负对其专利产出的间接影响有何差别，本书按照综合指标法将总样本划分为种子期、初创期、成长期、成熟期和衰退期5个子样本，用模型（8-5）分别进行回归分析。

(二) 模型回归结果及分析

1. 整体样本回归分析

为了估测在考虑知识产权保护水平的情况下企业有效税负对我国科技型中小企业专利产出的间接影响效应，本节再次利用 Stata15 对模型参数进行估计且仍采用随机效应模型进行分析。具体回归估计结果如表 8.12 所示。

**表 8.12　企业有效税负对科技型中小企业专利产出间接影响的回归结果**

（考虑知识产权保护水平）

| 变　　量 | 回归系数 | 标准差 |
| --- | --- | --- |
| $(lnETBR*lnRDIN)_{i,t-1}$ | 0.002 1* | 0.006 1 |
| $ITPP_{i,t-1}$ | 0.994**** | 0.331 |
| $lnRDIN_{i,t-1}$ | 0.172**** | 0.083 9 |
| $lnSIZE_{i,t-1}$ | -0.020 6 | 0.102 |
| $RDTE_{i,t-1}$ | 0.129**** | 0.358 |
| $lnTEAC_{i,t-1}$ | 0.022** | 0.027 5 |
| $IIME_{i,t-1}$ | 0.094** | 0.206 |
| $ENIS_{i,t-1}$ | -0.002 3* | 0.007 3 |
| $INDU1_i$ | 控制 | 控制 |
| $INDU2_i$ | 控制 | 控制 |
| $AREA_i$ | 控制 | 控制 |
| _cons | 3.187*** | 1.866 |

注：****、***、**、* 分别表示在 1%、5%、10%、15%的水平上具有统计显著性。

从表8.12的结果能够发现：(1) 在考虑了知识产权保护水平之后，样本企业有效税负率和研发投入交叉项的回归系数在15%的水平上显著为正。这说明由于企业有效税负降低导致的研发投入的增加会间接地促进企业专利申请数量的增长，也就是说，研究假设4得到了验证。然而，从回归系数的大小可以看出，这种间接影响的程度非常小；(2) 知识产权保护水平对样本企业专利申请数量的影响在1%的水平上显著为正，且影响程度很大。在其他条件不变的情况下，样本企业所处省市的知识产权保护指数每提高1个百分点，企业的专利产出平均增加0.994%。由此可见，无论是从统计显著性的角度出发还是从影响程度的角度出发，专利保护制度是影响企业研发产出非常重要的外部因素；(3) 在考虑了知识产权保护水平之后，样本企业的研发投入、研发团队规模、技术吸收能力和高管持股比例对其专利产出的影响系数依然为正，而且统计的显著性水平较之前基本都有所提高；(4) 在考虑了知识产权保护水平之后，董事长的年龄对样本企业专利产出的影响系数依旧为负，且仍在15%的水平上显著；(5) 样本企业规模对其专利申请数量的影响依然为负且仍不显著，说明即使考虑了知识产权保护水平，在现有数据条件下企业规模对专利产出的作用和影响仍然是不规律的。

2. 分行业的样本回归分析

在考虑知识产权保护水平的情况下，为了进一步分析不同行业企业的有效税负对其专利产出的间接影响，该部分对行业设置了制造业和信息技术服务业两个变量，也运用模型(8-5)进行回归，分析结果如表8.13所示。

表8.13 企业有效税负对企业专利产出间接影响的分行业回归结果
（考虑知识产权保护水平）

| 变量 | 制造业 | | 信息技术服务业 | |
|---|---|---|---|---|
| | 回归系数 | 标准差 | 回归系数 | 标准差 |
| $(lnETBR*lnRDIN)_{i,t-1}$ | 0.008 1* | 0.008 2 | 0.011 5* | 0.010 1 |
| $ITPP_{i,t-1}$ | 0.980**** | 0.446 | 1.196**** | 0.593 |
| $lnRDIN_{i,t-1}$ | 0.151**** | 0.125 | 0.078**** | 0.126 |
| $lnSIZE_{i,t-1}$ | 0.006 7 | 0.159 | -0.180 | 0.152 |
| $RDTE_{i,t-1}$ | 0.249*** | 0.632 | 0.231**** | 0.466 |
| $lnTEAC_{i,t-1}$ | 0.030 9* | 0.043 7 | 0.038 8*** | 0.039 7 |
| $IIME_{i,t-1}$ | 0.031 8** | 0.259 | 0.269** | 0.440 |
| $ENIS_{i,t-1}$ | -0.006 3* | 0.008 8 | -0.013 5 | 0.015 5 |
| $AREA_i$ | 控制 | 控制 | 控制 | 控制 |
| _cons | 4.117*** | 2.561 | 0.013*** | 3.394 |

注：****、***、**、* 分别表示在1%、5%、10%、15%的水平上具有统计显著性。

根据表8.13的回归结果可以发现：(1) 在考虑了知识产权保护水平之后，两个行业样本企业有效税负率和研发投入交叉项的回归系数均在15%的水平上显著为正。这表明制造业和信息技术服务业企业因税负降低导致的研发投入的增加都会间接地促进专利申请数量的增长。通过对比两个行业回归系数的大小能够看出，尽管均高于整体样本的回归系数，但是信息技术服务业企业受到的影响略大。(2) 知识产权保护水平对两个行业样本企业专利产出的影响均在1%的水平上显著为正，而且影响程度很大，特别是信息技术服务业。在其他条件不变的情况下，信息技术服务业样本企业所处省市的知识产权保护指数每提高1个百分点，企业的专利产出平均可以增加1.196%。可见，信息技术服务业对知识产权保护制度的完善非常敏感和迫切。（3）就制造业的样本企业而言，在考虑了知识产权保护水平之后，企业的研发投入、研发团队规模、技术吸收能力和内部激励制度对其专利产出的影响系数依然显著为正，而且统计的显著性水平较之前基本上都有所提高。董事长的年龄的影响系数依旧在15%的水平上显著为负。企业规模的影响系数依旧为正且仍不显著。（4）就信息技术服务业的样本企业而言，在考虑了知识产权保护水平之后，企业的研发投入、研发团队规模和技术吸收能力对企业专利产出的影响仍旧显著为正，而且显著性水平较之前基本上也有所提升。董事长的年龄对这个行业企业专利产出的影响仍不显著。企业规模的影响仍在15%的水平上显著为负，且较之前的影响程度有所增强。最明显的变化来自高管层的持股比例这个变量。在考虑了知识产权保护水平之后，高管层的持股比例的影响由不显著变为在10%的水平上显著为正。究其原因，在知识产权保护水平较高的省市，各种侵权行为会受到相应的规制，因此，企业高管层更有意愿和动力促进企业专利产出的增加。因为对于科技型企业的高管层而言，专利产出的增加是其经营能力和业绩的综合体现。

3. 分地区的样本回归分析

在考虑知识产权保护水平的情况下，为了研究不同地区企业的有效税负对其专利产出的间接影响，本部分内容对地区设置了东部地区和非东部地区这个虚拟变量，同样运用模型（8-5）进行回归，分析结果如表8.14所示。

表 8.14 企业有效税负对企业专利产出间接影响的分地区回归结果
（考虑知识产权保护水平）

| 变量 | 东部地区 | | 非东部地区 | |
| --- | --- | --- | --- | --- |
|  | 回归系数 | 标准差 | 回归系数 | 标准差 |
| $(lnETBR * lnRDIN)_{i,t-1}$ | 0.001 3* | 0.008 0 | 0.005 2** | 0.009 5 |
| $ITPP_{i,t-1}$ | 0.707*** | 0.387 | 2.117**** | 0.708 |
| $lnRDIN_{i,t-1}$ | 0.166**** | 0.107 | 0.128**** | 0.137 |
| $lnSIZE_{i,t-1}$ | 0.061 8 | 0.128 | -0.083 4 | 0.169 |
| $RDTE_{i,t-1}$ | 0.060 9**** | 0.430 | 0.582*** | 0.660 |
| $lnTEAC_{i,t-1}$ | 0.025 5** | 0.036 1 | 0.020 6* | 0.433 |
| $IIME_{i,t-1}$ | 0.088 7** | 0.255 | 0.387** | 0.340 |
| $ENIS_{i,t-1}$ | -0.001 2* | 0.010 4 | -0.004 0 | 0.010 7 |
| $INDU1_i$ | 控制 | 控制 | 控制 | 控制 |
| $INDU2_i$ | 控制 | 控制 | 控制 | 控制 |
| _cons | 0.317*** | 2.329 | 10.32**** | 3.488 |

注：****、***、**、* 分别表示在1%、5%、10%、15%的水平上具有统计显著性。

从表8.14的回归结果能够看出：(1) 在考虑了知识产权保护水平之后，无论是东部地区还是其他地区，样本企业有效税负率和研发投入交叉项的回归系数分别在15%和10%的水平上显著为正。通过对比回归系数的大小可以发现，企业有效税负对非东部地区样本企业专利产出的间接影响程度更大。(2) 知识产权保护水平对东部地区和其他地区样本企业专利产出的影响分别在5%和1%的水平上显著为正，且影响程度很大，尤其是在非东部地区。在其他条件不变的情况下，非东部地区样本企业所处省市的知识产权保护指数每提高1个百分点，则企业的专利产出平均可以增加2.117%。由此可见，非东部地区对知识产权保护制度的完善非常敏感和迫切。（3）就东部地区的样本企业来看，在考虑了知识产权保护水平之后，企业的研发投入、研发团队规模、技术吸收能力和内部激励制度对其专利产出的影响系数依然显著为正，而且统计的显著性水平较之前基本上都有所提高。董事长的年龄的影响系数依旧在15%的水平上显著为负。企业规模的影响系数依然为正且仍不显著。（4）就非东部地区的样本企业而言，在考虑了知识产权保护水平之后，控制变量回归系数的统计显著性明显增强。企业研发投入对专利产出的影响由此前10%的显著性水平提升至1%的水平；更为重大的变化在于：研发团队规模、技术吸收能力和高管持股比例这三个变量对样本企业专利申请数量的影响由不显著变为显著，且分别在5%、15%、10%的水平上显著为正。这可能是因为知识产权保护制度的实施或完善能够在很大程度上有效地保护企业的研发创新成果，各种侵权行为会受到相应的规制，因此，企业更有动力利用先前积累的无形资产继续进行研究开发，更有意愿投入研发资金和研发人员，高管也更有积极性促进企业的专利产出。由此可见，知识产权保护制度的实施和完善是企业研发创新内驱要素充分调动的重要条件。企业规模和董事长的年龄对非东部地区样本企业专利产出的影响系数依然为负且仍不显著。

4. 分生命周期阶段的样本回归分析

在考虑知识产权保护水平的情况下，按照综合指标法对企业所处生命周期阶段进行划分，并分别将处于种子期、初创期、成长期、成熟期和衰退期的科技型中小企业作为子样本，通过前文所述模型（8-5）进行回归分析，以研究处于生命周期各个阶段的企业的有效税负对其专利产出的影响，回归结果如表 8.15 所示。

**表 8.15　企业有效税负对其专利产出间接影响的分生命周期阶段回归结果**

（考虑知识产权保护水平）

| 变量 | 按照综合指标法划分的生命周期各个阶段 | | | | |
| --- | --- | --- | --- | --- | --- |
| | 种子期 | 初创期 | 成长期 | 成熟期 | 衰退期 |
| $(\ln ETBR * \ln RDIN)_{i,t-1}$ | 0.011 9 (0.332) | 0.030 1* (0.038 5) | 0.002 3** (0.012 1) | 0.003 5* (0.010 2) | 0.000 7 (0.009 4) |
| $ITPP_{i,t-1}$ | 0.304 (1.362) | 3.624**** (1.595) | 1.231**** (0.709) | 0.495*** (0.575) | 0.923**** (0.498) |
| $\ln RDIN_{i,t-1}$ | 0.493** (0.303) | 0.089*** (0.535) | 0.181**** (0.159) | 0.095**** (0.144) | 0.143* (0.139) |
| $\ln SIZE_{i,t-1}$ | -0.799 (0.659) | -0.485 (0.703) | -0.367 (0.179) | 0.151 (0.169) | 0.849 (0.172) |
| $RDTE_{i,t-1}$ | 2.739**** (2.201) | 0.361**** (2.040) | 0.090*** (0.630) | 0.103*** (0.602) | 0.018 (0.612) |
| $\ln TEAC_{i,t-1}$ | 0.024 8 (0.136) | 0.120* (0.156) | 0.013 2** (0.050 3) | 0.004 2** (0.052 4) | 0.021 3 (0.040 7) |
| $IIME_{i,t-1}$ | 0.058 (0.901) | 0.027 3 (1.183) | 0.321** (0.414) | 0.079** (0.354) | 0.152** (0.296) |
| $ENIS_{i,t-1}$ | -0.002 9 (0.042 7) | -0.001 7 (0.030 4) | -0.002 0* (0.013 7) | -0.002 4* (0.013 2) | -0.001 1* (0.010 7) |
| $INDU1_i$ | 控制 | 控制 | 控制 | 控制 | 控制 |
| $INDU2_i$ | 控制 | 控制 | 控制 | 控制 | 控制 |
| $AREA_i$ | 控制 | 控制 | 控制 | 控制 | 控制 |
| _cons | 19.66** (12.51) | 24.43**** (9.308) | 8.364**** (3.566) | 3.468*** (3.070) | 2.161** (2.971) |

注：括号里的值为标准差。****、***、**、* 分别表示在 1%、5%、10%、15%的水平上具有统计显著性。

根据表 8.15 的回归结果可以看出：

（1）就处于种子期的样本企业来看，即使在考虑了知识产权保护水平之后，样本企业有效税负率和研发投入交叉项的回归系数仍不显著。究其原因，可能是由于种子期的科技型中小企业处于萌发阶段，产品单一甚至尚未完成产品开发，盈利的可能性微乎其微，资金周转大多非常困难，必须全员动员，倾尽全力地进行产品研究和开发，尽最大可能地促成研发成果和产出，因此，企业有效税负的变化很难对这个阶段企业专利申请的数量产生有规律的影响。其次，知识产权保护水平对种子期样本企业专利产出的影响并不显著。这可能是因为这一阶段的企业及其产品往往名不见经传，受到仿效和侵权的概率较小，因此，对于知识产权保护制度的需求不很迫切。最后，在考虑了知识产权保护水平之后，这一阶段企业的研发投入和研发团队规模对其专利产出的影响系数依然显著为正，而且影响程度和显著性水平较之前均有提高。

（2）就处于初创期的样本企业来看，在考虑了知识产权保护水平之后，样本企业有效税负率和研发投入交叉项的回归系数在 15% 的水平上显著为正，且影响程度相对较大。这说明这一阶段样本企业因税负降低导致的研发投入的增加会间接地促进其专利申请数量的增长。其次，知识产权保护水平对初创期样本企业专利产出的影响在 1% 的水平上显著为正，且影响程度非常大。这是因为初创期的企业往往已经形成了单一产品系列或形成了主导产品，为了发展壮大常会继续聚焦于研发和创新，其专利产出与种子期相比明显增加（参见表 8.6）；另一方面，部分初创期的企业可能在业内已经小有名气，受到仿效的概率变大了。在这种情况下，初创期企业对知识产权保护制度的诉求就变得非常强烈。最后，在考虑了知识产权保护水平之后，这一阶段企业的研发投入、研发团队规模和技术吸收能力对其专利产出的影响系数依然显著为正，而且统计的显著性水平较之前均有提高。

（3）就处于成长期的样本企业而言，在考虑了知识产权保护水平之后，样本企业有效税负率和研发投入交叉项的回归系数在10%的水平上显著为正，说明这一阶段样本企业因税负降低导致的研发投入的增加会较为显著地间接促进其专利申请数量的增长。其次，知识产权保护水平对成长期样本企业专利产出的影响在1%的水平上显著为正，且影响程度相对较大。最后，在考虑了知识产权保护水平之后，其他控制变量对成长期企业专利产出的影响规律与之前并无明显变化，只是部分回归系数的显著性水平较之前有所提高。总体来看，就处于成长期的样本企业而言，解释变量和控制变量对其专利产出的影响规律与整体样本回归时基本相同。

（4）就处于成熟期的样本企业而言，在考虑了知识产权保护水平之后，样本企业有效税负率和研发投入交叉项的回归系数在15%的水平上也显著为正。其次，知识产权保护水平对成熟期样本企业专利产出的影响在5%的水平上显著为正。最后，在考虑了知识产权保护水平之后，其他控制变量对成熟期企业专利产出的影响规律与之前相比也无明显变化，只是回归系数的显著性水平较之前有所提高。总体来看，就处于成熟期的样本企业而言，解释变量和控制变量对其专利产出的影响规律与处于成长期的样本企业的影响规律非常类似，两个阶段的具体差异主要体现为企业研发投入对其专利产出的影响程度在成熟期出现了明显下降。

（5）就处于衰退期的样本企业而言，即使在考虑了知识产权保护水平之后，样本企业有效税负率和研发投入交叉项的回归系数仍不显著，表明企业有效税负的变化不会对这个阶段企业专利申请的数量产生有规律的间接影响。其次，知识产权保护水平对衰退期样本企业专利产出的影响在1%的水平上显著为正，且影响程度相对较大。究其原因，这可能是因为处于衰退期的企业往往出现产品的竞争优势严重下降甚至完全消失的现象，经营陷入困境，侵权和仿效行为对衰退期企业的打击非常沉重，因此，这一阶段的企业对知识产权保护制度的诉求也十分迫切。最后，在考虑了知识产权保护水平之后，高管层持股比例这一变量回归系数的显著性水平和影响程度都出现了明显的提升。究其原因，在知识产权保护水平较高的省市，各种侵权行为会受到相应的规制，因此，企业高管层更有意愿和动力促进企业专利产出的增加。因为对于科技型企业的高管层而言，专利产出的增加是其经营能力和业绩的一种综合体现。此外，企业研发投入的影响系数仍在15%的水平上显著为正，董事长的年龄的回归系数依旧在15%的水平上显著为负。这在一定程度上能说明这一阶段企业专利产出的增长主要依靠企业管理者的推动。

(三) 稳健性检验

为了验证回归结果的可靠性、增强研究结果的可信度，本章选择替换指标的方法：将企业有效税负率的分母由营业收入替换为营业成本，用$ETBR'$表示；将知识产权保护水平这一变量的衡量指标由知识产权保护指数替换为地区技术交易成交额占当地GDP的比重（TPPP），然后运用模型（8-5）对整体样本再次进行回归分析，结果详见表8.16。从表8.16可知：（1）样本企业有效税负率和研发投入交叉项的回归系数仍在15%的水平上显著为正，但影响程度依旧不大；（2）包括知识产权保护水平、企业研发投入、研发团队规模、技术吸收能力、高管层持股比例和董事长的年龄在内的所有控制变量对企业专利产出的影响方向均未发生变化，而且均具有统计显著性。由此可见，稳健性检验的回归结果与上文的研究结论一致。

表 8.16 企业有效税负对科技型中小企业专利产出间接影响的回归结果
（考虑知识产权保护水平）

| 变量 | 回归系数 | 标准差 |
| --- | --- | --- |
| $(\ln ETBR' * \ln RDIN)_{i, t-1}$ | 0.004 6* | 0.002 9 |
| $TPPP_{i, t-1}$ | 3.875*** | 2.011 |
| $\ln RDIN_{i, t-1}$ | 0.149**** | 0.082 6 |
| $\ln SIZE_{i, t-1}$ | -0.037 9 | 0.105 |
| $RDTE_{i, t-1}$ | 0.153**** | 0.356 |
| $\ln TEAC_{i, t-1}$ | 0.026* | 0.027 3 |
| $IIME_{i, t-1}$ | 0.113* | 0.206 |
| $ENIS_{i, t-1}$ | -0.002 0* | 0.007 2 |
| $INDU1_i$ | 控制 | 控制 |
| $INDU2_i$ | 控制 | 控制 |
| $AREA_i$ | 控制 | 控制 |
| _cons | 0.574*** | 1.693 |

注：****、***、**、* 分别表示在1%、5%、10%、15%的水平上具有统计显著性。

## 五、本章研究结论

本章仍按照2017年颁布的《科技型中小企业评价办法》对科技型中小企业的界定，选择 2017—2019 年连续 3 年被评定为科技型中小企业并在新三板挂牌的企业作为研究样本，建立面板数据模型进行多元回归分析，研究了企业有效税负对科技型中小企业专利产出的间接影响效应，得出了下列结论。

第一，通过中介效应检验可知，企业的研发投入的确是企业税收负担影响专利产出的中介变量,而且存在完全中介效应。研究假设3因此得到了验证。这意味着企业有效税负对其专利产出的影响完全是通过企业的研发投入实现的。所以,不能直接估测样本企业有效税负对其专利产出的影响,而要分析由于企业税负变化所导致的研发投入变化对专利产出的间接影响。

因此,本章构建了面板数据模型(8-4),并将企业有效税负率和研发投入的交叉项设置为解释变量,用来衡量由于企业税负变化所导致的研发投入变化对专利产出的间接影响。

第二,运用模型(8-4)研究企业有效税负对其专利产出的间接影响效应时,无论是对整体样本进行回归分析,还是对分行业、分地区、分生命周期阶段的样本进行回归分析,得到的结果均为样本企业有效税负率和研发投入交叉项的回归系数为正但不显著,也就是研究假设4未能得到验证。这很可能是由于模型(8-4)的设定遗漏了关键变量。

不少学者指出并证实了知识产权保护制度是影响企业专利申请的重要因素。因此,笔者将知识产权保护制度这一关键外驱变量添加到模型当中,构建了模型(8-5),重新研究企业有效税负对其专利产出的间接影响效应。

第三,考虑知识产权保护水平后对整体样本进行回归的结果显示如下。

(1)在考虑了知识产权保护水平之后,样本企业有效税负率和研发投入交叉项的回归系数在15%的水平上显著为正,也就是说,研究假设4得到了验证。然而,这种间接影响的程度非常小。

(2)知识产权保护水平对样本企业专利申请数量的影响在1%的水平上显著为正,且影响程度很大。无论是从统计显著性的角度出发还是从影响程度的角度出发,专利保护制度是影响企业研发产出非常重要的外部因素。

(3) 在考虑了知识产权保护水平之后,样本企业的研发投入、研发团队规模、技术吸收能力和高管层持股比例对其专利产出的影响系数依然为正,而且统计的显著性水平与未考虑知识产权保护状况时相比基本上都有所提高。

需要注意的是,高管层持股比例对企业专利产出的影响显著为正,说明企业内部激励制度的改善能够较为显著地促进专利申请数量的增加。这个结果可以帮助我们判断第六章企业高管层持股比例与其研发投入呈现负相关的原因。高管层持股比例越高、企业专利产出越多这一情况表明,企业研发投入的金额出现减少,是由于企业内部激励到位,研发参与者(特别是高管层)的积极性得到了极大调动,因此会想方设法降低成本,研发资金的使用效率得到提高;而非高管层追求短期股价上涨、忽视企业的长期发展所致。

(4) 在考虑了知识产权保护水平之后,董事长的年龄对样本企业专利产出的影响系数依旧为负,且仍在15%的水平上显著。

(5) 样本企业规模对其专利申请数量的影响依然为负且仍不显著,说明即使考虑了知识产权保护水平,在现有数据条件下企业规模对专利产出的作用和影响仍然是不规律的。

第四,考虑知识产权保护水平后对分行业的样本进行回归的结果显示如下。

(1) 在考虑了知识产权保护水平之后,制造业和信息技术服务业样本企业有效税负率和研发投入交叉项的回归系数均在15%的水平上显著为正,且信息技术服务业企业受到的影响相对更大。

(2) 知识产权保护水平对制造业和信息技术服务业样本企业专利产出的影响均在1%的水平上显著为正,且对信息技术服务业企业的影响程度非常大,说明信息技术服务业对知识产权保护制度的完善非常敏感和迫切。

(3) 就制造业的样本企业而言,在考虑了知识产权保护水平之后,企业的研发投入、研发团队规模、技术吸收能力和内部激励制度对其专利产出的影响系数依然显著为正,而且统计的显著性水平与未考虑知识产权保护状况时相比基本上都有所提高。企业规模的影响系数依旧为正且仍不显著。董事长的年龄的影响系数依旧在15%的水平上显著为负,说明董事长的年轻化对该行业样本企业的专利产出具有一定的促进作用。这可能是由于这一行业董事长的年龄普遍较大(参见表8.5),创新和冒险精神可能相对不足,因此,在研发领域的步伐和布局往往谨慎。而董事长的年轻化有可能改善这一局面,提升企业的研发产出。

(4) 就信息技术服务业的样本企业而言,在考虑了知识产权保护水平之后,企业的研发投入、研发团队规模和技术吸收能力对企业专利产出的影响仍旧显著为正,而且显著性水平与未考虑知识产权保护状况时相比基本上也有所提升。董事长的年龄对这个行业企业专利产出的影响仍不显著。企业规模的影响仍在15%的水平上显著为负,这可能与信息技术服务业的轻资产性质有关。如前所述,不少学者的研究结果也显示,小企业在资本强度和发展成本较低的行业更具有创新产出优势。在考虑了知识产权保护水平之后,最明显的变化来自高管层持股比例这个变量,它的回归系数由不显著变为在10%的水平上显著为正。究其原因,在知识产权保护水平较高的省市,各种侵权行为会受到相应的规制,因此,企业高管层更有意愿和动力促进企业专利产出的增加。因为对于科技型企业的高管层而言,专利产出的增加是其经营能力和业绩的一种综合体现。

第五,考虑知识产权保护水平后对分地区的样本进行回归的结果显示如下。

（1）在考虑了知识产权保护水平之后，无论是东部地区还是非东部地区，样本企业有效税负率和研发投入交叉项的回归系数分别在15%和10%的水平上显著为正，且对非东部地区样本企业的间接影响程度更大。

（2）知识产权保护水平对东部地区和非东部地区样本企业专利产出的影响分别在5%和1%的水平上显著为正，且对非东部地区的影响程度更大，说明非东部地区对知识产权保护制度的完善更为敏感和迫切。

（3）就东部地区的样本企业来看，在考虑了知识产权保护水平之后，企业的研发投入、研发团队规模、技术吸收能力和内部激励制度对其专利产出的影响系数依然显著为正，而且统计的显著性水平与未考虑知识产权保护状况时相比基本上都有所提高。董事长的年龄的影响系数依旧在15%的水平上显著为负。企业规模的影响系数依然为正且仍不显著。

（4）就非东部地区的样本企业而言，在考虑了知识产权保护水平之后，控制变量回归系数的统计显著性明显增强。企业研发投入对专利产出的影响由此前10%的显著性水平提升至1%的水平；更为重大的变化在于：研发团队规模、技术吸收能力和高管层持股比例这三个变量对样本企业专利申请数量的影响由不显著变为显著，且分别在5%、15%、10%的水平上显著为正。这可能是因为知识产权保护制度的实施或完善能够在很大程度上有效地保护企业的研发创新成果，各种侵权行为会受到相应的规制，因此，企业更有动力利用先前积累的无形资产继续进行研究开发，更有意愿投入研发资金和研发人员，高管层也更有积极性促进企业的专利产出。由此可见，知识产权保护制度的实施和完善是企业研发创新内驱要素充分调动的重要条件。

第六，考虑知识产权保护水平后对分生命周期阶段的样本进行回归的结果显示如下。

（1）在考虑了知识产权保护水平之后，样本企业有效税负率和研发投入交叉项的回归系数在初创期、成长期和成熟期均显著为正，表明这些样本企业因税负降低导致的研发投入的增加会间接且显著地促进其专利产出的增长。但样本企业有效税负率和研发投入交叉项对种子期和衰退期企业的影响并不显著。因此，研究假设7得到了验证。

（2）处于种子期的样本企业，知识产权保护水平对其专利产出的影响并不显著。这可能是因为这一阶段的企业及其产品往往名不见经传，受到仿效和侵权的概率较小，因此，对于知识产权保护制度的需求不很迫切。其次，在考虑了知识产权保护水平之后，这一阶段企业的研发投入和研发团队规模对其专利产出的影响系数依然显著为正。

（3）处于初创期的样本企业，知识产权保护水平对其专利产出的影响在1%的水平上显著为正，且影响程度非常大。这是因为初创期的企业往往已经完成单一产品系列或主导产品，为了发展壮大常会继续聚焦于研发和创新，其专利产出与种子期相比明显增加；另一方面，部分初创期的企业可能在业内已经小有名气，受到仿效的概率变大了。在这种情况下，初创期企业对知识产权保护制度的诉求就变得非常强烈。其次，在考虑了知识产权保护水平之后，这一阶段企业的研发投入、研发团队规模和技术吸收能力对其专利产出的影响系数依然显著为正，而且统计的显著性水平与未考虑知识产权保护状况时相比均有提高。

（4）处于成长期的样本企业，知识产权保护水平对其专利产出的影响在1%的水平上显著为正，且影响程度相对较大。其次，在考虑了知识产权保护水平之后，其他控制变量对成长期企业专利产出的影响规律与之前并无明显变化,只是部分回归系数的显著性水平较之前有所提高。总体来看,就处于成长期的样本企业而言,解释变量和控制变量对其专利产出的影响规律与整体样本回归时基本相同。

(5)处于成熟期的样本企业,知识产权保护水平对其专利产出的影响在5%的水平上显著为正。其次,在考虑了知识产权保护水平之后,其他控制变量对成熟期企业专利产出的影响规律与之前也无明显变化,只是回归系数的显著性水平较之前有所提高。总体来看,就处于成熟期的样本企业而言,解释变量和控制变量对其专利产出的影响规律与处于成长期的样本企业的影响规律非常类似,两个阶段的具体差异主要体现为企业研发投入对其专利产出的影响程度在成熟期出现了明显下降。

(6)处于衰退期的样本企业,知识产权保护水平对其专利产出的影响在1%的水平上显著为正,且影响程度相对较大。究其原因,这可能是因为处于衰退期的企业往往出现产品的竞争优势严重下降甚至完全消失的现象,经营陷入困境,侵权和仿效行为对衰退期企业的打击非常沉重,因此,这一阶段的企业对知识产权保护制度的诉求也十分迫切。其次,在考虑了知识产权保护水平之后,高管层持股比例这一变量回归系数的显著性水平和影响程度都出现了明显的提升。究其原因,在知识产权保护水平较高的省市,各种侵权行为会受到相应的规制,因此,企业高管层更有意愿和动力促进企业专利产出的增加。此外,与未考虑知识产权保护水平时相比,企业研发投入的影响系数仍在15%的水平上显著为正,董事长的年龄的回归系数依旧在15%的水平上显著为负。这在一定程度上可以说明这一阶段企业专利产出的增长主要依靠企业管理者的推动。

# 第九章
# 完善中国科技型中小企业研发创新税收优惠政策体系的建议

通过前文对中国相关政策深入细致的分析以及与代表性国家的比较研究可以看出，总体而言，中国激励企业研发创新的税收优惠政策非常慷慨，优惠力度很大，优惠政策丰富多样，涉及多个税种，政策的目标旨在激励各类企业开展实质性的研发活动、注重对税基侵蚀和利润转移的防范。因此，笔者建议在基本保持现有税收优惠政策体系和格局的基础上，对个别政策的设计和落实进行局部调整。

## 一、优化政策设计的建议
### （一）对小微企业研发费用的归集实施差别化政策

根据第五章的分析，目前我国小微企业研发费用的归集存在很大困难。一方面，多数小微企业的会计核算不健全，无法按照政策的相关要求进行研发费用的归集和区分，因此，无法享受研发费用加计扣除的优惠；另一方面，对于会计核算较为健全的小微企业而言，为了准确地归集和区分符合优惠条件的研发费用，它们需要耗费较多的人力、物力和时间去准备各项材料，对于规模小、人手少的小微企业来说，显著地增加了企业的纳税成本。

为了解决这一问题，笔者建议对产生研发费用的科技型小微企业，可以按照其当年营业额（或销售额）的固定比例计算加计扣除的金额，也就是研发费用采用核定的方式加以确定。核定方式的好处在于：第一，对于小微企业而言，在会计核算不健全的情况下也可以享受到研发费用加计扣除的政策红利；在会计核算较为健全的情况下，省去了准备各项材料的时间、人力和物力，能够减轻企业的纳税成本。第二，税务部门的征管也更为便利、工作效率更高。当然，核定比例的合理确定是此项政策设计的关键所在。笔者建议可以根据过去数年小微企业研发费用加计扣除额与其营业额比重的大数据估算出一个相对合理的核定比率。

（二）统一研发费用的归集口径

根据第五章的分析，目前我国关于研发费用的归集存在着会计核算口径、高新技术企业认定口径、研发费用加计扣除口径。其中，会计核算口径最大，研发费用加计扣除口径最小。在实际操作中，若企业申请研发费用加计扣除优惠，须对会计核算口径或高新技术企业认定口径的研发费用进行繁琐调整和二次计算。

笔者建议，可以尝试将高新技术企业认定口径和研发费用加计扣除口径进行整合和统一。根据表9.1所呈现的两种口径的差别可以直观地看出，相比之下，研发费用加计扣除口径更小、囊括的费用支出类型更少、要求更加严苛。为了更为有效地促进企业开展实质性的研发活动，可以考虑将高新技术企业认定口径收窄，与研发费用加计扣除口径统一起来。

表 9.1 研发费用归集的不同口径及其差异

| 归集 | 高新技术企业认定口径 | 研发费用加计扣除口径 |
|---|---|---|
| 研发费用的归集 | 人员人工费用<br>（累计实际工作时间 183 天以上的科技人员） | 人员人工费用<br>（只包括直接从事研发活动的人员） |

(续表)

| 归集 | 高新技术企业认定口径 | 研发费用加计扣除口径 |
|---|---|---|
| 研发费用的归集 | 直接投入费用<br>(允许通过经营租赁的方式租入用于研发活动的固定资产租赁费) | 直接投入费用<br>(仅允许通过经营租赁的方式租入用于研发活动的仪器、设备租赁费) |
| | 折旧费用与长期待摊费用<br>(包括在用建筑物的折旧费) | 折旧费用<br>(不包括在用建筑物折旧费和长期待摊费用) |
| | 无形资产摊销费用 | 无形资产摊销费用 |
| | 设计费用 | 新产品设计费用 |
| | 装备调试费用与实验费用 | |
| | 其他费用<br>(包括通信费;不得超过研发费用的20%) | 其他费用<br>(不包括通信费;不超过研发费用的10%) |

(三) 提高高新技术企业的认定标准

第七章实证研究的结果显示,在对整体样本进行回归分析时,高新税率优惠额对科技型中小企业研发投入影响的回归系数仅在10%的水平上显著为正;在其他条件不变的情况下,高新技术企业税率优惠使样本企业的企业所得税税额每节约1%,则样本企业的研发经费投入平均仅增加0.0835%。无论是从影响程度的角度出发还是从统计显著性的角度出发,高新技术企业税率优惠措施的效果都远远不及研发费用加计扣除措施的效果。更有甚者,在分地区的样本回归分析中,高新技术企业税率优惠措施对非东部地区的影响是不显著的。

笔者认为,产生上述结果的原因可能是现行高新技术企业的认定条件无法有效地促进实质性研发活动的开展。例如,关于符合条件的知识产权的规定取消了原来"近3年内"获得知识产权的限制性条件，实质上无法充分凸显高新技术企业的新颖程度，可能不利于激励企业进行持续的研发和创新。事实上，2008年版《高新技术企业认定管理办法》本就缺乏结果导向型技术成果的新颖性要求。在没有新颖性要求的情况下，税收激励可能激励模仿而非创新[①]。又如，关于研发费用占比的规定有可能无法真正激励企业持续增加研发投入。因为此项指标已经达标并且已经享受15%优惠税率的企业可能仅仅维持甚至降低既有的研发投入水平；而尚未享受到税率优惠的企业则可能为了获得高新技术企业的资格，开展政策迎合式的研发投入行为，即人为地、有目的地增加研发投入，其实并未开展实质性的研发活动，从而造成社会资源的浪费。

此外，根据第四章的分析，较之于税基式优惠，税率式优惠引致的企业减负效应往往更为显著。对于政府而言，给予税率式优惠意味着要承受较大的财政减收压力，因此，税率优惠措施不应具有普惠性，受惠对象的范围不宜太大。第五章对代表性国家激励企业研发创新的税收优惠政策的梳理和分析印证了这一点。在针对研发投入的企业所得税激励政策之中，7个代表性国家均未实行任何税率优惠措施。

因此，笔者建议，提高高新技术企业的认定标准和要求，从而更为有效地促进企业开展实质性的研发活动。具体来讲，第一，明确增加知识产权的新颖性要求。不仅要恢复"近3年内"获得知识产权的限制性条件，还应将新颖度最高的发明专利、国内或国际新产品开发等指标作为硬性认定条件，以便激励企业进行持续的、技术含量更高的研发和创新，加速企业高质量知识产权的产出。第二，采取动态化的认定标准。认定高新技术企业时

---

① 胡凯、吴清：《R&D税收激励、知识产权保护与企业的专利产出》，《财经研究》2018年第4期。

# 第九章 完善中国科技型中小企业研发创新税收优惠政策体系的建议

不再以研发人员占比、研发费用占比这样的静态指标作为标准，而是以企业研发人员的增长率、研发投入的增长率、研发产出的增长率等动态指标衡量其创新能力。

## （四）扩大技术转让所得减免的优惠范围

根据第五章的分析，我国现行技术转让所得减免政策将技术秘密和专利申请权排除在优惠范围之外的规定有待调整。

从不同位阶法律规定的衔接来看，确定技术转让所得减免优惠范围的国税总局 2015 年第 82 号公告规定，企业能否享受技术转让所得减免优惠，须以技术合同的认定作为前提条件。技术合同的认定依据为科技部发布的《技术合同认定规则》（国科发政字〔2001〕253 号），而《技术合同认定规则》的制定依据主要为《合同法》。作为上位法的《合同法》以及后来取而代之的《民法典》"合同"编均承认技术秘密转让和专利申请权转让属于技术合同。可见，相关税收优惠政策与上位法的衔接不够理想，没有将技术秘密和专利申请权的转让纳入优惠范围。

从技术交易的实践来看，将技术秘密和专利申请权排除在技术转让所得减免优惠范围之外，不利于技术扩散和技术成果的转化。技术转让税收优惠的目的在于促进技术扩散和促进技术成果的转化。技术秘密转让是技术扩散和技术成果转化的重要途径，在技术交易市场中的表现也最为活跃，但却未被纳入技术转让所得减免的优惠范围。此外，目前的优惠措施没有惠及专利申请权可能是考虑到专利申请的不确定性，如果不能取得授权的专利被给予税收优惠，则将造成国家税收的损失。然而，技术转让是出让方和受让方双方合意的结果，作为一个理性的受让方，其在购买技术时通常会对技术的价值进行评估，如果一项技术申请没有潜在价值，受让方也无购买的必要。通常情况下，专利申请基本上是相关领域比较新颖的技术方案，如若专利申请权转让无法享受税收优待,有可能在一定程度上抑制专利申请权的转让,从而不利于新技术的扩散和实施[①]。

因此,笔者建议,将技术秘密和专利申请权纳入技术转让所得减免的优惠范围,不仅使得技术转让税收优惠与上位法顺利衔接,更重要的是有利于促进技术扩散和技术成果的转化,从而更好地实现技术转让税收优惠措施的目的和意图。

(五)试行企业所得税的税收抵免措施

企业所得税的税收抵免是指从企业应纳税额中减少一定比例或金额的优惠方式,是最为重要的税额式优惠。在直接与研发企业相关的企业所得税激励政策中,中国目前暂未实施任何研发税收抵免的优惠措施。

根据第四章的分析,税收抵免这种优惠方式的好处在于:因为税收抵免额与税率无关,所以能够避免因税率较低或波动对税收优惠额产生的影响。此外,当企业处于盈亏平衡时,针对企业所得税实施的税收抵免甚至会使企业收到返还的现金或者抵消其他税种的应纳税款。

就中国的情况来看,目前研发费用加计扣除这种税基式优惠措施与税率式优惠措施的叠加效果不很理想。对于适用高新技术企业优惠税率的企业而言,研发费用加计扣除措施的吸引力大打折扣,难以产生明显的激励效应。因为这些企业与适用一般税率的企业相比,同等金额的研发费用带来的税收实惠更少,仅为后者的60%。

在这种情况下,笔者建议,可以选择部分地区试行企业所得税的税收抵免优惠政策。试点地区可以取消研发费用加计扣除优惠,仅按照100%的比例据实扣除,同时,实施企业所得税的税

---

[①] 张爱民:《中国境内技术转让企业所得税优惠制度研究》,上海交通大学2008级法律硕士专业学位论文。

收抵免措施。关于抵免方法，笔者建议采用总额税收抵免法，即从纳税人当年应纳税额中减掉该年部分甚至全部研发费用的方法。因为总额抵免法对研发投入的影响更为中性，且实际操作过程也更为便利，不会明显地增加征纳双方的成本。关于未使用抵免的结转，在征管能力和条件允许的时候建议采用前后结转的方式，从而保证企业充分享受到此项税收优惠。试点期满，根据试点地区与非试点地区实际效果的对比确定是否扩大试点范围，为研发税收激励政策体系的优化和完善做好铺垫。

(六) 给予研发人员更具实质性的个人所得税优惠

根据第五章的分析，与代表性国家相比，中国在个人所得税方面的激励措施有进一步完善的空间。就优惠形式而言，中国仅仅采取了分期纳税的形式，与代表性国家实施的税收抵免和税额直接减免的措施相比，优惠力度明显不足；就优惠对象而言，中国只是针对技术人员获得的股权奖励和个人股东获得的股本给予了优待，与代表性国家抵免工薪税甚至直接减免个人所得税的做法相比，优惠范围非常有限。

人是创新活动能否顺利实现的决定因素[1]。成功的创新是以人为核心的[2]。因此，笔者认为，在财政状况允许的情况下，可以考虑给予企业研发人员更具实质性的个人所得税优惠。一方面，通过更加多样的优惠形式加大激励力度。例如，高新技术企业技术人员获得的股权奖励以及中小高新技术企业向个人股东转增股本，可以直接给予个人所得税的减税优待。考虑到筹划风险，可以不采取免税优惠。另一方面，通过适度扩大优惠对象的范围提升优惠力度。除了技术人员获得的股权奖励之外，研究人

---

[1] 陈功玉、邓晓岚：《企业技术创新行为的内部因素研究》，《科技进步与对策》2005年第12期。

[2] 傅家骥：《技术创新学》，清华大学出版社1998年版。

员和技术人员的部分综合所得可以纳入优惠范围，给予个人所得税的减税优待。当然，为了防范避税风险，必须对符合条件的研究人员和技术人员进行明确的界定。

（七）给予研发企业更具实质性的增值税优惠

根据第五章对中国激励企业研发创新的税收优惠政策体系的分析可以发现，中国现行研发税收激励措施集中于企业所得税领域。然而，中国目前的税制结构模式仍以流转税作为主体税种。流转税特别是增值税在整个税收体系中占有十分重要的地位。近年来，增值税收入占税收收入总额的比重保持在 40%—45% 的范围内。因此，增值税及其调整对企业的影响不容忽视，有必要对研发企业的研发活动给予增值税方面更为丰富和慷慨的优惠。

根据第五章的分析，目前中国在流转税领域实施的研发税收激励措施主要包括以下三项：第一，重大技术装备进口免征关税和进口环节增值税；第二，技术转让、技术开发和相关的技术咨询、技术服务免征增值税；第三，针对软件、动漫等特定产品或企业给予增值税超税负即征即退的优惠待遇。第一项和第三项优惠政策的受益对象非常有限且整体优惠力度不大，第二项激励措施仅在技术转让或受托研发时适用，优惠范围较小。

笔者建议在财力允许的情况下可以考虑有步骤地给予研发企业下列两项更具实质性的增值税优惠：第一，放宽科技型中小企业留抵退税的优惠条件；第二，对科技型中小企业给予超税负即征即退的优惠。

1. 放宽科技型中小企业增值税留抵退税的优惠条件

对于当期没有销项税或者销项税小于进项税的科技型中小企业而言，增值税留抵退税措施带来的优惠是根本性、实质性的。针对当期只有投入、没有销售或者销售小于投入的科技型中小企业，可以比照目前针对先进制造业的期末留抵退税优惠，对其当期未能抵扣的进项税实行全额退还和按月退还的政策。从具体优惠方式来看，留抵退税是更为慷慨、激励力度更大的优惠方式。现行税额直接减免优惠的使用必须具备一个前提条件：相关企业只有产生增值税收入之后才可享受税额减免。那么，当期没有销项税或者销项税小于进项税的企业就无法享受到税收优惠。期末留抵退税则使得上述企业能够增加当期的现金流入，有利于缓解企业的资金压力。这对处于研发初期的、已有较多投入但仍无多少销售的科技型中小企业而言实属雪中送炭的措施。

2. 针对科技型中小企业实施增值税超税负即征即退的优惠措施

对于当期销项税大于进项税的科技型中小企业而言，此项措施能够带来实质性的优惠。针对当期销项税大于进项税、进而产生了应缴增值税的科技型中小企业，可以比照目前针对软件产品的优惠措施，对其增值税实际税负超过3%的部分实行即征即退。

3. 不应调整高新技术产品或服务适用的增值税税率

科技型中小企业由于自身规模和实力所限，往往没有很强的谈判和议价能力。另一方面，增值税是典型的间接税，极易发生转嫁。在这种情况下，如果降低科技型中小企业生产的高新技术产品的适用税率，很可能出现税收优惠在产业链之间（特别是向下游行业）转移的现象，科技型中小企业本身根本无法充分享受到减降税率的好处。因此，笔者认为调整高新技术产品或服务适用税率的做法并非实质性的优惠。

## 二、强化政策落实的建议

（一）依托人工智能实现个性化的政策宣讲和释疑

相关问卷调查的结果显示，受访企业认为目前研发费用加计扣除措施的宣传力度有所欠缺、宣讲内容略显粗浅、释疑不够具体细致且后期沟通反馈不畅。总结下来,上述关于政策宣讲和释疑方面的核心问题在于方式和手段不够先进。目前的沟通方式和手段主要包括面对面咨询、服务热线咨询、官网咨询三种。这三种方式的共同痛点在于无法迅速且有效地解决每个企业自身存在的个性化问题。这主要是由于提供咨询服务的税务人员作为个体,往往不可能全面精准地掌握税收领域的所有理论知识和政策法规,且准确无误地运用这些知识解决各类企业个性化的具体问题。因此,以"人"提供咨询服务的传统方式越来越难以满足企业日益增长的个性化要求。

随着相关技术的日益成熟,笔者认为今后可以大规模地运用智能机器人或者网络在线机器人等人工智能方式向企业提供一对一的线上服务,使得政策宣讲更具有针对性,政策释疑更加具体和个性化。随着线上咨询服务数量的不断增加,可以通过机器学习技术,促使回复的答案越来越精准、咨询服务的质量逐渐提高。比如,如果企业想要了解研发费用加计扣除归集的要求,则通过应用平台(App)的自助语音导航技术,只要语音输入"研发费用加计扣除归集要求",网络在线机器人就能够自动识别问题并迅速给出准确回复。不仅如此,网络在线机器人还会根据大数据推送关联问题。

实际上,目前钉钉开发的"丁税宝"已经能够向企业提供个性化的服务。"丁税宝"不仅能够建立企业群组,每天定时推送十大热门问题至相关企业群内;还将"税小蜜"智能客服机器人引入企业群组,实现"7*24"小时在线答复纳税人的各种提问。智能客服机器人拥有全量知识库、覆盖所有税种。知识库实行完整的闭环管理,每天对于未命中、未正确答复的问题进行聚类,后台添加正确答案后次日上架,通过一段时间的积累,知识库的覆盖率能够得到持续提升。此外,"丁税宝"具备信息采集功能,能够进行纳税人满意度调查、行业管理数据采集和重点税源数据采集,支持数据的在线统计并具有催促填报功能。而纳税人云课堂功能可以实现线上报名、线下培训,或者线下培训、线上直播/点播,能够统计用户收看情况(区分市县、终端设备、手机型号、时长、点击量等),也提供在线交流和点评的平台。江苏省和浙江省税务部门已经开始使用"丁税宝"提供部分税务服务。随着今后类似智能服务应用平台的不断增加,税务部门完全有条件大规模地运用人工智能方式向企业提供一对一的个性化服务。

(二)高新技术企业资格由科技部搭建的平台加以认定

目前,高新技术企业的资格认定由申请企业所在省份的认定机构负责。根据第五章的分析,不排除极个别省份将本省高新技术企业的数量及其增长作为政绩,从而在资格审核过程中出现"放水"的现象。2016年版的《高新技术企业认定管理办法》专门增加了旨在预防此类情况的相关规定,例如,建立了随机抽查和重点检查机制,特别强调了对存在问题的认定机构提出整改意见并限期改正、问题严重的给予通报批评、逾期不改的暂停其认定管理工作。然而,这些后续监管措施难以有效落实、威慑力有限,实践中对于逾期不改的认定机构很难真正地、完全地暂停其认定管理工作。

考虑到信息技术日臻完善和成熟,笔者认为,高新技术企业资格的认定工作完全可以上收至科技部,从根本上杜绝"放水"现象的出现。未来,科技部可以搭建一个全国统一的网络信息平台,拟申请高新技术企业资格的企业可将所有申请材料上传至这一平台;然后,科技部采用随机、匿名、交叉的方式将企业的申请材料分配至各个省市的高新技术企业资格认定机构,由这些机构进行审核。为了确保审核结果的公正性,可以考虑将同一申请企业的申请材料分配给两所甚至更多所认定机构进行多重认定。

高新技术企业资格的复审也可以采取类似的做法。

此外，必须提高违规企业的违规成本。笔者认为，在《高新技术企业认定管理办法》中应当增加更为严格的惩罚措施，对于在申请认定过程中存在严重弄虚作假行为的企业，不仅要取消资格，而且被取消高新技术企业资格的企业永久不再受理其申请，从而增强高新技术企业资格认定工作的严肃性。

### 三、完善研发企业全生命周期税收优惠政策的建议

从表5.14呈现的中国针对生命周期各个阶段企业实行的研发税收优惠措施可以发现，中国目前实施的直接与研发企业相关的企业所得税、个人所得税以及流转税优惠政策都相对偏向于成长期和成熟期的企业。与表5.13代表性国家的相关政策对比，真正以种子期和初创期企业作为目标对象的研发税收优惠措施数量较少且优惠力度有限。另一方面，根据第六章和第八章的实证研究结果，初创期、成长期和成熟期企业有效税负的降低能够显著地促进其研发投入的增加，也会间接且显著地促进其专利产出的增长，而种子期和衰退期企业税负的变化不会对其研发投入和专利产出发挥显著作用。此外，第七章的研究结果表明，处于种子期和初创期这两个阶段的样本企业，研发费用加计扣除和高新技术企业税率优惠措施对其研发投入的影响均不显著。那么，是否有必要继续对种子期和初创期的企业给予更多研发税收优惠呢？是否需要进一步降低种子期企业的税收负担呢？答案是肯定的！

究其原因，通过第三章的详细分析可以发现，种子期科技型中小企业对税收政策的变化不具有足够的敏感性以及初创期科技型中小企业对于专门的研发税收优惠措施的不敏感性，是由这两个阶段企业具有的天然特质和面对的创业境况所导致的。而且，

## 第九章　完善中国科技型中小企业研发创新税收优惠政策体系的建议

种子期和初创期企业具有的天然特质和面对的创业境况恰恰最需要来自政府的支持和协助。换句话说，从整个社会福利的角度出发，最有必要对处于种子期和初创期的企业给予政策扶持。这是因为，较之于成长期和成熟期的企业，种子期和初创期企业从事研发活动时社会收益与自身收益之间的差距更大，或者说正的外部效应更大。这很可能因为这些企业难以获得外部融资用于应付研发人员、研发设备、研发材料等方面的投入，以及用于购买或特许使用价格高昂的知识产权，从而导致自身收益很低。因此，即使在没有应税利润的研发初期，也应当给予它们研发投入税收激励，从而帮助它们弥补高昂的启动成本，完成初始的研发投入。此外，研发产出税收激励措施对种子期和初创期企业因直接使用知识产权获得的所得给予优惠能够在一定程度上降低知识产权的售价或使用费，可以减轻企业的财务负担。由此可见，对种子期和初创期的企业给予直接的、充分的、实质性的研发税收优惠，进一步降低其有效税负确有必要。

针对种子期和初创期科技型中小企业实施的具体优惠及其方式，笔者有以下思考。

1. 在流转税方面，建议放宽增值税留抵退税的条件并实行增值税即征即退的优惠措施

根据第三章的分析，处于种子期和初创期的科技型中小企业通常财务状况极为紧张，盈利的可能性微乎其微，因此，往往不需缴纳企业所得税。在这种情况下，对这些种子期和初创期企业给予企业所得税方面的税率优惠和税额减免优惠，其实都无法使其真正享受到实质性的好处。另一方面，这些企业只要发生了研发投入，就会产生增值税的进项税。当企业当期没有销项税或者销项税小于进项税时，如果对其当期未能抵扣的进项税提前给予退还，能够增加其当期的现金流入，有利于缓解企业的资金压

力。这对已有较多投入但仍无多少销售的种子期和初创期的科技型中小企业而言无疑是一项雪中送炭的优惠措施。笔者建议,比照目前针对先进制造业的期末留抵退税优惠,对种子期和初创期科技型中小企业当期未能抵扣的进项税实行全额退还和按月退还的政策,加大优惠力度。

此外,在财力允许的情况下,当企业当期的销项税大于进项税进而产生了应缴增值税时,可以考虑对其全部应缴增值税额实行即征即退的激励措施,使种子期和初创期科技型中小企业在最大程度上享受到切切实实的税收优待。

2. 在个人所得税方面,建议尽早给予研发人员实质性的税收优惠

第六章的实证研究结果显示,相比于其他阶段,研发团队的规模对处于研发初期的企业,特别是初创期科技型中小企业的研发投入具有十分显著的促进作用。诚然,研发团队是科技型中小企业创新的实施者,在创新过程中的重要作用无论如何强调都不为过[①]。企业吸引和拥有大量优秀的技术研发人员,就等于掌握了创新的核心资源。因此,笔者建议,针对种子期和初创期企业的研发人员给予更具实质性的个人所得税激励措施。例如,针对符合条件的研究人员和技术人员的部分综合所得,给予个人所得税的减税优待。

3. 关于符合优惠条件的种子期和初创期科技型中小企业的界定

为了防范避税风险,对于能够享受上述流转税和个人所得税优惠的种子期和初创期科技型中小企业必须进行明确界定。参照2017年颁布的《科技型中小企业评价办法》中的基本准入条件和科技活动评分条件以及现行税收政策对初创企业的界定标准,

---

[①] 侯祥鹏:《科技型中小企业技术创新的影响因素》,《现代经济探讨》2009年第11期。

并结合本书第三章判断科技型中小企业生命周期所处阶段的综合指标分析法,笔者对符合优惠条件的种子期和初创期科技型中小企业作出如下界定以供参考。

(1)需要企业同时满足的基本准入条件

① 在中国境内(不包括港、澳、台地区)注册、实行查账征收的居民企业;

② 设立时间不超过5年(60个月);

③ 职工总数不超过300人,资产总额和年销售收入均不超过5 000万元,且未形成多元化的产品结构;

④ 企业提供的产品和服务不属于国家规定的禁止、限制和淘汰类;

⑤ 企业在填报上一年及当年内未发生重大安全、重大质量事故和严重环境违法、科研严重失信行为,且企业未列入经营异常名录和严重违法失信企业名单。

(2)企业还必须满足以下一项科技活动标准

① 企业根据科技型中小企业评价指标进行综合评价所得分值不低于60分,且科技人员指标得分不得为0分;

② 企业拥有有效期内高新技术企业资格证书;

③ 企业近5年内获得过国家级科技奖励,并在获奖单位中排在前3名;

④ 企业拥有经认定的省部级以上研发机构;

⑤ 企业近5年内主导制定过国际标准、国家标准或行业标准(即企业在国家标准化委员会、工业和信息化部、国际标准化组织等主管部门的相关文件中排名起草单位前5名)。

### 四、改进知识产权保护制度的建议

第八章的实证结果显示,知识产权保护对企业专利产出至关重要。具体来看，未考虑知识产权保护这一变量之前，无论是对整体样本进行回归分析，还是对分行业、分地区、分生命周期阶段的样本进行回归分析，企业有效税负对其专利产出的间接影响均不显著。相比之下，当考虑了知识产权保护水平之后，在对整体样本的回归分析中，不仅企业有效税负对专利产出的间接影响变得显著了，而且所有控制变量的影响程度和显著性均有明显提升。在对分行业和分地区样本的回归分析中也出现了同样的变化。需要特别注意的是，信息技术服务业和非东部地区对知识产权保护制度的完善非常敏感和迫切。由此可见，知识产权保护制度的实施和完善是企业研发创新内驱要素充分调动的重要条件，提高知识产权保护水平对于提高企业的专利产出具有事半功倍的效果。

中国的知识产权保护体系包括司法保护与行政保护两个方面。司法保护指的是权利人的权益受到侵害时可向法院起诉侵权人，经由司法裁决为权利人提供的保障，是知识产权保护最为有效的手段；行政保护是司法保护的重要补充，其存在的原因在于司法审判的时间成本及经济成本较高，可能导致权利人不将侵权案件诉诸法律，但若直接由知识产权局等行政机构负责侵权案件的查处，通过罚款或查封等手段就能有效地制止侵权行为①。

(一) 完善知识产权司法保护的建议

1. 开辟微额知识产权法庭

目前的知识产权司法体系主要针对大型和影响力大的知识产权诉讼并按照诉讼标的额划分管辖法院层级，与现实情况不相符合。今后应以"权利人方便""侵权人受罚"的精神合理地调整司法政策，并逐渐开辟微额知识产权法庭。例如，根据知识产权

---

① 龙小宁、易巍、林志帆：《知识产权保护的价值有多大？——来自中国上市公司专利数据的经验证据》，《金融研究》2018 年第 8 期。

类型将诉讼细化为商标微额诉讼、著作权微额诉讼、专有技术微额诉讼等,并建立相应的基层法院作为管辖法院,方便维权者第一时间采取法律行动。

2. 增加知识产权的侵权成本

目前,知识产权侵权案件的赔偿金额普遍较低。未来可以更充分地运用大数据技术,依法确定侵权获利情况。综合考虑知识产权的市场价值、侵权人主观过错以及侵权行为的持续时间、影响范围、后果严重程度等众多因素确定法定赔偿数额。对于情节严重的侵害知识产权行为,依法从高确定赔偿数额,切实提高侵权赔偿的金额标准,充分保障权利人的合法权益。依法支持包括律师费等合理支出在内的损害赔偿请求,有效地降低权利人维护自身合法权益的成本①。

(二) 优化知识产权行政保护的建议

1. 建立知识产权行政保护机关之间的协调机制

知识产权行政保护机关之间的碎片化现象制约着保护效果。目前,在中央层面就有数十个行政机关承担着某一环节或者某一领域的知识产权保护工作。比如,国家知识产权局主要负责商标、专利、原产地地理标志、集成电路布图设计等知识产权的行政保护;农业农村部负责植物新品种方面的知识产权行政保护;国家林业和草原局负责林业植物新品种、生物安全、生物遗传资源等方面的知识产权行政保护;海关总署负责对进出口环节的知识产权进行行政保护;商务部负责与国际贸易有关的知识产权行政保护;科学技术部负责与科技有关的知识产权行政保护等。因此,需要尽快建立权威的协调机制以确保这些政府部门能够高效

---

① 王玥:《加强知识产权司法保护,增强侵权所得计算可操作性》(2020年6月23日),光明网,https://m.gmw.cn/baijia/2020-06/23/1301309103.html,最后浏览日期:2022年8月2日。

协同地开展知识产权保护工作①。

2. 及时制定针对新业态的知识产权行政保护规范

目前，针对宽带移动互联网、云计算、物联网、大数据、高性能计算、移动智能终端、生物工程、基因技术等新业态的知识产权缺乏行政保护规范，主要通过专项行动方案、运动式执法方式、上级行政机关组织集中检查、集中整治、集中办案等方式进行。然而，这些行政保护方式的法律依据并不充分，通常带有应急权宜的特点，难以取得稳定的、长期的效果，甚至可能引发市场主体的抵制。因此，需要尽早针对新业态制定专门的、规范的知识产权行政保护法律法规。

3. 行政保护机关应当更多地采用柔性行政执法方式

目前，知识产权行政执法方式比较单一，主要体现为以命令与服从为特征的行政处罚、行政检查、行政确权授权、行政强制等方式。这些行政执法方式的主要目的是化解知识产权纠纷，主要适用于知识产权的权利确认和权利分配阶段，而难以适用于知识产权的权利增值阶段，也难以适应新业态知识产权保护的需要。因此，今后知识产权行政保护机关需要更多运用行政指导、行政奖励、行政扶持、行政补贴、行政预警、行政契约等柔性行政执法方式②。

（三）知识产权保护实践中充分发挥地方政府作用的建议

不论是知识产权的司法保护还是行政保护，知识产权的保护实践均由地方政府具体负责。目前，即便中央政府制定了统一的知识产权保护法律与政策，各个地方政府的执行情况往往存在很大的差异。具体来看，东部沿海地区的执行力度通常较好，而东

---

① 戚建刚：《论我国知识产权行政保护模式之变革》，《武汉大学学报（哲学社会科学版）》2020年第3期。

② 同上。

# 第九章 完善中国科技型中小企业研发创新税收优惠政策体系的建议

北和西南等内陆地区却相对较差（Ang等，2014）。究其根源，在地方政府拥有自由裁量权的背景之下，财政压力很可能间接地决定地方政府对知识产权保护的供给。当地方经济较差时，地方政府在缓解财政压力的激励下会倾向于寻求短期内财政收入的增长，因而可能会放松对知识产权的保护，使辖区内企业之间的模仿行为加剧。若地方经济状况转好，则政府并无额外增加短期财政收入的倾向，其目标将聚焦于经济的长期增长，因而选择加强知识产权的保护力度。

因此，为了有效地落实知识产权的司法保护和行政保护，必须意识到并且充分发挥地方政府的重要作用。今后，可以考虑将地方创新环境情况纳入地方官员的考核评价体系之中。在现有的地方官员考核体系内进一步明确科技创新环境和营商环境的重要性，在政策设计时努力实现地方政府发展经济与知识产权保护的激励相容，尽量避免地方政府为了追求短期经济利益出现执行不力的现象，真正实现通过知识产权保护促进经济高质量的增长和发展[1]。

---

[1] 马海涛、岳林峰：《知识产权保护实践中的地方政府因素》，《经济管理》2020年第4期。

# 主要参考文献

## 一、著作

傅家骥:《技术创新学》,清华大学出版社 1998 年版。

[美] 克里斯·阿吉里斯:《克服组织防卫》,郭旭力、鲜红霞译,中国人民大学出版社 2007 年版。

Griliches, Z., *R&D, Patents and Productivity*, University of Chicago Press, 1984.

Harris, P. A., *Corporate/Shareholder Income Taxation and Allocating Taxing Rights Between Countries: A Comparison of Imputation Systems*, IBFD Publication, 1996.

OECD, *Supporting Investment in Knowledge Capital, Growth and Innovation*, OECD publishing, 2013.

OECD, *Countering Harmful Tax Practices More Effectively, Taking into Account Transparency and Substance*, OECD Publishing, 2015.

Palazzi, P., *Taxation and Innovation*, OECD Publishing, 2011.

Schoen, W., "State Aid in the Area of Taxation", in Hancher, L., Ottervanger, T. and Slot, P. J. (eds.), *EU State Aids*, Sweet & Maxwell, 2016.

Straathof, B., Ladinska, E. G., Kox, H., Mocking, R., Goldberg, I., Jensen, C., Lindholm, P., Sobolewski, M., Andersson, B. B., Kaseva, H., Rouvinen, P., Valkonen, T., Sellner, R., Schönpflug, K. and Paterson, I., *A Study on R&D Tax Incentives*, European Commission, 2014.

Thierer, A. and Crews, W. (eds.), *Copy Fights: The Future of Intellectual Property in the Information Age*, Cato Institute, 2002.

## 二、学术期刊论文

陈功玉、邓晓岚：《企业技术创新行为的内部因素研究》，《科技进步与对策》2005年第12期。

崔晓静、何朔：《"美国微软公司避税案"评析及启示》，《法学》2015年第12期。

戴晨、刘怡：《税收优惠与财政补贴对企业R&D影响的比较分析》，《经济科学》2008年第3期。

董雪兵、史晋川：《累积创新框架下的知识产权保护研究》，《经济研究》2006年第5期。

高松、庄晖、王莹：《科技型中小企业生命周期各阶段经营特征研究》，《科研管理》2011年第12期。

葛夕良、沈腊梅：《马斯格雷夫的现代市场财政观——〈财政理论与实践〉译介》，《经济资料译丛》2002年第1期。

侯祥鹏：《科技型中小企业技术创新的影响因素——基于流程的分析框架》，《现代经济探讨》2009年第11期。

胡凯、吴清：《R&D税收激励、知识产权保护与企业的专利产出》，《财经研究》2018年第4期。

李乔彧：《BEPS背景下"专利盒"税制的跨国协调：国际标准与中国应对》，《税务与经济》2017年第4期。

刘海建：《学习失效、组织成长盲点与代工企业转型升级研究》，《中国科技论坛》2014年第8期。

刘运国、刘雯：《我国上市公司的高管任期与R&D支出》，《管理世界》2007年第1期。

龙小宁、易巍、林志帆：《知识产权保护的价值有多大？——来自中国上市公司专利数据的经验证据》，《金融研究》2018年第8期。

罗亚非、洪荭：《科技型中小企业界定问题研究》，《统计研究》2005年第5期。

马海涛、岳林峰：《知识产权保护实践中的地方政府因素》，《经济与管理评论》2020年第4期。

戚建刚：《论我国知识产权行政保护模式之变革》，《武汉大学学报（哲学社会科学版）》2020年第2期。

唐书林、肖振红、苑婧婷：《上市公司自主创新的国家激励扭曲之困——是财政补贴还是税收递延》，《科学学研究》2016年第5期。

温忠麟、张雷、侯杰泰、刘红云：《中介效应检验程序及其应用》，《心理学报》2004年第5期。

余明桂、回雅甫、潘红波：《政治联系、寻租与地方政府财政补贴有效性》，《经济研究》2010年第3期。

赵红专、翟立新、李强：《知识生产函数及其一般形式研究》，《经济问题探索》2006年第7期。

周开国、卢允之、杨海生：《融资约束、创新能力与企业协同创新》，《经济研究》2017年第7期。

朱平芳、徐伟民：《政府的科技激励政策对大中型工业企业R&D投入及其专利产出的影响——上海市的实证研究》，《经济研究》2003年第6期。

Arginelli, P., "Innovation through R&D Tax Incentives: Some Ideas for a Fair and Transparent Tax Policy", *World Tax Journal*, 2015, 7 (1).

Arrow, K. J., "The Economic Implications of Learning by Doing", *The Review of Economic Studies*, 1962, 29 (3).

Arulampalam, W., Devereux, M. and Maffini, G., "The Direct Incidence of Corporate Income Tax on Wages", *European Economic Review*, 2012, 56 (6).

Baghana, R. and Mohnen, P., "Effectiveness of R&D Tax Incentives in Small and Large Enterprises in Québec", *Small Business Economics*, 2009, 33 (1).

Brokelind, C. and Hansson, Å., "Tax Incentives, Tax Expenditures Theories in R&D: The Case of Sweden", *World Tax Journal*, 2014, 6 (2).

Dharmapala, D., "Comparing Tax Expenditures and Direct Subsidies: The Role of Legislative Committee Structure", *Journal of Public Economics*, 1999, 72 (3).

Dickinson, V., "Cash Flow Patterns as a Proxy for Firm Life Cycle", *The Accounting Review*, 2011, 86 (6).

Evers, L., Miller, H. and Spengel, C., "Intellectual Property Box Regimes: Effective Tax Rates and Tax Policy Considerations", *International Tax and Public Finance*, 2015, 22.

Faulhaber, L. V., "The Luxembourg Effect: Patent Boxes and the Limits of International Cooperation", *Minnesota Law Review*, 2017, 101.

Goolsbee, A., "Does Government R&D Policy Mainly Benefit Scientists and Engineers?", *The American Economic Review*, 1998, 88 (2).

Graetz, M. J. and Doud, R., "Technological Innovation, International Competition and the Challenges of International Income Taxation", *Columbia Law Review*, 2012, 113.

Griffith, R., Harrison, R. and Reenen, J. V., "How Special is the Special Relationship? Using the Impact of US R&D Spillovers on UK Firms as a Test of Technology Sourcing", *The American Economic Review*, 2006, 96 (5).

Griffith, R., Miller, H. and O'Connell, M., "Ownership of Intellectual Property and Corporate Taxation", *Journal of Public Economics*, 2014, 112.

Griliches, Z., "Issues in Assessing the Contribution of Research and Development to Productivity Growth", *The Bell Journal of Economics*, 1979, 10 (1).

Hall, B. H. and Reenen, J. V., "How Effective Are Fiscal Incentives for R&D? A Review of the Evidence", *Research Policy*, 2000, 29 (4-5).

Jaffe, A. B., "Real Effects of Academic Research", *The American Economic Review*, 1989, 79 (5).

Jorgensen, D. W., "Capital Theory and Investment Behavior", *The American Economic Review*, 1963, 53 (2).

Kaplow, L., "Horizontal Equity: Measures in Search of a Principle", *National Tax Journal*, 1989, 42 (2).

Keen, M., "Preferential Regimes Can Make Tax Competition Less Harmful", *National Tax Journal*, 2001, 54 (4).

Klemm, A., "Causes, Benefits, and Risks of Business Tax Incentives", *International Tax and Public Finance*, 2010, 17.

Mirrlees, J., Adam, S., Besley, T., Blundell, R., Bond, S., Chote, R., Gammie, M., Johnson, P., Myles, G. and Poterba, J., "The Mirrlees Review: A Proposal for Systematic Tax Reform", *National Tax Journal*, 2012, 65 (3).

Paul, D. L., "The Sources of Tax Complexity: How Much Simplicity Can Fundamental Tax Reform Achieve", *North Carolina Law Review*, 1997, 76 (1).

Repetti, J. R. and Ring, D. M., "Horizontal Equity Revisited", *Florida*

*Tax Review*, 2012, 13 (3).

Romer, P. M., "Endogenous Technological Change", *Journal of Political Economy*, 1990, 98 (5).

Sen, A., "Utilitarianism and Welfarism", *The Journal of Philosophy*, 1979, 76 (9).

## 三、学位论文

董静:《企业创新的制度研究》,复旦大学 2003 届企业管理专业博士学位论文。

王斌:《中国高技术产业科技成果转化驱动因素研究》,南京航空航天大学 2016 届管理科学与工程专业博士学位论文。

张爱民:《中国境内技术转让企业所得税优惠制度研究》,上海交通大学 2018 届法律硕士专业学位论文。

## 四、数据库

国际财税文献局（https://online.ibfd.org）

皮书数据库（https://www.pishu.com.cn）

全国中小企业股份转让系统（http://www.neeq.com.cn）

图书在版编目(CIP)数据

科技型中小企业研发税收激励政策研究/李伟著. —上海:复旦大学出版社,2023.10
ISBN 978-7-309-16966-9

Ⅰ.①科… Ⅱ.①李… Ⅲ.①高技术企业-中小企业-企业管理-技术开发-科技经费-税收政策-研究 Ⅳ.①F810.422

中国国家版本馆 CIP 数据核字(2023)第 162649 号

## 科技型中小企业研发税收激励政策研究
李 伟 著
责任编辑/张 炼

复旦大学出版社有限公司出版发行
上海市国权路 579 号 邮编:200433
网址:fupnet@fudanpress.com　http://www.fudanpress.com
门市零售:86-21-65102580　团体订购:86-21-65104505
出版部电话:86-21-65642845
上海四维数字图文有限公司

开本 890 毫米×1240 毫米　1/32　印张 9.5　字数 230 千字
2023 年 10 月第 1 版
2023 年 10 月第 1 版第 1 次印刷

ISBN 978-7-309-16966-9/F・2994
定价:49.00 元

如有印装质量问题,请向复旦大学出版社有限公司出版部调换。
版权所有　侵权必究